慶應義塾保険学会叢書

デジタル化時代の
自動車保険

堀田一吉・山野嘉朗・加瀬幸喜　編著

慶應義塾大学出版会

慶應義塾保険学会叢書刊行の辞

　慶應義塾と保険事業は，歴史的に深い関わりをもっている。近代的保険は，塾祖福澤諭吉の著書『西洋旅案内』（1867）の中で初めて日本に紹介されたが，福澤諭吉は，その後も多くの著作活動の中で，国家経済の発展と国民生活の安定を図る上で，保険が重要な役割を担うべきであることを強く説いている。爾来，小泉信吉，荘田平五郎，阿部泰蔵，早矢仕有的ら，福澤精神を受け継いだ多くの門下生が，保険会社の設立に賛同参画し，その後の保険事業の礎を築く上で大きな役割を果たした。

　こうした中で，慶應義塾保険学会は，戦後復興期に保険事業が立ち直りの兆しを見せかけた1952（昭和27）年7月2日に，園乾治教授（当時）を中心に設立された，他には類例のない学会組織である。設立趣意書には，「我等有志相図り，慶應義塾保険学会を設立する所以は内外の時勢に鑑み，保険業界並に学会にある塾員塾生相結び，提携を緊密にし，学理の研究を深作し，実務の向上進歩を図り，微力を傾注して先人の偉業を継ぎ，義塾の斯界における伝統に光輝を副えんとするものである」とあり，保険業の復興発展に対して並々ならぬ熱意を注いだことが窺える。

　そして，慶應義塾卒業生を中心とした有志が，産学協同の理念の下，学理と実務の相互発展を目指した。その後，理事長が庭田範秋教授（現名誉教授）に引き継がれると，活動範囲は一層拡大し，その成果は高い社会的評価を受けつつ，今日に至っている。会員の多くは，塾員で構成されているが，塾外の参加者もこのところ次第に増えてきている。現在，年5回の講演会・研究会ならびに年1回の機関誌『保険研究』の発行を行っており，地味ではあるが着実な活動を続けている。

　このたび創刊される慶應義塾保険学会叢書は，上述のような学会設立以来の理念を尊重しながら，多様かつ複雑な様相を呈している保険現象について理論的・実証的研究を行うことで，その成果を広く世に問うことを目的に刊行している。今後も，学会叢書の刊行を通じて，現代保険が直面する問題の本質を解明しながら，保険の健全な発展に向けて積極的に政策提言を行うつもりである。

　　　　2006年3月20日

　　　　　　　　　　　慶應義塾保険学会理事長　堀田　一吉

はしがき

　現在，第4次産業革命（The Fourth Industrial Revolution）と呼ばれるデジタル化時代が到来している。デジタル社会は，経済パラダイムのみならず，人々の生活スタイルや価値観にも多大な影響を与えることだろう。

　そうしたなか，自動車産業は100年に一度と呼ばれる「CASE革命」に直面している。デジタル技術の発展に伴って開発されたテレマティクス，自動運転車，シェアリングサービス，電気自動車など，人やモノの移動（モビリティ）を取り巻く環境変化は，保険事業とりわけ自動車保険にも，さまざまな変革を迫っている。言うまでもなく，保険業界にとって自動車保険は長きにわたり業界の成長を牽引してきた中核的な保険種目であり，これら一連の変化への対処は最重要な経営課題である。

　本書は，デジタル化の進展により，現在の自動車保険が直面している主要なテーマを取り上げて，自動車保険の現状と課題を整理しながら，これからの自動車保険ならびに保険業のあり方を展望する。

　本書の特長は，主として3つある。第1の特長は，多様性（ダイバシティ）に富んだ執筆陣である。本書は，保険学や保険法学を専門とする大学研究者，IT開発や自動車システム設計に従事してきた技術者，経営企画を担当する損保実務家，そして自動車保険の法律実務に携わる法律家など，さまざまな属性を持つ専門家たちによる協働（コラボレーション）の賜物と言える。豊富な経験に裏付けられた専門的知見とそれに基づく分析・考察は，非常に興味深いものになっている。

　第2に，本書は自動車保険から保険業界全体，そして今後の社会課題へ

と問題意識を広げた総合的研究を目指した。デジタル化の進展が自動車保険に及ぼす影響を中心として，デジタル化がもたらす社会的影響や保険システムに与える構造的変革，交通事故に関わるリスクの変容や紛争処理システムへの影響など，デジタル化と自動車保険とに関連する課題を幅広く取り上げている。

第3に，本書は現実のさまざまな現象を正確に観察・把握したうえで，事象の本質を捉えることを意識して考察している。デジタル技術の進展は日進月歩であり，取り巻く環境変化は著しい。現時点での先端事情のみを捉えても，すぐに賞味期限の切れた情報になってしまうだろう。むしろ，このようなテーマだからこそ，落ち着いて全体を俯瞰し，現状分析を踏まえたうえで将来展望についても踏み込んだ考察をしている。研究会においても，共通認識を得るべく，さまざまな議論を熱く展開してきたところである。

この成果をまとめるに至った研究会は，約4年前に設置された公益財団法人日本交通政策研究会のプロジェクト「CASE 革命と保険業」を母体としている。この間，定期的に開催された研究会で議論を重ねてきたが，この機に一冊の著書として成果をまとめ，世間に披瀝（ひれき）してはどうかということで認識が一致した。そこで，あらためて全体構成を検討し，メンバー間で担当分野の調整を図り，それぞれの研究テーマに取り組むこととした。そのうえで，慶應義塾保険学会叢書の第6巻として刊行する運びとなったのである。

ところが，一昨年に発生した新型コロナウィルスの感染拡大を受けて，リモートによる研究会を余儀なくされるなど，研究会の運営に支障が生じた。このため当初の予定からかなり遅れてしまったが，お互いに目標を達成するべく励まし合い，何とか出版にこぎつけることができた。それだけに，われわれの感慨もひとしおである。

本書を刊行するまでには，多くの方々のお世話になった。まずは，研究の機会を与えていただいた日本交通政策研究会の関係各位に，あらためて深く感謝を申し上げたい。また，慶應義塾保険学会の関係者には，さまざまな形での励ましとご支援をいただいた。そして，慶應義塾大学出版会編集部の木

内鉄也氏には，企画段階から懇切なアドバイスをいただき，刊行まで導いていただいた。同氏の献身的なご協力に対して，執筆者一同，心より厚く御礼を申し上げたい。

　本書を通じて，さまざまな場で活躍する多くの方々が問題意識を共有し，この社会と保険業の発展に向け，さらなる課題に取り組む契機となることを期待したい。

2022 年 3 月　執筆者を代表して

堀田　一吉

山野　嘉朗

加瀬　幸喜

目　次

第2章　デジタル技術の進展と将来　*31*

中村　慎二

第3章　自動運転技術の進展と展望　*65*

谷川　浩

第2部　デジタル化時代の自動車保険の課題

第 7 章　シェアリングエコノミーと自動車保険　*199*

内藤　和美

第３部　デジタル化時代と保険業の諸問題

第 10 章 デジタル化時代と保険業の課題 *281*

堀田 一吉／金子 敬行

執筆者紹介

堀田 一吉（ほった　かずよし）　編者／第1章，第10章1，3，4，5節執筆
慶應義塾大学商学部教授

山野 嘉朗（やまの　よしろう）　編者／第5章執筆
愛知学院大学法学部教授

加瀬 幸喜（かせ　こうき）　編者／第4章執筆
大東文化大学法学部教授

中村 慎二（なかむら　しんじ）　第2章執筆
NECソリューションイノベータ株式会社　執行役員常務

谷川 浩（たにがわ　ひろし）　第3章執筆
一般財団法人日本自動車研究所
新モビリティ研究部部長，シニアエグゼクティブ

佐川 果奈英（さがわ　かなえ）　第6章執筆
あいおいニッセイ同和損害保険株式会社

内藤 和美（ないとう　かずみ）　第7章執筆
慶應義塾大学商学部講師

北村 憲康（きたむら　のりやす）　第8章執筆
東京海上ディーアール株式会社　主席研究員
慶應義塾大学大学院システムデザイン・マネジメント研究科特任准教授

竹井 直樹（たけい　なおき）　第9章執筆
千葉商科大学商経学部講師，平成国際大学法学部講師
元日本損害保険協会

金子 敬行（かねこ　たかゆき）　第10章2節執筆
弁護士

第 1 部

デジタル技術の進展と自動車保険

第1章

デジタル化時代の到来と自動車保険

堀田 一吉

はじめに

　近年，あらゆるモノがインターネットにつながる IoT (Internet of Things) や人工知能（AI: Artificial Intelligence），ビッグデータなどの新しい ICT (Information and Communication Technology) がもたらすという第4次産業革命への関心が高まっている。第4次産業革命を推進する先端技術は，過去の産業革命で培われた知識とシステム，とりわけ第3次産業革命で飛躍的に発展したデジタル技術を土台として築かれている。これにより，これまで築いてきた経済社会システムに破壊的な変化をもたらそうとしている。

　急速なデジタル技術の発展は，保険業全体にさまざまな効果と変化をもたらすことが予測される。インシュアテックを応用した新しい保険商品が開発され，デジタル情報に付加価値を付けた保険サービスの提供が進められつつある。また保険経営においては，新しい事業領域の拡大と他業界との連携・協力や経営効率の向上，大量の顧客データ管理とその応用を通じて，保険業は新しい事業環境を迎えている。

　一方，デジタル化時代の到来を受けて，自動車産業は今，いわゆる「CASE (Connected, Autonomous, Shared & Services, Electric) 革命」に直面している。IoT が普及するなかで，自動車は重要な情報発信拠点となっており，デジタル自動車をめぐる技術進歩は，保険業界のみならず，社会構造に変革をもたらす。

　本章では，最初にデジタル化の進展が保険バリューチェーンや保険業に与えるインパクトを概観する。そのうえで，保険業のさまざまな分野に及ぶイノベーション（革新）を検討する。さらに，本書が考察対象とする自動車保険について，保険情報のデジタル化がもたらす本質的変化を整理して，CASE 革命との関わりの全体を捉える。最後に，本書の構成と要約を示すことで，本書の流れを明らかにする。

1　デジタル化時代の到来と保険業への影響

(1)　第4次産業革命とデジタル化時代の到来

　第4次産業革命はデジタル化の進展を大前提としている[1]。18 世紀半ばから 19 世紀半ばに起こった第1次産業革命は，蒸気機関の効率化（1760 年代），紡織機（カーライト，1785 年），蒸気機関車（トレビシック，1804 年），蒸気船（フルトン，1807 年），など，蒸気機関の誕生に伴う機械化の時期である。次に，19 世紀後半から 20 世紀前半に発生した第2次産業革命は，実用的内燃機関（1870 年代），世界初の発電所（1882 年），自動車（ベンツ，1886 年），T 型フォード（1908 年）など，エネルギー革命に伴う産業拡大期である。

　そして，1950 年頃からの第3次産業革命では，メインフレームコンピュータ（1960 年前後），PC，ATM，レジ（1980 年前後），ウェブ（web），電子商取引（e コマース）（1990 年前後）など，コンピュータの普及・発展期である。第3次産業革命では，情報理論とコンピュータの開発により，デジタルという形で情報を蓄え加工することができるようになり，コンピュータの普及とともに生活システムが大きく変わった。

　21 世紀に入って急速に進展している第4次産業革命は，デジタル革命の上に成り立ち，新しいテクノロジーを通じて，経済やビジネス，社会に空前

---

1)　第4次産業革命は，ロボット工学，AI，ブロックチェーン，ナノテクノロジー，バイオテクノロジー，量子コンピュータ，生物工学，IoT，3D プリンター，自動運転車，仮想現実，などの多岐にわたる分野での新興の技術革新を特徴とする。

のパラダイムシフトをもたらそうとしている。第4次産業革命は，AIや，ビッグデータ，ディープラーニング（深層学習）など，情報技術の進展により，企業，産業，社会のあらゆるシステムを根本から変えようとしている[2]。

　IoTは，モノどうしをインターネットで結びつけて，膨大なデータ（ビッグデータ）を収集し，それをAIで解析することで，新しいビジネスモデルを探ろうという動きである。モノの存在価値を大きく変えることで，社会を劇的に変革することが予想されている。その特徴は，これまでの人と人とのコミュニケーションを対象とするものから，新しくモノとモノを結びつけることにある[3]。

　ビッグデータならびにAIなどデジタル技術の進展は，医療保険や自動車保険の分野をはじめとして，保険業界全体に大きなインパクトを与えており，さまざまな活用と効果が期待できる。すなわち，消費者に対しては，インシュアテックを応用した新しい保険商品が開発され，健康管理・事故防止に関する情報提供などの付加的サービスの提供が進められている。また保険経営においては，新しい事業領域の拡大と他業界との連携・協力や経営効率の向上，大量の顧客データ管理とその応用を通じて，保険業は新たな事業環境を迎えている。

　こうして多くの情報がデジタル化されて，社会システムを根本的に変えようとしているのである（詳細は第2章を参照）。そうしたなかで，自動車とそれに付随する自動車保険は，デジタル化によって最も影響を受ける領域の1つである。

(2)　デジタル化の進展と保険バリューチェーン

　デジタル化の進展は，保険サービス全体に新たな付加価値を与える可能性を持っている。図表1-1は，デジタル化が保険のバリューチェーンに及ぼ

---

2)　これまでの産業革命の経緯については，シュワブ（2019）22-35頁を参照されたい。
3)　ビッグデータ解析が注目されるようになった技術的背景としては，①大容量のHDDやストレージの普及など，大容量データを効率的に保管できるようになったこと，②フラッシュメモリの容量増加など，大容量データに対するアクセスが迅速に行えるようになったこと，③計算パワーの低コスト化，高密度化によるコンピュータ技術の進展などを挙げることができる。

図表 1-1　デジタル化と保険バリューチェーン

・顧客選別マーケティング ・ロボアド，AI，チャットボットなどの利用 ・インターネット販売と価格比較ウェブサイト ・ダイレクト販売のためのソーシャルメディアとスマートフォン	・ロボアド，チャットボットを駆使した自動化（非人的）商品サービスセンター ・ビッグデータが顧客に必要なサービスを事前に予見することを可能に ・連続的リアルタイムな顧客コミュニケーションとアンダーライティング	・プラットフォームビジネスモデル ・コンサルタントのための顧客の全体像把握 ・連続的リアルタイムなデータが価値の高い顧客への集中を可能に ・非構造的データ（ex. 音声）の分析および学習		

保険販売／マーケティング	価格設定／アンダーライティング	契約保全／商品管理	損害査定／保険金請求	顧客との相互交流

・テレマティクスにより顧客と保険者がリスクをよりよく理解する（ウェアラブル，IoT，スマートフォン，アプリ） ・より微粒かつ正確な価格設定と迅速なアンダーライティングを可能にするビッグデータ ・データ源を切れ目なく管理し，即時に確認するためのブロックチェーン技術 ・P2P保険モデル ・利用ベース保険（UBI）を含んだ顧客個別の商品提供 ・遺伝子データによる価格設定と利用可能性への潜在的な影響	・ビッグデータとブロックチェーンを利用した詐欺の発見 ・信用でき即時的な保険金請求情報を容易にするブロックチェーン ・査定プロセスにおけるAIとドローン利用 ・オンライン／スマートデバイス，AI／自動評価，支払いの最適化，労働コストの軽減によるクレームコストの効率化 ・サプライチェーン管理の効率性，保険金請求プロセスの垂直的統合

出所：IAIS（2018），p.7 より筆者訳出して一部加筆修正。

す内容を示している。図に示されているように，保険の価値（value）は，①保険販売／マーケティング，②価格設定／アンダーライティング，③契約保全／商品管理，④損害査定／保険金請求，⑤顧客との相互交流，という一連のプロセスを通じて蓄積されていく。

　まず，保険販売で顧客選別的マーケティングが進められる。AIやロボアドを駆使して潜在的な顧客を掘り起こし，接点を作り出す。逆に，顧客もインターネットのみならずSNS（ソーシャル・ネットワーキング・サービス）も利用して，保険商品に関する情報を自ら進んで収集することができる。その結果，保険会社と顧客との接点は，多様化・マルチチャネル化されるように

なるだろう。それぞれのチャネルを通じて顧客の個別ニーズを把握し，どのような内容の情報を提供するかが問われることになる[4]。

　次に，そこで選別された契約者について，リスクを測定して合理的な料率設定が行われる。その際，ウェアラブル端末やテレマティクスから入手されるデータを分析することでリスクが把握される。また，保障対象を細分化しニッチな保障ニーズに適合する保険商品も開発される。その事例の 1 つがP2P（Peer to Peer）保険である。これは，一般の保険会社が取り扱っていない特殊な保障に対して，ブロックチェーン技術を活用したプラットフォーム企業（プラットフォーマー）が，SNS に参加している人々の間でリスクをシェアするシステムを提供するものである。P2P 保険は，現在のところ小規模かつニッチな保障に留まっているものの，発展可能性は大きい[5]。

　さらに，保険契約が成立した後の契約保全／商品管理においては，インシュアテックを活用して，顧客にとっての便利さや分かりやすさを前面に押し出したサービスが展開されている[6]。契約保有の顧客管理として，保険比較や保険証書管理のアプリやサイトを介することで，顧客にとってより良い保険への加入ニーズを喚起し契約行動へとつなげるという試みがなされている。

　そして，損害査定／保険金請求の段階では，迅速かつ適正な保険金支払いに向けて，デジタルの活用が進んでいる。損害査定において，ドローンや

---

4)　ボストンコンサルティンググループ保険グループ（2018）73-74 頁。デジタル化が進展することで，従来の対面や電話などに限らず，ウェブや Zoom や Skype などのリモート対面などを用いた顧客接点の多様化が進むと予想される。

5)　P2P システムにおいては，情報が共有されることで質の高い集合知が形成される。その結果，質の高い信頼関係のもとで，保険取引が行われることになる。参加者にとってのメリットは，保険会社が介在しないことで，コストの軽減が図られて割安な保険を入手できることである。ただし，大規模に成長するためには，引き受けキャパシティの確保や消費者保護の体制整備など課題は多い。田村（2018）41-43 頁。P2P 保険の理論的考察は，吉澤（2020）第 2 章で見られる。

6)　佐々木（2016）は，デジタル化がもたらすインシュアテックは，大きく 2 つの形態に区分することができるとする。1 つは，「テクノロジーに裏付けられた新たな保険商品の提供」であり，もう 1 つは「保険に関する新たな価値・経験の提供」である。前者の新たに提供される保険商品としては，デバイスを駆使して個別リスクを分析し，保険料を最適化（パーソナライズ）するものである。他方，後者は，保険の販売や保全管理，保険金請求といった保険契約者との接点において，インシュアテックを活用して，顧客にとっての便利さや分かりやすさを前面に押し出したサービスを展開している。

AIを利用して正確な査定を行うことで，契約者とのトラブルも回避できると期待されている。また，ビッグデータやブロックチェーン技術を活用して保険金詐欺を防止する仕組みも開発されているところである。

　最後に，デジタル技術の進展は，きめ細かい顧客との相互交流（interaction）を可能にし，一連のバリューチェーンに最終的に高い付加価値を与えることになる。顧客との信頼関係の構築は，継続的な保険経営にとって重要である。コンサルタントサービスを提供することで，新たな事業展開の可能性を拡大させるものとなろう。

　このようにデジタル化は，保険事業全般に影響を及ぼすだけでなく，次節で述べるように，保険事業にさまざまなイノベーション（革新）をもたらすことが期待される。

(3)　デジタル化の進展と保険業へのインパクト

　保険業界にとって，ビッグデータ・AIの導入は，大きな影響をもたらす可能性が高いが，保険業界としては，明るいシナリオが実現するように今のうちから長期的戦略を構築する必要がある。

　図表1-2は，デジタル化の進展に伴って，保険業界に影響を与える9つのイノベーションと，そのインパクトの大きさと普及時期を予測したものである。ここで，具体的な保険種目も取り上げられており，全体の影響度を把握するイメージとして非常に興味深いものである。

　まず，比較的近い将来に普及が予想されているものとして，サイバー保険やテレマティクス保険があるが，これらはすでに保険商品化されて，積極的な販売が進められているところである。サイバーリスクは，デジタル化の進展の過程で最も危惧されるエマージング（新興）なリスクであり，それに伴う損害に対する保険的対応は緊急性の高い社会的要請である。テレマティクス保険は，自動車保険の領域ですでに導入されており，また生命保険の領域でも発展の兆しが見られる。

　中長期的に影響があると思われるのが，自動運転保険とシェアリングエコノミー保険である。これらは，これまでの保険システムの前提を転換する可能性を有しており，保険の事業領域や保険制度を大きく変化させることも予

図表 1-2　デジタル化時代の進展と保険業へのインパクト

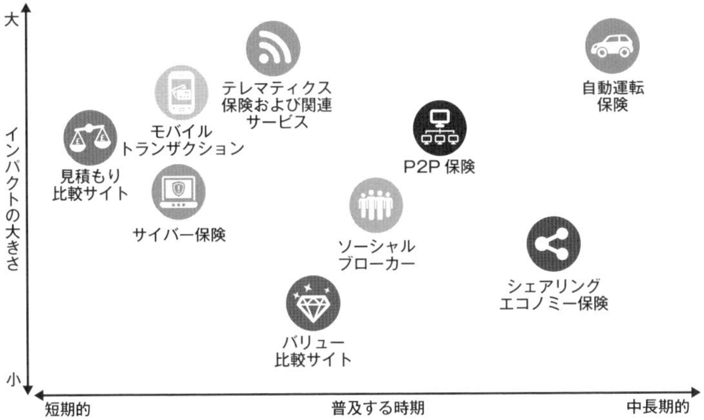

出所：Deloitte（2015）p.5 を一部改変。

想される。

　また，シェアリングエコノミーを保険システムに持ち込んだ仕組みが P2P 保険である。P2P 保険は，顧客のニッチなニーズを対象とする隙間商品で，インターネットを利用してニッチな保険の希望者を取りまとめて新たな保険契約を行う。その管理運営は，シェアリングエコノミーと同様に，プラットフォーム企業が行うことになる。ただし，メンバー間でカバーできない保険請求が発生した場合には，サポートする保険会社が補償する[7]。これは，加入者によって構成されるソーシャルネットワーク（集団的つながり）を通して，集団的にリスクを共有する仕組みであり，加入者間の信頼関係が制度存続の基盤である。

　デジタル化時代を迎えて，保険業界にとっては，短期的な取り組みを続けながらも，中長期的な課題に向けて，早期に対応を講ずる必要がある。

---

7)　大和総研編著（2018）48-49 頁。

2 保険情報のデジタル化とイノベーション

(1) 保険情報のデジタル化と経営改革

　保険情報のデジタル化は，保険経営全体に革新的変化をもたらそうとしている。かつて保険業界は，「人と紙の産業」と言われ，労働集約的産業であった。大量の契約書類を作成したうえで，保険募集に多くの営業職員や代理店社員を使用して，膨大な契約・管理をしてきた。

　その後，コンピュータ（機械）化の進展とともに，書類のデータはオンラインで処理され，経営の効率化が図られてきた。ビッグデータ技術の発展は，広く保険事業に活用されることが期待される。保険業が現実に取り扱うのは，顧客のデータや保険約款などの情報である。保険会社は，個人行動から得られるリスクデータを保険料設定に反映させることで，合理的な保険経営を目指している。したがって，個人情報の入手手段がこれまでより増えるとすれば，以上のように多面的な活用方法を確立することが重要な課題となる。

　第1に，インシュアテックを応用した新しい保険商品の開発が考えられる。すでに，自動車保険分野において，テレマティクス保険が販売されている。これは，自動車に通信機能の付いたデバイスを装着しておき，随時，契約者（運転者）の運転性向を把握することでリスクを評価して，保険料に反映しようという仕組みである。また，生命保険の分野では，契約者にウェアラブル端末を装着してもらい，日常生活における行動全般を把握し，その中からリスク要因を抽出して，保険設計に結びつけることを意図している。現在，実証実験を開始しているが，近い将来，この成果を反映した商品化が見込まれる。

　第2に，上述のように保険商品へ直接的に反映するだけでなく，インシュアテックは，新しい事業領域を開拓する可能性が高い。保険会社が収集するデータには，他業界にとっても利用価値の高いものがある。テレマティクス自動車保険で収集されるデータは，流通業や交通分野においても有用性が高い（詳細は第6章で論述）。したがって，両者の連携を通じて，新しいビジネスを展開できる可能性がある。保険業が，他業界との連携を通じて，事業領

域の拡大を図るチャンスとも言える。

　第 3 に，付加的サービスを向上させることである。現在展開されているインシュアテックは，保険商品として組み入れられているというよりは，健康管理や事故防止などに関する情報を提供することで，顧客を取り込もうという動きと理解できる[8]。

　第 4 に，アンダーライティング方法の見直しである。保険業にとって，アンダーライティングはコア業務である。アンダーライティングとは，契約者のリスクを判定して，契約条件を提示し，保険料率を設定する一連のプロセスである。これまでは，限られた情報を利用して保険集団をリスク分類し，その範囲で公正な保険料となるように，料率を決定してきた。しかし，ビッグデータを収集し分析することで，従来の集団的料率設定から，個別的料率設定に大きく移行することが可能となるかもしれない。後述するように，そのことは保険の原理や機能に本質的な変更をもたらす可能性があり，慎重に対応するべき問題であるが，少なくとも，ビッグデータ技術が，それを可能にするものであることは確かである。

　第 5 に，経営効率の向上，あるいは事業経費の軽減である。Frey and Osborne（2013）は，コンピュータ化により雇用の将来にどのような影響があるか，702 種類の職業を個別に検証している。全体として 47％の職業がコンピュータ化により仕事を奪われる自動化リスクにさらされているとしている。AI の進展により，既存の業務の多くが AI やコンピュータに置き換わる可能性が指摘されている[9]。そのことで，経営効率の向上が予測される一方で，そこではじき出された人材をより有効に活用できる業務を新たに創出することが大きな経営課題となっている。

　第 6 に，大量の顧客管理とその有効活用である。保険業以外（例えば通信

---

8)　例えば，東京海上日動や三井住友海上などのように，事故予防サービスへと展開する動きも本格化している。損保ジャパンは走行データを通信技術で収集・分析し，事故防止につなげるサービス「スマイリングロード」を展開している。

9)　Frey and Osborne（2013）によると，コンピュータに置換される自動化リスクについて，保険業に関わる業務領域では，保険引受人（99％），保険金請求処理（98％），損害査定（98％），アンダーライティング（99％），保険販売代理店（92％）などが取り上げられており，保険業界における主要業務が自動化される可能性が指摘されている。

販売業者など）では，インターネットを通じて集収される個人データを効率的なマーケティングに活用する経営戦略を日々進化させている。情報利用産業である保険業にとっては，ビッグデータの利活用は，新たな経営展開をもたらす可能性を秘めている。

(2)　商品開発とイノベーション

　保険情報のデジタル化は，すでに商品開発の領域で現実的な動きが見られる。その1つであるテレマティクス自動車保険は，先述のとおり，自動車に装着されたデバイスを通じて運転者の運転特性に関するデータを入手し，保険料設定や安全運転の情報提供などに利用する。運転者の行動特性などの従来は入手できなかった動的データ（dynamic data）は，保険設計に留まらず，その他の業界においても有益なデータとなる可能性が高い。それを通じた新たなビジネスモデルの可能性も期待できる。

　デジタル技術を保険商品の付加価値サービスに応用する動きが顕著である。テレマティクス自動車保険も，現時点では，保険料設定に応用するよりも，安全運転へのアドバイスを提供する仕組みが多い。これにより，安全促進を図り支払い保険金の低減につなげることで，結果的に保険料負担の軽減となる。

　生命保険の分野では，ビッグデータを健康増進保険の開発に活用する顕著な動きが見られる。生命保険会社は，契約者にウェアラブル端末を配布して，そこから収集される健康データを新たな生命保険商品に活用しようとしている。いくつかの保険会社は，すでに，健康データを取り入れた新しい保険サービスとして提供している[10]。

　今後の課題となるのは，いわゆるオープンイノベーション（外部連携）を強化することであろう。すなわち，保険会社だけでなく，異業種・異分野が持つ技術やアイデア，サービス，ノウハウ，知識などを組み合わせ，保険業界に革新的なビジネスモデルを構築することである。ただし，保険会社自身が優位なノウハウを保持していなければ，異業種からの参入によって，逆に

---

[10]　アメリカの医療保険分野における保険デジタル化の状況については，鈴木（2015）を参照されたい。

業界の地位を奪われてしまう恐れがある。つまり，保険会社には，対等な連携関係を作り上げるために優位性を保つ必要もある。

　テレマティクス自動車保険と健康増進保険は，いずれもデジタル技術を活用した商品として実用化され，今後の発展動向に注目が集まっている。ただしいずれも，現時点では，保険商品として確立されているとは言いがたい。IT を駆使してリスク情報を入手し，保険料に反映させると言いながら，もっぱら保険料割引の手段に用いられている段階である。もし，リスク情報を保険料に反映させるのであれば，保険料割引だけでなく，リスクが高い場合には保険料割増にも適用されなければ，ビジネスモデルとして一貫性を持たない。この点において，現在のデジタル技術の応用は，保険販売の促進を行うための手段であり，顧客の「囲い込み戦略」の一部と言わざるを得ない。

　しかし，今後，ビッグデータがさらに集積されて，AI を通じて解析されることになれば，新たな商品開発につながる期待は大きい。現在のテレマティクス自動車保険や健康増進保険は，データ収集のための発展途上という位置づけで理解するのが妥当と言えよう。

(3)　事務合理化とイノベーション

　商品開発に加えて，デジタル化は，事務の合理化を急速に進展させている。電話によるクレーム受付サービスでは，徐々に AI により処理が可能になり，実用化が進んでいる。これにより事務量が軽減され，経費の節減が期待される。さらに，事務処理が定型化されることで効率的に苦情処理を進めている。これは，電話オペレータの人員削減につながるだけでなく，精神的苦痛を伴いがちなオペレータの環境の改善にも資するものである。

　自動車保険の損害査定では，近年，ドローンによる損害額算定方式が導入されている。自然災害などが発生した地域では，現地に出向いて，直接査定することが困難な場合も多い。その結果，保険金支払いが遅くなり，被災者救済が停滞する恐れがある。ドローンによる査定は，そうした出張が困難なケースにも威力を発揮する。空中からのデジタル写真を入手し，即座に損害査定を終了させる。同時に，AI を導入することで，損害額から支払い保険金額までの支払い査定期間を短縮させることが期待されている。

　他方，保険引受部門においても事務の合理化は進んでいる。契約段階で，タブレット端末を使用することで，大幅なペーパーレス化が図られている。引き受け手続きの迅速化は，アンダーライティングの省力化を通じて，人員や経費の削減をもたらしている。

　さらに，デジタル化により，事務全体でのオペレーショナルリスクの低減も期待される。人手を介する事務作業には，不可避的に人的ミスが伴いやすい。時として，小さなミスが重大な損害を招くこともあり，その結果，信用の失墜につながりかねない。デジタル化によってオペレーショナルリスクを減らすことができれば，大きな経費節減となり，安定した収益の確保にも貢献すると考えられる。

(4)　保険マーケティングとイノベーション

　さらにデジタル化は，保険販売，すなわち保険マーケティングにも大きな影響が期待されており，現在，AI を活用した効率化が進められている。例えば，顧客に関するビッグデータから，的確な補償内容を推奨することが可能になる。ビッグデータは，今や IoT を駆使して，さまざまな形で入手可能になりつつある。そうしたデータから，個別の顧客のライフスタイルや嗜好，あるいは価値観にマッチし，カスタマイズした保険を提供することができれば，効率的な保険販売ができるであろう。

　また，デジタル化は，経営戦略において，統一的な販売戦略の方針を立てるうえでも貢献が期待される。これまで，営業職員の感覚に依存してきた販売手法も，より「見える化」を図ることで，会社全体でノウハウを共有できることになり，販売効率化の促進につながるであろう。

　近年，さまざまな商品マーケティングにおいて，大きな原動力となっているのが，ソーシャルメディアである。あらゆる世代で SNS が活発に利用され，情報が共有されている。同時に，そうした中に販売戦略上で重要なデータが隠されている。その意味で，積極的に SNS を通じてデータの入手を図りつつ，保険会社自らも情報の発信を行うことで，顧客との関係構築を進めることが不可欠と言えよう。

　2020 年以降に拡大したコロナ禍も，保険マーケティングに変革をもたら

そうとしている。これまで，代理店を通じた対面型の保険販売が主流であったが，対面営業が困難な時期が続くなかで，代理店は非対面営業の可能性を模索・開拓しつつある。モニターを介して商品説明を行い，契約を電子媒体で完結させる方法を採用する会社も出てきた。この方法は，ネット完結型の営業とは異なり，モニターを通じて顧客と代理店が結びついている。いわば，ハイブリッド型の新しい保険販売であり，これもデジタル化の進展が大きな支えとなっている。

(5)　保険情報のデジタル化とビジネスサイクル

　入手された保険情報を事業展開に組み入れるためには，全体としてのビジネスサイクルを構築することが重要となる（図表1-3）。まず，保険情報の入手を目的として，ユーザーに対してデバイスの提供を行う。例えば，自動車保険ではテレマティクス機器が提供されたり，生命保険ではウェアラブル端末が提供されたりしている。安全情報やリスクコンサルティングなどのサービスの供与も，デバイス利用を促進するための手段と言える。

図表 1-3　保険情報のデジタル化とビジネスサイクル

**ユーザーによる
デバイスの利用促進**
・デバイスの提供
・リスク情報の提供
・リスクコンサルタントサービス

データ収集
・リアルタイムの情報収集
・ビッグデータの収集
・ビジネス提携
・ネットワーク構築

ビッグデータ分析
・データ分析システムの構築
・AI の有効活用
・深層学習（ディープラーニング）

商品設計・保険料率設定
・最適保険料の設定
・オーダーメイド型保険
・カスタマイズ型保険
・オンデマンド型保険　など

出所：筆者作成。

デバイスの普及は，ビッグデータの収集を可能にする。より効率的に収集するためには，他業界との協力・提携やネットワークの構築も必要であろう。より多くのデータは，その後に行われるビジネスモデルの構築のための前提条件である。コネクテッドカーやスマートハウスなど，IoT の発展はデータ収集の飛躍的拡大の大きな原動力となる。

　次のステージで重要となるのは，ビッグデータの分析力である。ここでは，AI の進展は，新たなビジネスモデルを生み出す可能性を秘めている。コンピュータによる深層学習（ディープラーニング）は，これまでの保険業界の常識を覆すこともありうる。ただし，ビッグデータ分析が有効性を高めるためには，それらを操ることのできるデータアナリストの存在が鍵となる。デジタル化時代において保険業界が成功・発展を遂げるためには，質量ともに伴ったデータアナリストの育成が不可欠である。これは，保険業界の喫緊の課題である。

　このようなサイクルを通じてスパイラルアップが図られ，より効率的で効果的なビジネスモデルが構築されていくと考えられる。しかも，AI の開発の高度化に伴い，そのスピードも速まることが想定されている。

3　保険情報のデジタル化と自動車保険

(1)　デジタル情報と自動車保険

　保険業界は，ビッグデータや AI などのデジタル技術を活用したインシュアテックの導入を目指している。その先端分野が自動車保険である。この分野を発端として，保険業界にはデジタル化の波が急速に訪れている。テレマティクス自動車保険は，従来とは異なる動的データを用いて新しい保険サービスや料率設定を提供することで，安全運転の促進や自動車事故の減少による社会的コストの軽減に貢献しうるものである。

　その一方で，導入コストの経済性や保険料設定における公平性，プライバシー問題など，社会的課題も多く指摘されている。近年になって，テレマティクス自動車保険を取り扱う保険会社が相次いでいるが，その導入の進め方に

は，各社それぞれの戦略的思惑が見られる[11]。

　現在の情報通信技術（ICT）の発展は，テレマティクス自動車保険を発端として，保険業の将来に大きな変革をもたらす可能性がある。テレマティクスによるデータは，他業種との連携を図ることで，付加価値を生み出す可能性が大きい。デバイスを通じて得られたビッグデータを分析するために，AIを最大限活用しながら，多様なサービスの提供や経営効率の改善に利用しようとしている。将来的には，保険料率への反映を目指して，データの収集および集積を目的として進められているのが現状と言える。

　保険情報のデジタル化は，情報技術の発展によって大きく変化を遂げようとしている。通信技術が高度かつ急速に発展しているなかで，いわゆるビッグデータが社会にどんどん蓄積されており，あらゆる分野で，それをどのような形で活用していくかというテーマに取り組んでいる。保険会社はまさにデータを基にして事業を営んできたわけであるから，これに対して今後さらに取り組んでいく必要がある[12]。

(2)　保険情報の質的変化——静的リスク情報から動的リスク情報へ

　保険情報のデジタル化は，これまで扱ってきた保険情報に質的変化をもたらすものである。すなわち，従来の保険業では，過去に蓄積された静的データを分析して，保険数理に活用してきた。保険会社が客観的に入手可能なリスク情報に基づいて，大数の法則に依拠して集団的な統計を分析し，保険料設定に反映させてきたのである。

---

11)　近年になって，大手の保険会社もテレマティクス自動車保険を取り扱う動きが相次いでいる。東京海上日動，損保ジャパン，三井住友海上の大手 3 社は，2022 年から，通信機器を備えたコネクテッドカー（テレマティクス）のデータに応じた安全運転割引に参入する。一方で，損害保険料率算出機構は，割引制度の標準化を進めるために，ドライブレコーダーを使ったデータ分析を行い，速度超過などの個別情報と事故実績の相関を調べて，参考準率に反映させる予定である（『日本経済新聞』2021 年 9 月 20 日）。

12)　ビッグデータは，①4 つの V ＝大きさ（volume），多様性（variety），速さ（velocity），真実性（veracity），②質（正確性）より量（検証数）を重視，③因果分析から相関分析へウェイト移行（人間の直感や常識に反する相関関係が存在している可能性）の 3 つを有していることが特徴である。ただし，ビッグデータが正確な結果を導出するには，単なる量だけでなく，質も重要な要素となる。

図表 1-4 保険情報の質的変化（静的リスク情報から動的リスク情報へ）

	静的リスク情報	動的リスク情報
自動車保険	車種・使用目的 年齢・性別 車両の色 職業 違反歴 移住地域　など	年間走行距離 運転性向・運転技術 健康状態 気象情報（降水量，気温など） 運転時間帯・運転頻度 運転地域範囲　など
生命保険	年齢 性別 BMI（身長・体重） 健康情報（加入時） 職業 既往症・入院歴 家族の病歴　など	血圧変化・心拍数 生活習慣・運動量 睡眠時間・勤労時間 カロリー・塩分摂取量 喫煙・アルコール摂取量　など

出所：筆者作成。

　ところが，新しい動きは，動的データの活用を意図するものと理解できる（図表1-4）。例えば，自動車保険は，車種や使用目的，年齢，違反歴など，過去のデータに基づいて保険設計されてきたが，テレマティクス機器を通じて得られるデータは，運転性向や運転技術，運転頻度，気象状況など，その時点でのリスク情報を把握して，リアルタイムなリスク測定を狙うものである。医療保険の分野でも同様に，ウェアラブル端末を利用して収集された動態的データを保険設計に反映させようという明確な動きが見られる。

　保険事業にとって，静的リスク情報から動的リスク情報へ対象がシフトすることは，保険理論におけるパラダイム転換を意味するものである。すなわち，従来の保険業では，集団的に捉えた過去の実績から統計的法則（傾向）を導出して，保険設計に反映させるという考え方をとってきた。しかし，動的リスクを取り入れることは，集団的な過去のデータ（実績）というよりも，個別的なリスク（予測）を把握する意図が示されている。動態的なデータを将来予測（確率）に反映させることで，個別のリスクに見合った保険設計を行うのである。保険設計を行ううえで，集団的リスク処理から，個別的リスク管理へ大きな質的転換を図ろうということである。

　ただし，これまでの静的リスク情報を動的リスク情報へと全面的に置換す

図表 1-5　ビッグデータとアンダーライティング

	小　　　変数の数　　　大	
大 観察の数 小	テレマティクス	ビッグデータ
	伝統的 アンダーライティング	予言的 アンダーライティング

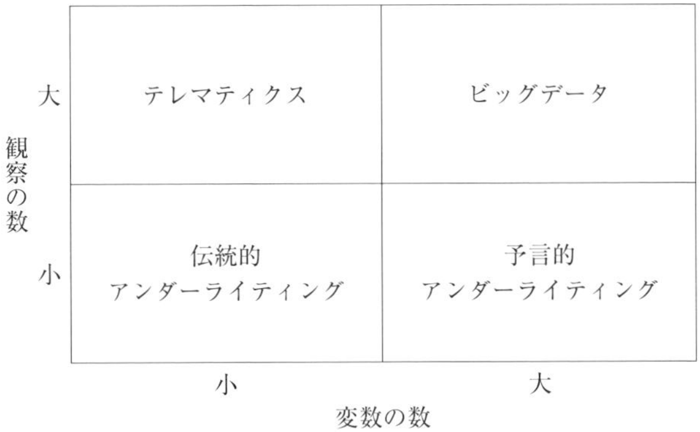

出所：Thomas（2017）p.208 の Figure13.1 を一部加工して作成。

ることは困難であり，保険制度の安定性を損ないかねない。現実的には，静的リスク情報から動的リスク情報へ情報管理のウェイトを徐々に移行するべく，模索過程が続くものと見るべきだろう。

(3)　ビッグデータとアンダーライティングの変化

　ビッグデータは，保険におけるアンダーライティングの概念にも影響を及ぼすことになるだろう。前述したように，ビッグデータは，収集するデータの量だけでなく質の面においても，画期的な拡張が進められることに特徴がある。それにより，伝統的なアンダーライティングに対して，大きな変化がもたらされると考えられる（図表 1-5）。

　伝統的なアンダーライティングは，保険料率を設定するにあたり，公平かつ効率的な分類要素を選定することに腐心する。あまり多くの要素を採用すると，かえってコストがかさみ制度の非効率を招くので，データ収集も限定的で，かつ観察する変数もある程度に限らざるを得ない。しかもデータは，さまざまな条件のもとで発生した保険事故から抽出した分類要素を採用することから，公平性においても限界があった。

　デジタル技術がさらに進展すれば，観察するデータの数も膨大になるだけでなく，どのような変数を観察するかというデータの質についても制限がなくなる。さらに，そのコストも大幅に軽減されると，さまざまな試行錯誤の

結果として，公平な保険料率のあり方が探求されることになる。ここで，ビッグデータが示唆する料率設定が，消費者・契約者にとって受け入れられるのか，という最終判断は消費者に委ねられる。また，保険の本質として，保険原理と保険機能をどう調整するか，という問題にも関わってこざるを得ない[13]。

4　CASE革命と自動車保険

(1)　CASE革命の進展と自動車保険

　現在，自動車は，デジタル化の高度な進展を受けて，100年に一度の大変革期を迎えている。それが，CASE革命である。CASEとは，C=Connected（コネクテッド），A=Autonomous（自動化），S=Shared & Services（シェアリングサービス），E=Electric（電動化）の4つの大きなトレンドの頭文字をとった造語である。

　まず，C（コネクテッド）とは，自動車がIoTの端末として機能することである。現在の先進安全自動車（ASV）は，多くの部分がソフトウェアによって電子的に制御されている。デジタル化された車は，通信技術やクラウド基盤の発展とともに，ネットワークにインターネットを通じて常時接続されるコネクテッドカー（Connected Car：つながる車）となり，いわゆるIoTの端末となる。2030年までには，先進国の新車は，すべてこのコネクテッドカーになる見通しである。

　この技術を利用して，すでに述べたとおり，テレマティクス自動車保険が導入されている。また，ドライブレコーダーの普及が目覚ましいが，そのデータがさまざまに活用されている。こうした自動車が搭載する端末から得られたデータを解析することで，社会的に有効に活用されることが期待される。

　次に，A（自動化）とは，自動運転車の登場である。自動運転に関する技

---

13)　筆者は，これまで保険の本質を保険原理と保険機能の調和と相剋にあると捉えてきたが，デジタル化がもたらす新たなリスク処理や料率設定は，保険機能を損なうことがあってはならないと考える。堀田（2003）ならびに堀田（2014）を参照されたい。

術は，近年，急速に進歩している（詳細は第 3 章を参照）。これに対する交通環境や法律制度などの整備が急がれている。とくに，自賠責保険に及ぼす影響については，将来大きな課題となるであろう（第 4 章・第 5 章を参照）。また，サイバーテロやハッカーなどの予測できないリスクの増大が危惧されており，社会的対応が急務となっている。

　続いて，S（シェアリングサービス）とは，シェア化とサービス化である。現在，いわゆる「所有から利用へ」という価値観の変化を背景に，ライドシェアやカーシェアが急成長している。近年，MaaS（Mobility as a Service）が人々の関心を集めており，デジタル技術を利用して移動（Mobility）を総合的かつシームレスにつなぐシステムが構築されようとしている。この中で，自動車を単独で考えるのではなく，他の輸送サービスを含めて統合的に捉えることになり，従来までの自動車の価値概念が大きく変化しつつある。

　最後に，E（電動化）は，電気自動車の開発である。技術的発展に対する政策的な要求もあり，電気自動車（EV）やプラグインハイブリッドカー（PHEV）が普及している。駆動エンジンでは，ガソリン車に代わりディーゼル車が台頭したが，今後は，電気自動車へのシフトが確実視されている。電気自動車の台頭は，自動車に対する概念をも大きく転換させうる。自動車産業も，他産業からの市場参入が容易になることから，従来までの産業構造を大きく変える可能性がある。さらに，電気自動車は，自動運転技術に対する適合性が高いことから，デジタル化の進展に大きな影響を与えると思われる [14]。

　これらの 4 つの次元で進展する変革が，相互に関連しながら，次世代モビリティを大きく変えるのが CASE 革命である（図表 1-6）。ドイツをはじめとした欧州諸国では，CASE 戦略を加速させて，モビリティ産業の発展のために交通環境や法的規制の見直しなどのインフラ整備を急速に進めている。

---

14)　鶴原（2018）178-180 頁。自動運転車の安全装置は，ほとんどデジタルセンサーを駆使しているために，先進安全自動車（ASV）を推進するうえでは，電気自動車への移行のほうが効率的で有効性が高いとされる。

図表 1-6　CASE 革命と次世代モビリティ

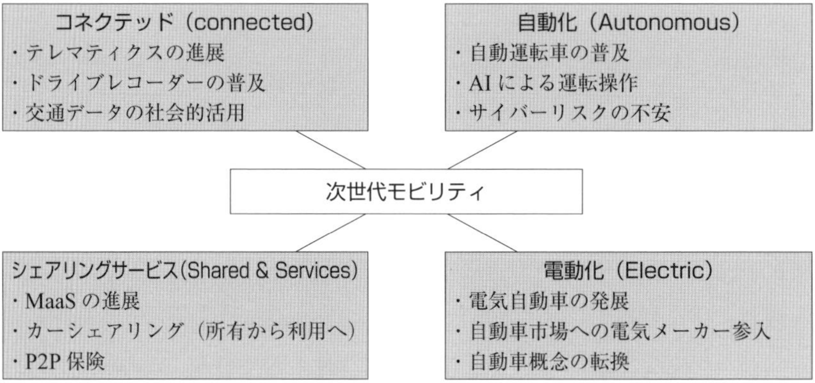

コネクテッド（connected） ・テレマティクスの進展 ・ドライブレコーダーの普及 ・交通データの社会的活用	自動化（Autonomous） ・自動運転車の普及 ・AI による運転操作 ・サイバーリスクの不安

次世代モビリティ

シェアリングサービス(Shared & Services) ・MaaS の進展 ・カーシェアリング（所有から利用へ） ・P2P 保険	電動化（Electric） ・電気自動車の発展 ・自動車市場への電気メーカー参入 ・自動車概念の転換

出所：筆者作成。

(2)　テレマティクスと自動車保険

　上述のように，テレマティクスによって，保険会社は，新たなリスク情報を入手する手段を獲得することになる。しかも，その情報量が膨大であることから，それをどのように保険設計ならびに保険経営に活用するかが課題となる。

　テレマティクスの導入によって期待される効果については，第1に，より詳細なリスクに基づく保険料設定がなされることである。これまでの自動車保険の保険料設定では，年齢や車種・用途などの分類要素が用いられてきたが，これらは，集団的把握に基づくもので，個人のリスクを十分に反映したものではなかった。テレマティクス自動車保険が画期的とされるのは，個人の行動に基づいた保険料を設定することで，従来よりも個人的責任による料率体系を実現できるのではないかというところにある。

　第2に，安全運転が促進されることである。個人の行動結果が直接的に保険料に反映されることになれば，安全運転を促すことが想定される。テレマティクスによって管理されているという意識を運転者個人に持ってもらうことで，事故抑止インセンティブにつながると期待できる。

　第3に，事故防止対策への社会的貢献がなされることである。テレマティクスが事故抑止に大きな効果をもたらすことになれば，社会にとっても大変

に有益である。政府もテレマティクス導入に対して，補助金や税制優遇など，さまざまな形で積極的に支援することになろう。

　第4に，交通事故が減ることで，保険金支払いが削減されるであろう。そのことは，契約者の保険料負担の軽減を通じて，社会全体に還元されることになる。さらには，故意に事故を起こして不正な保険金を請求するような行為も防止することができる。

　第5に，全体として保険料負担が軽減されるとすれば，保険加入を促すこととなり，それは，無保険車対策にもつながるであろう。また，テレマティクス装置を自動車に設置することで，保険料が割り引かれるのであれば，テレマティクスの導入にもインセンティブを与えるだろう。

　テレマティクス自動車保険では，走行距離が短い層や安全運転を心がける層はリスクが低いと評価されて保険料が安くなる一方で，リスクが高い運転者層は逆に保険料が高くなる可能性がある。保険料の恩恵を受ける層のみがテレマティクス自動車保険に移行し，リスクが高い層は従来型自動車保険に留まることが顕著になると，従来型の収支が悪化する可能性もある。また，テレマティクス自動車保険を提供していない保険会社は，リスクの高い層を選別できない可能性があり，逆選択のリスクを被ることになる。

(3)　自動運転車と自動車保険

　自動運転車の実用化が現実的になりつつあるなかで，社会制度や法制度がまだ整備されておらず，自動車保険のシステム改革は喫緊の課題の1つとなっている。とくに，これまで自動車事故の被害者救済に重要な役割を担ってきた自賠責保険をどのように改革するべきかという問題に直面するだろう。自賠責保険の存在意義を問い直し，民間の自動車保険との官民役割分担のあり方を見直す必要がある。

　図表1-7は，自動運転車の普及による将来の保険契約構造の変化を予測したものである。現在は，すべての自動車リスクを自動車保険が担っている。しかし2050年，すなわち自動運転車が広く普及した段階に至ると，現在の自動車保険は大幅にウェイトが縮小して，代わって製造物責任（PL）保険が主役になるという予測である。しかも，自動車保険自体が，現在の規模の4

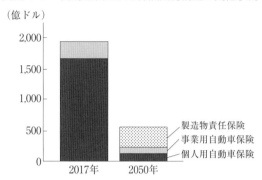

図表 1-7　自動運転による保険契約構造の変化予測

出所：『日本経済新聞』2020 年 8 月 28 日，KPMG の保険金の市場規模予測。

　分の 1 程度になるということであり，これ自体が保険業界にとってかなり衝撃的な予測と言える。

　2つ目は，サイバー保険である。自動車が多くの IT 機器を装備するに伴って，サイバーリスクに晒される。ハッキングやランサムウェアなどによって自動運転機能が異常になったりすると，自動車事故につながる恐れがある。サイバー保険は，そうした損害を補償するための保険となる。ただ，この保険で問題なのは，誰が付保するかということである。言い換えれば，一時的にせよ，誰に責任を負わせるのかということである。例えば，自動車メーカーにサイバーリスクの責任があるとすれば，自動車メーカーが契約者となって保険料を負担することになる。あるいは，運転者が責任を負うとすれば，運転者が契約者となるわけである。つまり，まず社会的にサイバーリスクを誰が負うかというルールや合意が必要である。サイバーリスク保険は，自動運転車に限ったリスクではないので，デジタル時代の主役的な存在となるであろう。保険業界にとって，サイバーリスクをどのようにカバーするか，さらには求償権を行使できる体制を保険会社が作れるかどうかも課題と言える。

　そして3つ目は，インフラ保険である。自動運転を制御するための交通インフラや公共的な安全システムへの期待が高まるなかで，政府や自治体が責任を問われるリスクも高まる可能性がある。現在のところ，自動運転車の普及・促進は，政府が主導し，政策的イニシアチブのなかで進められている。

その意味では，自動運転車がもたらす新たな社会的リスクは，政府が率先して引き受ける姿勢が必要である。

　いずれも，保険会社の業務は賠償問題に対する訴訟処理が中心であり，そこでの紛争解決における責任保険が重要になる。同時に，その前提として賠償責任ルールの整備が必要となる。

(4)　シェアリングサービスと自動車保険

　保険業は，これまで主として「所有」の経済システムに基づき，人々が車や家を購入すると，それに付随する形で自動車保険や火災保険を提供してきた。一番のリスクは，モノが被災して，経済的価値が失われることであり，それに備えるために人々は保険を購入してきた。

　ところが，今後「利用」や「共有」の経済モデルに基づいた生活スタイルが普及すると，人々はモノを所有していないので，経済的価値を損なうリスクはなくなり，そうした保険に加入する必要もなくなる。

　保険会社は，シェアリングエコノミーの進展に対応して，対象とする保険商品の開発に本格的に取り組み始めたところである。しかしながら，現在販売されているシェアリングエコノミー保険は，各社がほぼ同じ補償内容でまだ特徴が見られない。今後，保険会社相互の競争が活発になるに従って，補償内容の多様化が進むと考えられる。

　シェアリングエコノミーでは，プラットフォーマーは，直接的なサービス提供者ではない。プラットフォーマーは，サービス提供者とサービス利用者との仲介を行う存在で，サービスの需給をうまく調整できるような環境や条件を整えることが業務である。サービス提供に伴う責任者は，一義的にはサービス提供者個人ではあるが，満足できるサービスを提供するシステムを全体として維持・管理するのは，プラットフォーマーである。一部のサービス提供者がもたらす評判が，サービス事業全体に与える潜在的利用者の印象を大きく左右しかねない。したがって，プラットフォーマーが，主導的にリスクを管理することが効率的であり合理的である。

　シェアリングエコノミー事業に伴うリスクマネジメントという観点では，保険会社が果たすべき役割は大きくなるであろう。保険会社は，リスクマネ

ジメントの専門事業者として，事業運営に対して積極的にコミットするべき
だろう。そこでは，単に，保険を提供するに留まらず，事業全体に潜むリス
クを徹底的に洗い出して，全体としてのリスクマネジメントシステムを提示
することが重要である。

　シェアリングエコノミーは，消費者に対して新しい体験を提供する一方で，
従来型とは異なり，サービスの品質は保証されていないことを理解して，そ
の品質を見極めなければならない。こうした状況を踏まえ，プラットフォー
マーがサービスの安全性および信頼性の向上に必要な措置を自主的に講じた
り，サービスの品質水準に一定の基準を設けたりするとともに，サービスの
提供者，利用者，プラットフォーマーの間で責任を分担する体制の整備を促
進し，シェアリングエコノミーの普及に寄与することが求められる。

おわりに――本書の構成と要約

　本書は，デジタル化時代の到来を受け，保険業の中核的な事業領域である
自動車保険を対象として，その現状と課題を考察し将来を展望しようとする
ものである。本書では，全体を 3 つのテーマに分けている。

　第 1 部「デジタル技術の進展と自動車保険」では，IoT，ビッグデータや
AI を中核とするデジタル技術の進展の現状を描写しながら，それと自動車
産業，さらには自動車保険との関係性について論じる。本章「デジタル化時
代の到来と自動車保険」では，デジタル化が自動車産業における CASE 革
命をもたらし，その影響がどのような形で保険システムとりわけ自動車保険
に及ぶのかについて俯瞰し，本書の全体像を示した。第 2 章の「デジタル
技術の進展と将来」では，デジタル技術の進展の背景ならびに現状を把握し
て，将来展望を示している。デジタル技術はすべての産業に影響を及ぼすも
のであるが，本書のテーマに即して自動車分野との関係の深い部分を中心に
整理する。第 3 章の「自動運転技術の進展と展望」では，デジタル化の最
先端技術として急速な進展を見せる自動運転技術について，その発展の経緯
とそれが社会に与える影響について考察する。

　第 2 部「デジタル化時代の自動車保険の課題」では，デジタル化時代の自動車保険が直面する個別の課題として，自動運転，テレマティクス，シェアリングエコノミーを取り上げ，自動車保険の課題を論じる。第 4 章「自動運転と保険システム」では，自動運転の導入による保険システムへの影響，とりわけ自動車保険ならびに自賠責保険への影響について考察する。続く第 5 章「自動運転と責任・補償」では，自動運転の導入がもたらす責任構造の転換を，イギリスとフランスでの動向と照らしながら，グローバルなルール策定への展望を考察する。第 6 章「テレマティクスと自動車保険」では，コネクテッド（つながる）保険としてのテレマティクス自動車保険を取り上げて，その構造と効果，さらに将来的課題を考察する。第 7 章「シェアリングエコノミーと自動車保険」では，カーシェアリングやライドシェアなど，シェアリングエコノミーの進展と保険業の関わりについて考察する。シェアリングエコノミーが保険サービスの質的転換と保険業界に及ぼす影響を検証する。

　第 3 部「デジタル化時代と保険業の諸問題」では，デジタル化時代における保険業のインフラに関わる問題を取り上げる。第 8 章「モビリティリスクの変化と事故防止課題の展望」では，自動車技術の進展に伴って変化するモビリティリスクの本質を分析しながら，将来に向けた自動車保険のあり方を考察する。第 9 章「デジタル化時代の交通事故紛争解決の変容と展望——ADR を中心に」では，デジタル化が保険 ADR（裁判外紛争処理システム）に及ぼす影響と将来展望を考察する。デジタル化は，保険システムのみならず紛争処理システムにもさまざまな変容をもたらす。最後に，第 10 章「デジタル化時代と保険業の課題」では，本書の締めくくりとして，デジタル化の進展による環境変化と自動車保険を含めた保険業のこれからの経営課題について考察する。

＜参考文献＞ ［ ］内は最終閲覧日

Carbone, Matteo and Andrea Silvello（2017）*All the Insurance Players Will Be Insurtech: A Wave of Innovation is Finally Reshaping the Insurance Industry*, Scholars' Press.

Davis, Kord（2012）*Ethics of Big Data*, O'Reilly.

Frey, Carl Benedikt and Michael Osborne（2013）*The Future of Employment: How Susceptible are Jobs to Computerisation?*, University of Oxford.

IAIS（2018）*Issues Paper on Increasing Digitalisation in Insurance and its Potential Impact on Consumer Outcomes*, International Association of Insurance Supervisors, November 2018.

Pyne, Saumyadipta, B. L. S. Prakasa Rao and S. B. Rao eds.（2016）*Big Data Analytics: Methods and Applications*, Springer.

Thomas, Guy（2017）*Loss Coverage*, Cambridge University Press.

World Economic Forum（2015）"The Future of Financial Services," Final Report, June 2015.

アクセンチュア（2016）『フィンテック——金融維新へ』日本経済新聞出版社.

井上智洋（2016）『人工知能と経済の未来——2030年雇用大崩壊』文春新書.

ウェスターマン，ジョージ＝ディディエ・ボネ＝アンドリュー・マカフィー（2018）『デジタル・シフト戦略——テクノロジーを武器にするために必要な変革』ダイヤモンド社.

浦川道太郎（2019）「自動運転による自動車事故と民事責任」中嶋聖雄・高橋武秀・小林英夫編著（2019）『自動運転の現状と課題』社会評論社.

風間智英（2018）『EVシフト——100年に一度の大転換』東洋経済新報社.

柏木亮二（2016）『FinTechフィンテック』日本経済新聞出版社.

鎌田実監修（2018）『CASE時代——新たなモビリティの道を探る』時評社.

上地幸一＝高橋信彦（2011）「高齢ドライバーに対する安全への取り組み」『IATSS Review』35（3）.

キシュティ，スザンヌ＝ヤノシュ・ハーベリス編著／瀧俊雄監訳，小林啓倫訳（2017）『FinTech大全』日経BP社.

小林雅一『AIの衝撃——人工知能は人類の敵か』講談社現代新書

佐々木学（2016）「保険領域のFintechの動向」『Financial Information Technology Focus』2016年10月.

自動車保険研究プロジェクト（主査：堀田一吉）（2016）『テレマティクス自動車保険の導入可能性と課題』日交研シリーズA-675，日本交通政策研究会.

————（2017）『ビッグデータ時代と自動車保険』日交研シリーズA-699，日本交通政策研究会.

シュワブ，クラウス（2019）『「第4次産業革命」を生き抜く——ダボス会議が予測する混乱とチャンス』日本経済新聞出版社.

城田真琴（2016）『FinTechの衝撃』東洋経済新報社.

鈴木久子（2015）「保険業界のデジタル化の現状と取り組み——行動特性データにリスクする医療保険」『損保ジャパン日本興亜総研レポート』vol. 87.

スンドララジャン, アルン著／門脇弘典訳（2016）『シェアリングエコノミー』日経 BP 社.

大和総研編著（2018）『FinTech と金融の未来──10 年後に価値のある金融ビジネスとは何か』日経 BP 社.

田村八州夫（2018）『シェアリングエコノミー』幻冬舎ルネッサンス新書.

中西孝樹（2018）『CASE 革命──2030 年の自動車産業』日本経済新聞社.

鶴原吉郎（2018）『EV と自動運転──クルマをどう変えるか』岩波新書.

西垣通（2016）『ビッグデータと人工知能』中公新書.

パーカー, ジェフリー・G ＝マーシャル・W・ヴァン・アルスタイン＝サンジート・ポール・チョーダリー／妹尾堅一郎・渡部典子訳（2018）『プラットフォームレボリューション──未知の巨大なライバルとの競争に勝つために』ダイヤモンド社.

日高洋祐・牧村和彦・井上岳一・井上佳三（2018）『MaaS──モビリティ革命の先にある全産業のゲームチェンジ』日経 BP 社.

藤田友敬（2017）「自動運転と運行供用者の責任」『ジュリスト　特集　自動運転と民事責任』no. 1501, 有斐閣.

ボストンコンサルティンググループ保険グループ（2018）『デジタル革命時代における保険会社経営』きんざい.

細田浩二（2020）『保険のデジタル化と法』弘文堂.

堀田一吉（2003）『保険理論と保険政策──原理と機能』東洋経済新報社.

─────（2014）『現代リスクと保険理論』東洋経済新報社.

─────（2018）「ビッグデータ時代と保険業」『保険研究』第 70 集.

─────（2019）「保険取引における逆選択と経済的厚生」『明大商学論叢』102 巻 2 号.

─────・山野嘉朗編著（2015）『高齢者の交通事故と補償問題』慶應義塾大学出版会.

牧村和彦『（2021）『MaaS が都市を変える──移動×都市 DX の最前線』学芸出版社.

宮﨑康二（2015）『シェアリングエコノミー──Uber, Airbnb が変えた世界』日本経済新聞出版社.

メフェルト, ユルゲン＝野中賢治／小川敏子訳（2018）『デジタルの未来──事業の存続をかけた変革戦略』日本経済新聞社.

吉澤卓哉（2020）『インシュアテックと保険法』保険毎日新聞社.

Deloitte（2015）Insurance Disrupted: General Insurance in a Connected World.（https://www2.deloitte.com/content/dam/Deloitte/jp/Documents/financial-services/bk/jp-fi-insurance-disrupted.pdf）〔2020 年 5 月 20 日〕

デロイトトーマツコンサルティング（2016）「保険業界における Fintech の潮流」経済産業省.（http://www.meti.go.jp/committee/kenkyukai/sansei/fintech/pdf/010_03_00.pdf）〔2020 年 10 月 15 日〕

第 2 章

デジタル技術の進展と将来

中村 慎二

はじめに

　本章では，広くデジタル技術によって世の中に起きている変化「デジタルトランスフォーメーション（以下，DX: Digital Transformation）」について解説する。この変化は，単に新しい技術が出現し活用されるようになったというだけでなく，それによって産業構造や働き方，人々の生活まで大きく変わったというものであり，蒸気機関などを活用した工業化によってもたらされた産業革命に似ている。

　ここでは，DX の定義，特徴，各種業界における事例などについて記述する。また，主要なデジタル技術についてもその概要を解説する。さらに，それらのデジタル化の進展が将来の自動車業界に及ぼすインパクトについて，今まで起きてきた DX の流れを基に推察する。

1　デジタル技術による変革（DX）

(1)　DX とは

1)　DX の定義

　デジタルトランスフォーメーション（DX）という言葉は 2004 年にスウェーデン・ウメオ大学のエリック・ストルターマン教授が論文 "Information

Technology and the Good Life" の中で初めて提唱した。その定義は「デジタル技術の影響により人々の生活があらゆる面で変化すること（the changes that the digital technology causes or influences in all aspects of human life)」である。

　この当時は概念的な定義であったが，その後にさまざまなデジタル技術が具体的に利用可能になり，社会実装が進んできた。これを踏まえてビジネス戦略立案の規範になるような定義もいろいろ提示されている。例えば2018年に経済産業省が発行した DX レポート[1] では，DX の定義として以下の IDC 社のものが引用されている。「企業が外部エコシステム（顧客，市場）の破壊的な変化に対応しつつ，内部エコシステム（組織，文化，従業員）の変革を牽引しながら，第3のプラットフォーム（クラウド，モビリティ，ビッグデータ／アナリティクス，ソーシャル技術）を利用して，新しい製品やサービス，新しいビジネスモデルを通して，ネットとリアルの両面での顧客エクスペリエンスの変革を図ることで価値を創出し，競争上の優位性を確立すること」。

　いずれにせよ，①デジタル技術を活用すること，②現状の延長線上の小規模な変化（改善）ではなく，構造的・抜本的な変化（改革）を起こすこと，③それにより，従来にない価値を創出すること，が DX の要件である。

2)　なぜ DX が求められているのか

　近年 DX という新たな取り組みが注目され，求められるようになってきた背景には，「デジタル技術の進展」と「事業環境変化」の2つの動向が存在する。

　「デジタル技術の進展」のポイントは，膨大なデータを活用してその中から価値を見つけられるようになったことと，それを実現する強力なコンピューティングパワーを簡単に使えるようになったことである。

　データ活用が進んできたのは AI 技術の発展によるところが大きい。従来

---

1)　経済産業省「DX レポート～ IT システム「2025 年の崖」克服と DX の本格的な展開～」2018 年 9 月 7 日発行。その後，経済産業省は 2020 年 12 月 28 日に「DX レポート 2（中間取りまとめ）」を発行している。

は捨てられていたり，保管されていても何も活用されていなかったような
データの中から，AIによって法則を導き出せたり将来の予測ができたりと，
新たな価値を生み出せるようになった。これによって従来は人手でできな
かったような最適なオペレーションの実現や，顧客へのより価値の高いサー
ビス提供などの変革が可能になったため，DXへの取り組み機運が高まって
いる。

　また大量のデータを集めて処理するためには，データを集めるセンサーや
それを束ねるネットワーク，大規模なストレージ（記憶装置）や高速なCPU
パワーが必要になる。近年は安価で小型のセンサー[2]，データ通信に特化し
た安価な無線ネットワーク[3]，潤沢なCPUとストレージを安価に提供する
クラウドサービスなどが利用可能になってきた。これによりDXを実現す
るための技術的ハードルが下がったため，DXへの取り組みが盛んになって
いる。

　「事業環境変化」のポイントは，とくに先進国で市場の成長が鈍化し，従
来のような右肩上がりの事業成長を求めにくくなっている点である。従来事
業の効率改善や新商品開発だけでは成長の限界を迎えているため，企業には
抜本的な事業構造改革や新たなイノベーションによる新事業立ち上げへのプ
レッシャーが高まっている。これがDXに取り組む大きな動機となっている。

　新事業立ち上げについては，現代では多様性や複雑性が高まっているため，
あらかじめ先を見通した事業計画を立案することが難しく，小さく始めて仮
説検証を繰り返しながら事業を育てていく「リーン・スタートアップ[4]」手
法が注目されている。現代ではそのような手法により，ITを使ったサービ
スを素早く立ち上げているスタートアップ企業が多く現れている。この背景
には，クラウド，ビッグデータ，AI，IoTなどのデジタル技術が安価かつ手
軽に使えるようになったことで，新しいサービスを素早く開発してリリース

---

2) 例えばスマートフォンの小さな筐体の中には，加速度センサー，地磁気センサー，環
境光センサー，近接センサー，生体認証センサーなど多くの小型センサーが搭載されて
いる。

3) Wi-Fiと違って，低速・低料金で少量のデータをやり取りするのに適したLPWA（Low
Power Wide Area）という規格に基づいたサービスがいくつも提供されている。

4) アメリカのエリック・リースが2011年に *The Lean Startup* で提唱した。

する，幅広い顧客に迅速に提供する，利用状況のデータを収集し分析してサービスの改善を速く回すなどの事業遂行環境が容易に整えられるようになったことがある。

　こうしたスタートアップ企業がデジタル技術を活用した新サービスにより既存業界を破壊しようとするのに対し[5)]，従来企業も自らの事業モデルを変革したり新事業を立ち上げたりすることで対抗し成長しようとする。そこでもまた DX の取り組みが必要となる。

　このように，現代の事業環境では企業は生き残りをかけた事業構造改革やイノベーションに取り組む必要があり，そのための要件として DX へのニーズが高まっているのである。

(2)　DX の特徴

　従来から，業務システムの導入やパソコンの展開，インターネットビジネスの立ち上げなど，さまざまな領域で IT の活用は行われてきた。それらと比べて DX の取り組みは，次のような質的な違いがある。

①変革戦略ありきの取り組みである

　AI・クラウドなどの先進デジタル技術を使えばそれだけで DX，というわけではない。「新たな価値を生み出そう」，「従来にないビジネスモデルを実現して既存事業を破壊しよう」という変革を目指す戦略が先にあり，デジタル技術を活用してそれを実現する，という取り組みが DX である。

②最初からデジタル前提で考える（デジタルファースト）

　従来の IT 活用の検討方針は「今までの人間系の業務プロセスをベースにして，それを IT で補完する，代替する」という方向であった。人手で行っている業務プロセスを分析し，自動化・効率化・最適化できるところを ITに置き換えていくようなやり方である。これに対して「IT 活用を前提としてゼロからプロセスを組み立てたらどうなるか」と考えるのが DX のアプ

---

5)　このような企業は「ディスラプター（破壊的企業）」と呼ばれる。代表的なディスラプターが Uber で，タクシー業界を破壊（ディスラプト）したと言われている。

ローチである。これにより従来の方法の改善ではない大きな変革の可能性が
出てくる。

③データ活用を重視する

　従来のデータ活用は，決められた成果が出ているかどうかを確認するため
に，あらかじめ決められた項目について値を測定してレポートする，という
流れであった。これに対して，デジタル技術を活用することで非常に膨大な
データ（ビッグデータ）を蓄積・活用することが容易になり，それらを分析
することでそれまで気づかなかった新たな知見が得られるようになった。こ
のようにデータ活用を重視し，データの中から新たな価値を創出しようとす
るのが DX の特徴である。

④持続的改善により価値を高め続ける

　従来はいったんシステムやサービスを導入すると，数年間は維持・保守を
行ってそれを使い続け，機能や操作性はそのまま変わらない，というのが一
般的であった。DX においては，利用するサービスが常に改善し続けられる。
これは Amazon などの EC サイトや Facebook などの SNS，あるいはスマ
ホの各種アプリにおいて，機能や使い勝手が頻繁に更新されていることを思
い浮かべると分かりやすい。このようなデジタルサービスは，顧客の操作履
歴や利用内容などのデータを収集し続けており，それを分析した結果を基に
ユーザーの利便性を向上させたり新たな機能を追加したりという改善を繰り
返し行っていく。このループを回し続けることで顧客に対して価値を高め続
け，顧客が離れられないようにするというのが DX の特徴である。

⑤すでにある情報・リソースに新たな価値を見出して活用する

　すでに広く世の中に広まっているリソースに新たな意味を与え，それらを
活用することで大きな変革を生み出すのも DX の特徴である。例えば Uber
は，すでに世の中に豊富にある自動車とドライバーというリソースを活用し，
その「空き時間」を価値に変えた [6]。ネット上の膨大な SNS データをマー
ケティングや行政サービスに活用する取り組みも盛んである [7]。今後はデジ

タル化された自動車が世の中に広まったときに，それらの自動車や自動車が生成するデータを活用して新たな価値を生み出す取り組みが多く出てくるであろう。

　これらの特徴によって生み出されるのは，便利で楽しくて感動を生むような新たな「顧客体験」である。デジタル技術を活用して綿密に設計されたプロセスを体験すること，そこから生み出されたデータを活用して常により良い体験が提供され続けることで，顧客にとってなくてはならないものになっていく。DX はそれを実現していく取り組みなのである。

(3)　DX の具体的な事例（自動車関連）

1)　テスラ

　電気自動車として急成長しているテスラは，タブレットによる各種操作や高度な自動運転など近未来的なスペックが注目されているが，従来の自動車との最大の違いはその価値提供モデルである。

　通常の自動車は顧客に販売されて引き渡された段階で，顧客に対する提供価値は確定される。メンテナンスなどで価値は維持されるものの，利用し続けるなかで徐々にその価値は減少していく[8]。それに対してテスラの場合は，ソフトウェアをバージョンアップすることで購入後も継続的に提供価値が向上する[9]。2020 年 4 月から 9 月でも 50 回以上のバージョンアップを行っ

---

6)　Uber は，自家用車を運転するドライバーが空き時間に手軽に人を運ぶ仕事を行うことを可能にした。仕事が成立するためには「ドライバーが提供できる空き時間や場所」と「乗客が必要とする移動時間や場所」が高度にマッチングされなければならない。Uber はデジタル技術を駆使してこのマッチングをリアルタイムに使い勝手良く成立させている。

7)　Facebook や Google は自社サービス上の広告の効果を高めるためにデータを活用している。また Twitter，Yahoo，Docomo のように自社サービス上に蓄積されたデータ自体を販売する企業もある。

8)　これは一般的に新車より中古車のほうが，また中古車でも利用年数が多いほうが値段が安くなることと通じている。

9)　テスラ社のホームページには，従来の自動車メーカーのページには見られない「ソフトウェア アップデート」というサイトがあり，バージョンアップ情報を公開している（https://www.tesla.com/jp/support/software-updates）。

ている。これらによって，継続利用するうちに加速性能が向上したりオートブレーキやライトなどの機能が強化されたりしている。まさに従来の自動車の価値提供モデルを変革し，顧客に新たな体験を提供することで既存の自動車メーカーを破壊しようとしている。

　もちろん既存の自動車でも，例えばトヨタのレクサスなどはコネクテッドサービスで各種情報を提供したり，特別なメンテナンスサービスやラグジュアリーなおもてなしをしたりして，オーナーに継続的な顧客体験を提供している例はある。テスラの場合は自動車自体の機能強化によって直接的に運転体験が向上すること，それが顧客の運転データなどを基に最適化された形で提供されることなどが大きな違いとなっている[10]。

　この仕組みを実現するために，自動車のデータ（ドライバーの運転情報，バッテリーの状態など）を収集するセンサーやカメラ，そのデータを常に吸い上げて保管するクラウドシステムや，収集したデータを分析する AI などのデジタル技術が活用されている。

2)　NIO

　NIO は中国の電気自動車メーカーで，中国版テスラとも言われる企業である。バッテリーの充電など顧客企業に対するさまざまなサービスを提供するだけでなく，顧客同士が交流し，そこからまた別の顧客を勧誘するようなオンラインとオフラインの融合したコミュニティの形成に成功している。

3)　Uber

　Uber はタクシー業界を破壊した存在として知られるが，その理由は単に料金の安さだけではない。早く車が見つかる，ピックアップまでの時間や到着までの時間・料金があらかじめ分かる，車内で支払いをしなくても決済が完了する，ドライバーを評価情報（レーティング）に基づいて選択できるなど，圧倒的な利便性と安全性が従来にない価値を乗客に提供したのである。

---

10)　トヨタも 2021 年 6 月に，サブスクリプションサービス「KINTO」において，ソフトウェアアップデートにより車の性能が向上するサービスを開始することを発表した。トヨタ「トヨタと KINTO,「人に寄り添って進化するクルマ」に挑戦」2021 年 6 月 7 日。

　Uber はドライバーが増えないと事業を拡大できないが，空いた時間にい
つでも勤務可能，乗客を探すノウハウなどが不要，道に迷うことはない，決
済はすべて自動化される，乗客の質も事前に分かるなど，ドライバーになる
ためのハードルを下げる仕組みも充実している。

　これらの仕組みを実現するために，ドライバーや乗客の位置や評価情報な
どをクラウドで管理し，それらのデータを分析することで最適なマッチング
やレーティング算出を AI で実現している。また Uber はスタートアップ企
業であったが，これらの膨大なデータ管理や地図・通話・決済などの機能は，
クラウド上で提供されている安価なサービスを活用し，短期間で規模を拡大
するシステムを作り上げている [11]。

2　DX を支える基礎技術のポイント

　デジタル変革の大きな特徴は，「データ」が主役であるという点である。
デジタル化された膨大なデータを活用することで，従来にはない価値を生み
出すことが可能になっている。ここでは，データを活用して価値を生むとい
う基本的な原理について説明するとともに，そこで使われる代表的な技術で
ある AI，IoT について解説する。

(1)　データ活用と価値創出
1)　データが着目される背景
　ここで言う「データ」とは，コンピュータで処理できるデータのことを指
す。かつてコンピュータで扱うデータは，取引先名や売上金額などといった
「文字・数値」データが中心であった。音声や映像などのマルチメディア情
報はデジタルデータ化すると膨大な容量になり，以前のコンピュータやネッ
トワークでは処理性能が追いつかず，また非常に高価になってしまうため活
用は制限されていた。

---

11)　正確には，他社が提供する機能を API（Application Program Interface）を経由して
　呼び出すことで，それらの機能を備えたアプリを作り上げている。

　それが近年コンピュータの処理性能や機能，ネットワークの速度が飛躍的に向上するとともにコストが下がったことで，多様なデータを手軽に扱えるようになった。さらにスマートフォンとセンサーが大量に普及し，かつネットに接続したことで，それぞれヒトとモノが発信するデータを常時収集できるようになった。その結果，世の中に膨大なデータが蓄積され，かつそれを処理するコストが劇的に下がっていった。

　このように「データ」は現代社会で急速に増え続けている格安の「資源」であり，これに着目して活用しようとする取り組みが盛んになってきたのである。

2)　データ活用の広がり

　前項で述べたように，データのボリュームと種類が増え，さらにそれらを扱う処理能力が安価にふんだんに提供されたことで，データ活用の幅は大きく広がってきた。

　とくに，スマートフォンは常に人が持ち歩き操作することで，その人の位置情報やさまざまな行動履歴をデータとして送り続けている。いろいろなモノに取り付けられたセンサーも，そのモノの動作状況などをデータとして送り続けている。これらのデータを集めることで，現実世界（リアル空間）で起きていることを，コンピュータ上（サイバー空間）に再現することも可能である [12]。サイバー空間ではすべての現象はデジタルデータ化されているので，AI などの技術を使ってさまざまな分析やシミュレーションを行うことができ，今までリアル空間上では分からなかったことが解明されたり，できなかったことが実現可能になったりする。このサイバー空間で得られた知見を基に現実世界の課題を解決し，価値を生み出すことができる [13]。

　このような現実世界の課題をデータで解決するための技術や手段が普及し

---

12)　サイバー空間上に再現された現実世界のコピーを「デジタルツイン（デジタルの双子）」と呼ぶ。

13)　このように現実世界とサイバー空間を連携させて価値を生み出そうという取り組みを，「CPS（Cyber Physical System）」と呼ぶ。CPS については経済産業省情報経済小委員会の報告書「中間取りまとめ―CPS によるデータ駆動型社会の到来を見据えた変革」に詳しく解説されている。

てきたことで，ますますデータ活用の取り組みが広がっているのである。

3)　データから価値を生み出すとは（価値創出プロセス）

　データを活用することで課題が解決できるということは，言い換えればデータから価値を生み出せるということである。ではデータから価値を生み出すために，サイバー空間上ではどのようにデータを処理しているのであろうか。

　ここではデータから価値を生み出すための基本的な処理の流れである「価値創出プロセス」について解説する。これには「見える化」「分析」「対処」の3つのステップがある。

　i)　見える化……数字や文字の羅列でしかないコンピュータのデータを整理・加工し，人間に分かりやすく表現すること [14]。

　ii)　分析……見える化されたデータを基に分析を行ってそこに隠れた法則を見つけ出し，傾向や意味や将来予測などの有益な情報を提示すること [15]。

　iii)　対処……分析によって提示された情報を基に，実際に問題を改善したり最適なやり方を行うための計画や手順を導き出したりすること。またはそれを実行すること [16]。

　この3ステップを具体例で説明する。例えば高速道路を走行していて「渋滞に巻き込まれて到着までに時間がかかる」という問題を解決する，スマート交通システムを考えてみよう（図表2-1）。

　「i) 見える化」は，高速道路上のセンサー（トラフィックカウンター）からの膨大なデータを基に，「今どこで渋滞が起きているか」をサービスエリア

---

14)　CPSでは，現実世界のセンサーなどからデータを取り込んでサイバー空間上でデジタルツインを再現することである。

15)　CPSでは，サイバー空間上でデータを分析して，課題解決に有用な情報を見つけ出すことである。

16)　CPSでは，サイバー空間から現実世界に働きかけて何らかの行動を起こすことである。その結果，現実世界に価値が創出される。

図表 2-1　価値創出プロセス

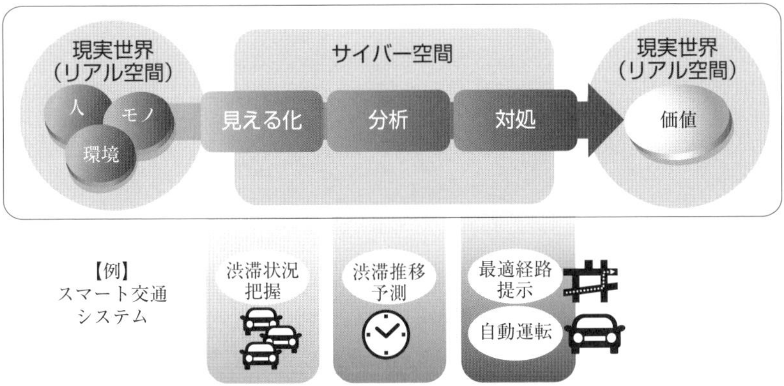

出所：NEC 資料を基に筆者加筆。

の電光掲示板に赤色で分かりやすく表示したり，ハイウェイラジオで渋滞区間をアナウンスしたりすることに相当する。ドライバーは，自分では見通すことができない何キロも先の渋滞状況を把握することで，渋滞を回避するためのアクション（出発時間を変える，迂回ルートを調べる，など）をとることができる。

　「ii）分析」は，過去の膨大なデータから渋滞の傾向を分析し[17)]，「これからどこがどのくらい渋滞しそうか」という予測情報をドライバーに提示することに相当する。この渋滞予測情報を基にドライバーはより的確な渋滞回避のためのアクションを判断して実行することができる。

　「iii）対処」は，渋滞予測情報を踏まえて，「どの経路を通るのが最短時間で着くのか」という最適経路まで導き出してドライバーに提示することに相当する。ドライバーにとってはそのまま指示に従って行動すれば，渋滞を回避して目的地までの時間を短縮できる。

　次に，この例の i）〜 iii）のどのステップを IT で実現し，どのステップを人間（ドライバー）が行うかという視点で分類して考えてみる。ケースとし

---

17)　具体的分析例としては，過去の渋滞情報とそのときの曜日・時刻・季節・天候・イベントの有無などの情報を組み合わせて，渋滞に影響を与える要因や影響度合いなどを導き出し，それを利用して今後の渋滞状況を予測する。

ては，以下の3通りがある。

a)　i）をITで実現し，ii），iii）を人間が行う。

b)　i），ii）をITで実現し，iii）を人間が行う。

c)　i），ii），iii）ともITで実現する。

　注目すべきは，どのケースでもドライバーは渋滞を回避できる（つまり課題を解決して価値が生まれる）可能性があること，ただし下に行くほどより的確に渋滞を回避できる（つまり価値が高まっている）ことである。

　a)のケースは，ドライバーが現在の渋滞状況だけを見て，自分自身で回避のための行動を考えるという場合である。この場合，通い慣れているプロのドライバーなら先を読んで的確に行動できるかもしれないが，初めて訪れた人ならばこれから渋滞がどのように推移するか見当がつかず，次の行動を決めかねるであろう。

　b)のケースは，現在の渋滞状況と今後の渋滞予想とをドライバーが知って，それを基に次の行動を自分で考えるという場合である。今後の予測情報まであれば，より的確に判断できる可能性は高まる。それでも複数の選択肢から最適なものを選ぶのは難しいかもしれない。

　c)のケースは，最適な回避策までITが示してくれるので，ドライバーはそれに従うだけで確実に効果が出ることになり，より高度な解決策だと言える。

　さらに，ルートの選択結果を基に自動車の運転まで自動制御できれば，大きな価値になるであろう[18]。

　この例のほかにも，例えば天気の情報であれば，i）が気象衛星の情報などから天気図や雨雲の様子を表示すること，ii）が今後の天気予報や台風の進路予想などを出すこと，iii）が予想に基づいて避難勧告や指示を出すことに相当する。ここでもITがカバーする範囲がi）→ ii）→ iii）と広がるにつれて，その提供する価値も向上すると言える。

---

18)　これが自動運転である。言い換えると自動運転では，見える化，分析，対処のループをリアルタイムで高速に回しながら車の制御をしていると言える。

図表 2-2　IT 化の範囲拡大による価値増幅

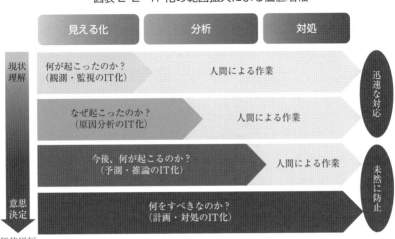

出所：NEC 資料を基に筆者加筆。

　このように，見える化，分析，対処へと IT 化の範囲を拡大することで，
提供価値は増幅されるのである（図表 2-2）。

　以上をまとめると，デジタル化の中核であるデータ活用とは，次のような
ことだと言える。

- スマホやセンサーなども含めた巨大なコンピューティングパワーを活
  用して多様なデータを収集すること（サイバー空間にデジタルツインを作
  成するなど）。
- データから，見える化，分析，対処によって価値を創出すること。
- さらにデジタル技術を活用して見える化，分析，対処の全般にわたって
  IT 化を進めること。

　デジタル化を支える技術の中でも，世の中を変えるインパクトが最も大き
いのが AI（人工知能）であろう。ここでは AI の概要とデータ活用との関係
について述べる。

図表2-3　人工知能ブームの変遷

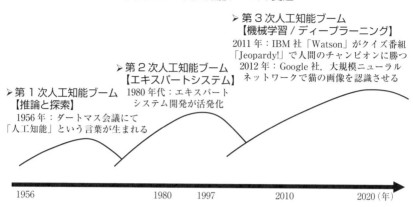

出所：NEC 資料を基に筆者加筆。

(2)　AI

1)　AIとは

　AI は 1960 年代の第 1 次ブーム，1980 年代の第 2 次ブームを経て，現在は第 3 次ブームを迎えている。図表 2-3 にあるように，第 1 次ブームでは「推論と探索」技術の開発・適用が中心であったが，ルールが極めて限定的な問題にしか適用できなかった。第 2 次ブームではプロフェッショナルの知識をコンピュータに格納して問題を解く「エキスパートシステム」の構築が行われたが，人が漏れなくルールを記述することが前提であり，そこが大きなネックになった。いずれも「現実世界の複雑な問題を解くことはできない」と分かってブームは去っている。

　今回の第 3 次ブームがこれほど盛り上がり，注目を集めているのは，データがあればそこから機械がルールを自分で学習する「機械学習」技術が実用化されたこと，コンピュータやネットワークの進化により膨大なデータを扱うことが可能になったことにより，現実世界の問題を解決できるようになってきたためである。

　AI を大まかに捉えると「人間の知的活動をコンピュータ化した技術」であり，その機能には「認識・理解」「予測・推論」「計画・最適化」などがある。

● 認識・理解……人が目で見たり耳で聞いたものについて，それが何かを認識したり内容や意味を理解するように，画像や音声などのデータを認識・理解する機能。

● 予測・推論……多様なデータの中からそこに隠された法則を導き出したり，今後起こることを予測したり，関係性を推論する機能。

● 計画・最適化……予測や推論を基に今後の計画を立案したり，最適なオペレーション案を提示したりする機能。

　AI が提供するこれらの機能を組み合わせて「見える化」「分析」「対処」を IT で実現し，高い価値を提供することができる。

2)　AI の適用例

代表的な AI の適用例を挙げる。

①顔認証（生体認証）

　身体的・行動的な特徴に基づいて本人を認証する「生体認証」は，古くから利用されてきた。暗証番号などの知識認証や身分証明書などの所有物認証と比べて，忘れない，なくさない，なりすましされにくい，などの利点がある（図表 2-4）。

　指紋や筆跡や DNA による鑑定は，犯罪捜査や裁判などで以前からよく使われているが，最近注目を集めているのが顔認証である。顔で本人を確認するというのは普段から人間が利用している身近で自然な手段である。昔の人相書などもその 1 つであり，現代でもパスポートや運転免許証などの写真を人が本人の顔と見比べて確認が行われている。

　この照合を人に代わって AI が行うのが顔認証システムであり，現在，急速に導入が広がっている。顔認証システムの処理は大きく以下の 3 段階に分かれており，これはそれぞれ「価値創出プロセス」の見える化，分析，対処に対応している。

　i)　見える化（顔検出）……画像から顔部分を見つけ出す（顔の数，位置，

図表2-4　生体認証技術の特徴

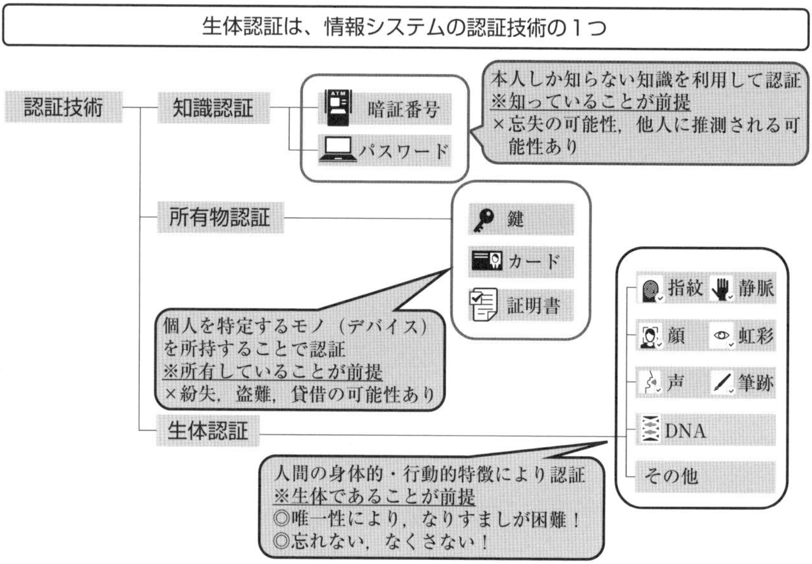

出所：NEC資料を基に筆者加筆。

　　　大きさ，向き，マスクや眼鏡の有無など）。

ii）分析（顔照合）……検出した顔情報と登録済みの顔情報を照合し，誰の顔かを判定する。

iii）対処……登録された人であればドアを開ける，その人に認められた操作権限を与える，不明者であればアラームを鳴らす，などの必要な動作を起動する。

　近年では顔認証をオンライン決済につなげることによって，手ぶらで支払い（顔パス）ができるような取り組みも進んできている[19]。例えばリゾートや温泉街で，財布もスマホも持たずに水着や浴衣で出かけても買い物ができるなど，新たな観光体験を生み出すような取り組みが行われている[20]。

---

19)　Amazon Goなどの無人店舗で具体的に実用化が進んでいる。

②**需要予測**

　世の中には，「今後どのくらい必要になるかを予測して計画を立案する」という業務が非常に多くある。今後の商品の需要を予測して店の仕入れ計画や工場の生産計画を立てる，電力消費量を予測して発電量やそのための燃料調達計画を決める，紙幣の引き出し枚数を予測して ATM への紙幣補充計画を立てる，来場者数を予測してイベント会場のバイト要員や飲食店の仕入れ量の計画を立てる，などなど枚挙に暇がない。

　これらは従来，ベテランの経験則や各種統計手法を用いた計算などに基づいて行われていたが，予測精度の低さやベテランの退職による人材難などが問題になっていた。そこで AI による需要予測があらゆる分野で注目されるようになった。

　AI による需要予測の手順を，小売店舗における商品需要予測を例に取り，「価値創出プロセス」に沿って解説する。

i)　見える化……商品の過去の日次の売上推移をデータとして準備する。必要に応じてグラフなどで見やすく表して，人が傾向を判断しやすくする。

ii)　分析……過去の売上データとさまざまな因子データ[21] とを AI が学習して，売上に影響を与える因子やその相関関係を発見し，その関係を用いて今後の売上数量を予測する。

iii)　対処……AI が予測した今後の売上数量（＝需要量）に基づいて，仕入れ発注計画を立案する。この計画に基づいて発注担当が発注作業を行うか，またはシステムが自動発注を行う。

　AI が活躍するのは主に ii)　の分析のステップである。人では分析できな

---

20)　例えば NEC は和歌山県南紀白浜空港を中心に大規模な実証実験を行っている。NEC「顔認証を使って地域全体でおもてなし 南紀白浜で始まった最新の地域活性化」2019 年 3 月 26 日。

21)　因子データの例：カレンダー情報，天候（天気，気温，湿度），立地条件，イベントの有無など。

いような大量の過去データや多様な因子データを分析して隠れた法則性を発見することで，より精度の高い需要予測が可能になる。さらにデータさえあれば対象の店舗や商品の数を増やしたりと，従来はとても人の手が回らなかった範囲にまで予測の幅を広げることができる。これにより予測の精度が高まり，より適切な発注を行えるようになる。結果として店舗の売上や利益が拡大するだけでなく，昨今問題になっている食品廃棄ロスなども削減でき，高い価値を生み出すことができる。

③予兆検知

　機械の故障，病気，災害，あるいは各種会員サービスにおける会員の離脱（退会）など，予測が難しい問題事象を発生前に検知できれば，事前に措置を施すことができ，大きな価値になる。通常は定期的な点検や診断によって異常を検知しているが，人手による点検では異常のわずかな予兆などは見逃すことがあり，また点検のタイミングで検知できなかった障害は防ぐことができない。

　そこでセンサーなどで常に稼働状況データをモニタリングし，わずかな予兆を捉えて障害の発生を未然に防ぐような取り組みが広がっている。ここでは，機械の故障の予兆を検知して故障を回避する例を挙げて，「価値創出プロセス」に沿ってその手順を解説する。

i)　　見える化……機械に取り付けた各種センサーからのデータを集約して，機械の現在の状態を可視化する。発電所や工場プラントの制御室の電光掲示板のイメージである[22]。

ii)　　分析……膨大な各種センサーデータの挙動やデータ間の相関などを学習し定常状態を作り出す。データの関係性のわずかな乱れなどを捉えて故障の予兆を検出する。

iii)　　対処……故障予兆の検出箇所をオペレータに分かりやすく表示したり，

---

22)　自動車でもこの簡易な仕掛けが搭載されている。例えばエンジンの温度などはセンサーで計測されており，異常な温度になったときにはアラームで知らせることで大きな事故を未然に防いでいる。

修理すべき時期や順番などを提示したりする。

　AI の進化によって，とくに ii）の分析の予兆検知の精度が向上し，かつては熟練者でも発見できなかったようなタイミングで予兆を発見できるようになっている。

　なお予兆検知は，前項にあった AI による予測技術と組み合わせて利用することで，さらに大きな価値を発揮する。経年変化による故障時期は，稼働時間や稼働環境などの過去データを分析して予想することができる。これを日々の稼働データの分析による予兆検知と組み合わせることでより適切な機械の保守が可能になり，運用コストの低減，安定稼働の実現などの価値を得ることができる。

④チャットボット（自動応答）

　電話でのコールセンターに代わり，チャットで質問をすると回答してくれるチャットボット（自動応答）が急速に普及してきた。これも「価値創出プロセス」に沿ってその手順を解説する。

  i)　見える化……相手の質問内容を文章で表現する。もし音声で質問する場合は，音声認識によって発音内容をテキストに変換する処理が入る。
  ii)　分析……相手の質問内容を正しく理解する[23]。
  iii)　対処……理解した意味に基づき，それに対する返答文を編集してチャットに書き込む。

　現在では技術の進歩により，分析から対処までの一連の動きがサービスとして提供されつつあり，誰でも容易にチャットボットを作って提供できるようになってきている。

---

[23]　内部処理としては，質問文章の文法構造を分析し（形態素解析），その意味を理解する（含意分析），という流れになる。

(3)　IoT

IoT（Internet of Things）は「モノのインターネット」と呼ばれており，すでに広く普及している。パソコンやスマートフォンは人が操作してインターネットに接続するが，人を介さずにモノが直接インターネットに接続することを IoT と言う。

IoT が実現されると，インターネットを介してモノを監視したり，モノを制御したりすることが可能となる。身近な生活の例では，外出先から家電を操作したり，家の温度や湿度，室内の状況などをスマホで確認したりすることができる。産業では，工場の機械，店舗の設備などの遠隔制御・監視を行うことができ，行政では河川や道路などの状況を監視して適切な運用や災害時の対応に役立てたりできる。

IoT によって多種多様なデータがモノから集められるが，その分析に AI を用いることで，より大きな価値を生み出すことが期待される。

1)　IoT システムの構成

IoT システムの構成について詳しく見ていこう。モノには大きく分けて，「センサー（検知器：物理現象や化学現象を電気信号に変換）」と「アクチュエータ（駆動装置：電気信号を運動に変換）」がある。IoT によって，インターネットを通じて次のようなことが可能になる。

- 離れているモノの状態を知る（センサーを利用）
- 離れているモノを操作する（アクチュエータを利用）
- モノ同士で状態に応じて自動で操作を行う（センサー・アクチュエータを利用）

これらを組み合わせることで，IoT は（1）データ活用で述べた「現実世界」と「サイバー空間」の仲立ちをする役割を持つ。サイバー空間にあるデータなら，AI を活用して価値を生み出すことができるが，そのサイバー空間への入り口と出口を提供するのが IoT である。

AI と IoT の組み合わせによって価値創出が行われるプロセスについて説

図表 2-5　AI と IoT

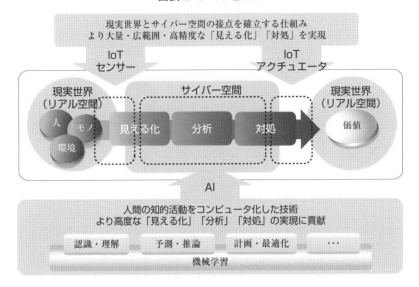

出所：NEC 資料を基に筆者加筆。

明しておこう。IoT でセンサー群から膨大なデータを集め編集して，現実世界の写像をサイバー空間上に作り上げる。そのデータに AI を活用して「見える化」「分析」「対処」を行い，その結果を基に IoT で現実世界を操作して価値を生み出す（図表 2-5）。

2)　自動車における IoT

自動車には数多くのセンサーが搭載され，またそれらがインターネットとつながっている。今や自動車自体が大規模な IoT システムを構成していると言える。

この IoT システムによって実現できる代表的なものが自動運転である。自動車に搭載されたセンサーで自動車内の状況（機器動作，エネルギー，人の動きなど），自動車外の状況（他車，歩行者，信号・標識，路面など），位置や走行データなどの情報を収集し，車載コンピュータで分析したり，一部はインターネット経由でクラウドに送って分析する。分析結果を自動車に戻して，

各種機器を自動制御したり，人に対して操作の指示を出したりする。こうして，各瞬間の状況に対応した，最適で安全な自動運転を可能とするのである。

またこの IoT システムによって収集されたデータを活用することで，自動車メーカーや自動車関連サービスを提供する企業に対する，ユーザーのエンゲージメントを向上させることも可能となる。具体的には，ユーザーの操作データ・走行データを収集・分析することでユーザーのさまざまな特性を把握し，一人一人に適したサービスを提供することでユーザーの満足度を上げ，サービスの継続利用やさらなる購入を促すことができる[24]。

さらに，自動車から収集されたデータを活用することで，さまざまな社会課題を解決することができる。気象情報，道路交通情報，老朽化インフラ情報，災害地域の被災情報など，自動車から収集されるデータを活用することで安全・安心な社会の実現に役立てることができる[25]。

3　デジタル化による自動車業界への将来のインパクト

自動車業界は CASE（Connected, Autonomous, Shared & Services, Electric）への流れを加速しており[26]，その実現に向けてデジタル技術が活用されている。第1章で解説されたように，CASE 自体がデジタル化による大きな変化であるが，ここでは CASE 実現後のインパクトについて展望してみたい。

---

24)　第6章で詳述される「テレマティクス保険」もこのようなサービスの1つである。

25)　例えばワイパーの稼働状況をモニタリングすることで雨が降っている場所や降雨量を細かいメッシュでリアルタイムに捕捉でき，高精度な気象予報に活用できる。実際にトヨタとウェザーニュースが 2019 年に実証実験を行っている。ウェザーニュース「車のワイパーが高感度の雨センサーに！ トヨタとウェザーニューズの実証実験が開始」2019 年 11 月 3 日。またドライブレコーダーの映像などから路面の状態を把握する取り組みも NEXCO 中日本が 2021 年に開始している。NEXCO 中日本「「イノベーション交流会」での技術実証を新たに 2 件開始します」2021 年 4 月 28 日。

26)　COVID-19 の影響で，CASE の中の「S（Sharing & Services）」の伸びが鈍化し，代わりに「P（Personalized）」を加えた PACE が加速するというベンダーもいる。

(1)　オープンプラットフォーム化の進展

社会のデジタル化が進み，世の中にデジタル化されたサービスが増えてくると，ユーザーがそれらを利用するための接点となる「デジタル端末」の進化と普及が重要になる。現代ではパソコンやスマートフォンなどが代表的なデジタル端末である。

デジタル端末は「オープンプラットフォーム化」が進むという特徴がある。すなわち，メーカー独自のアーキテクチャの製品を各社が個別に開発する形態から，オープンで共通のアーキテクチャを採用した製品をいろいろな会社が分業して開発する形態にシフトしていく。パソコンも当初は各メーカーが独自の規格でハードウェアもソフトウェアも作っていたが，CPU を中心としてハードの規格が標準化され，OS も Windows に集約されることで，分業が進んでいった。携帯電話も各社が独自に開発していたが，スマートフォンになって iPhone と Android 端末への集約が進んだ。オープンプラットフォーム化による影響として，次のようなものがある。

- メーカーにとって製品機能での差異化は難しくなり，コストでの差異化が中心になる。
- 開発や生産の難易度が下がり，生産の自動化が進むことで生産コストが下がる。
- 部品が共有化されることで大量生産され，部品コストが下がる。これらにより価格競争が激しくなり，さらに製品が値下がりする[27]。
- インタフェースなどが標準化されることで，さまざまな周辺機器や応用サービスを提供するプレイヤーが現れ，エコシステムを形成する。

ユーザーに提供する価値の中心は端末自体ではなく，端末の基本機能を左右するキーコンポーネントと端末上で提供されるサービスに移っていく。パソコンでもスマートフォンでも，CPU などのキーコンポーネントやその上

---

[27]　ただし，プラットフォームを 1 社が独占しているようなケースでは，競争が起きないので価格が下がりにくい。例えば iPhone は Apple が独占供給しており，値段が下がっていかない。

で稼働するアプリが，全体のコストに占める割合が大きくなっている。

　このような動きが自動車，とくに一般消費者向けの乗用車においても加速すると思われる。自動車が「デジタル端末」化することでオープンプラットフォーム化が進み，自動車のコストも現在より一段と下がっていく。技術面でも価格面でも，主導権は自動車メーカーからキーコンポーネントを供給するサプライヤーにシフトし，自動車というプラットフォーム上で提供されるサービスが顧客価値の源泉に変わっていくと思われる[28]。

　一方で自動車全体を見ると，乗用車以外にバスやトラック，多様な種類の特殊自動車・特殊用途自動車がある[29]。今後は自動運転などの機能も取り込んで，新たなサービス向けの自動車が開発されると思われる。その場合でも，プラットフォーム部分はできるだけ標準化して，コストを下げると同時に機能拡張を容易に行えるようにするであろう[30]。専門用途に特化した車両と組み合わせることで，利用者にとってより価値の高いサービスの提供が可能になる。

(2)　価値主体のシフトと新たなエコシステムの形成

　前項で述べたように，自動車のデジタル化によってオープンプラットフォーム化が進む。それにより，自動車というプラットフォーム上にさまざまなサービスを提供する新たな市場が出現する。

　スマートフォン上のアプリを Apple Store や Google Play のようなマーケットプレイスで購入するように，さまざまな企業や個人が開発したサービスが提供されるようになるだろう。スマートフォン上では，人々の時間を奪う競争が起きた。従来テレビを見たり新聞を読んだりゲームをしたりしてい

---

28)　実際には自動車メーカー自身がキーコンポーネントやサービスの開発に力を入れており，このような価値のシフトを見据えて活動していると考えられる。
29)　汎用的なパソコンのほかにコンビニの POS レジなどさまざまな用途別端末があるのと同様，これらも生体認証機能などのデジタル技術を取り込みながら進化している。
30)　トヨタの e-Palette はモビリティサービスプラットフォーム（MSPF）構想を打ち出しており，パートナーとの連携によるエコシステム作りも積極的に行っている。トヨタ「トヨタ自動車，モビリティサービス専用 EV"e-Palette Concept" を CES で発表」2018年1月9日。

た時間や睡眠時間の一部を奪うために，さまざまなアプリやサービスが開発されてきた。

　しかし，自動車を運転している時間にはスマホを操作することはできず（カーナビは別だが），従来はラジオや音楽を聴くくらいしかできなかった。それが自動運転の普及によって，運転時間を別の用途に振り向けられるようになるため，その時間を奪うためのサービス開発競争が自動車というプラットフォーム上で展開されるようになるだろう。当然，スマートフォン上のサービスとも競合することになるため，自動車の機能やデータをより活用した，スマートフォンでは実現できないサービスが求められるようになる。

　さまざまな自動車からのデータを活用するほうが大きな価値を提供できるため，サービス活用サイドからも利用ユーザーサイドからもデータの標準化が要求され，自動車メーカー間でのデータフォーマットやインタフェースについての統一化・規格化が進む。それがますます多様なサービスの開発を促進し，自動車プラットフォームを取り巻くエコシステムの形成が促進されていくであろう。

(3)　自動車の位置づけ・役割の変化
――未来のデジタル自動車が拓く可能性

　ユーザーにとっての自動車の位置づけや役割が大きく変わっていくと思われる。例えば携帯電話がスマートフォンに変わることで，通話・メールなどによる「コミュニケーションツール」としての位置づけから，個人のアシスタントツール，ビジネスツール，エンターテインメントツールなどの位置づけに変わった。このような多目的なツールが常に自分の傍らにあることが，ビジネスや生活を一変させた。スマートフォンのない生活に戻るのは難しいと感じるのは，スマートフォンによってユーザー体験が一新されたからであり，この新しい体験にこそユーザーは価値を感じて対価を払うのである。

　デジタル化された自動車もその位置づけや役割を変化させ，ユーザーに新たな体験を与えるようになるだろう。ここでは，デジタル化によって自動運転やシェアリングなどが当たり前になった未来の自動車の位置づけや役割，それによって得られる新たなユーザー体験を考えてみたい。

　同じデジタル端末であるスマートフォンと比較してみると，スマートフォンは人が運ばなければ移動できないが，自動車は逆に人や物を運ぶことができる。自動運転車であれば人がいなくても独立して移動することができる。自動車の大きさやレイアウトや装備を変えれば，さまざまな用途向けにデザインされた空間を運ぶことができる。

　この「人・物・空間」を運ぶことができ，そのなかで起きる行動や事象をデジタルデータで捕捉して付加価値向上を常に図ることで，ユーザーに新たな体験を与えられる，というのがデジタル化された自動車の新たな位置づけ・役割であろう。このような「デジタル自動車」が作る未来の可能性について，いくつかの切り口で構想してみたい。

①デジタル自動車×エンターテインメント

　デジタル自動車では人が運転しなくても済む分，社内での時間をほかのことにあてられる。その時間を狙ってさまざまなエンターテインメントサービスが拡充すると考えられる。通常の室内におけるエンターテインメントプログラム（音楽，映像，ゲームなど）はそのまま適用できると考えられるが，自動車の特性である「移動できること」をより積極的に活用したプログラムも出てくるだろう。

　例えば「ポケモンGO[31]」は人がスマートフォンを持って移動することでプレイできるゲームである。ポケモンを捕まえたり育てたりするために，現実世界に置かれたいろいろなスポットを巡るという，新たな外歩きの体験を生み出した。今後は自動車で走り回ることでプレイできるゲームやイベントなどが出てきて，新たなドライビング体験が生み出されるかもしれない[32]。

　もちろん「わくわくする運転体験そのものをエンターテインメントとしてドライバーに提供する」という従来からの価値も相変わらず求められていくかもしれないが，高齢化や若者の車離れが進む世の中においては，そのニー

---

31)　スマートフォン上のアプリで遊ぶ，位置情報を利用することで現実世界そのものを舞台としてプレイするゲーム（https://www.pokemongo.jp/）。

32)　もちろん，交通ルールやマナーを遵守したうえでのプレイが必要である（ポケモンGOでは歩きスマホによる事故などが問題になった）。

ズは低くなっていくと考えられる。

②デジタル自動車×買い物

　今後，少子高齢化や地域の過疎化により増加すると言われる「買い物弱者（買い物難民）」問題[33] への関心の高まりもあって，買い物という領域に自動運転車を活用するケースはすでに多く考えられている。大きく分類すると，以下の3つまたはその組み合わせになると思われる。

　　i)　消費者が自動運転車で店舗に買い物に行く。
　　ii)　自動走行できる宅配ロボットが自宅まで商品を届ける。
　　iii)　自動運転で動く移動店舗が消費者の近くまで来る。

　i) は一般の自動運転車を利用することになる。さらに，必要品のリストアップ，特売情報の検索，それらに基づく買い回りルートの自動設定など，デジタルを活用したサービスがいろいろ搭載されるだろう。

　ii) は主に宅配業者が自社の業務効率化や宅配ドライバー不足対策として取り組むと思われる。利用者から見たら，より細かな受け取り時間が指定できるようになるなどの利便性の向上も期待できるだろう。

　iii) の移動店舗は専用車両の開発を含めて自動車メーカーやベンチャーなどが取り組んでいる[34]。移動店舗なら土地や建物の取得・維持に関わるコストが削減でき，無人店舗なら人件費もかからない。建物がない分，場所も時間も柔軟に選べるので，特定の利用者[35] のみを対象とした店舗として位置づけることもできる[36]。顔認証などと組み合わせることで，レジ不要で手ぶらでの買い物が可能になったり，利用者に応じたきめ細かなサービス提

---

33)　国の各省庁や地方自治体がこの問題について取り組んでいる。例えば，総務省「買物弱者対策に関する実態調査 結果報告書」2017 年 7 月など参照。
34)　例えば，自動運転ラボ「「店舗群」が自ら移動！　自動運転車で「次世代小売」，カギは DX」など参照。
35)　例えば，特定の施設の利用者，特定の会社の社員，特定の区域の住民，など。
36)　移動店舗に搭載できる商品の数や種類には限りがあるが，利用者を特定することでそのデメリットを下げることができる。

供が可能になるなど，顧客体験を改善することも可能となる[37]。

　消費者の近くまで来てくれるという特性を活かして，宅配の補完として組み合わせて利用する新しいエコシステムが生まれるかもしれない[38]。

　当然，デジタル化された店舗なので，来店者の行動データや各商品の販売データは把握されている。場所ごとのデータを分析することで，次の需要を予測して適切な商品の準備をしたり，地域別の消費動向から最適な出店計画（配車計画）を立案したりできる。いつも買いに来る人が来なかったなど，いつもの行動と違う予兆があった場合には，事前に登録された連絡先に通報するといった見守りの役目を果たすこともできるだろう。

　「コンビニがインテリジェンスを持って，自由に移動できるようになったら？」という発想で考えると，まだほかにもデジタルによる価値向上の可能性はありそうである。

③デジタル自動車×旅行・観光

　今後は従来のマイカー旅行やバス・タクシー旅行にはなかったような，デジタル自動車ならではの旅行の形態が生まれる，または旅行会社などがそのような旅行プランを作って提供するようになるだろう。

　その 1 つとして，旅行先への「移動」と旅行先での「食事」「宿泊」を 1 つにした，「移動レストラン」「移動ホテル」といったコンセプトのサービスが考えられる。そのために，ラグジュアリー感の高いデジタル化されたキャンピングカーなども用意されるかもしれない[39]。例えば，より自然の中での暮らしを体感するために，レストランやホテルがない場所に自動車で行って，従来にはない新しい食事や宿泊の体験をする，といったサービスが提供

---

37)　移動店舗ではないが，特定利用者向けのデジタル化店舗を設置する事業はすでにスタートしている。例えば，NEC「3 社の共創による「顔認証技術を用いた無人店舗『FACE MART』」のトレーラーハウスを用いた新型店舗開店について」2020 年 10 月 23 日。

38)　宅配の置き配のように移動店舗で預かってもらった荷物を引き取る，あるいは宅配に出すものを移動店舗に預ける，など。

39)　すでに，専用のキャンピングカーを利用した観光 MaaS の取り組みも始まっている。例えば，NEC「南城市およびうるま市の観光振興に向けた観光型 MaaS の実証実験を開始」2020 年 11 月 20 日。

されるようになる。また観光は現地の天候によって体験が大きく変わることがあるが，雨天でも車内で観光地の滞在を十分楽しめるようなコンテンツを用意することで，より満足度の高い体験をしてもらうことも可能になる。

旅行中は，行先の天候や混雑状況などの外部データだけでなく，利用者の満足度合いや疲労度なども把握し，これらに基づいて旅行スケジュールの調整や運転ルートの変更も自動で行われ，快適で充実した旅を楽しむことができる。

また，旅行期間中にデジタル自動車の中で計測された利用者の行動データを活用して，旅行プランの改善や次のプランの企画，利用者へのフィードバックなどが行われ，サービス全体での価値の向上が図られていく。

このように自動車はデジタル化によって，いろいろなシーンでその役割を変え，利用者に新しい体験を与え続けていくだろう。

(4) 自動車保険へのインパクト

自動車のデジタル化によって，上記のような業界構造の変化が起きるとき，自動車保険自体もその意味を変えることになる。

自動車のプラットフォーム化が進み，価値の源泉が自動車自体ではなく，そのうえで提供されるサービスに移行し，それが多様なエコシステムで提供されるようになると，保険でカバーすべき対象もサービスやエコシステムに移っていくと考えられる。デジタル化によりさまざまな情報がデータで取得でき，AI などの技術も利用してそのデータを活用することで，サービス内容やユーザーの利用状況に応じたきめ細かな保障を行えるようになる。このように保険自体もエコシステムに組み込まれて，全体でユーザーに価値を提供するようになるであろう。

4 デジタル化時代を生きていくために大切なこと

デジタル化によってあらゆるものがデータで捕捉され，AI を活用して顧客体験が刷新され，価値が生み出し続けられていく。そんな社会に潜むリス

クやそこで生きる我々が気をつけるべきことについて述べてみたい。

(1)　AIと倫理

　AIは取得されたデータを学習し，そこから得られた法則や傾向に基づいて意思決定を行う。そのAIの意思決定をどこまで信用して利用するのか，またそもそもAIに意思決定させることがよいテーマなのか，という点について「AI倫理」として議論が活発になっている[40]。

　まずAIには倫理観などの常識がないため，人間から見て倫理的に問題があるような判断でも，AIは平気で行ってしまう。間違ったデータを基に学習させたら間違った判断を下すのは当然なので，それを避けるために正しい学習データを用意するように心がけることが大事である。ただし過去に人間が行ってきた膨大な判断データを学習させるような場合，その判断の背景にある，今まで人々が暗黙に抱いてきた価値観や差別意識なども一緒に学習されてしまうことがある。そのようにして，意図せずに倫理上問題のあるAIが生まれてしまう。

　また，人に関するデータを学習させる場合には，その人の属性データと評価データの相関が学習されて，「評価には無関係な属性（性別，人種など）を基にその人の評価をAIが下す」可能性がある。これはAIが差別を生むということであるが，利用者が意図せずにこの差別が生まれることもあれば，差別する意図を持った利用者によってAIによる差別的な判断が意図的に利用されることもある[41]。

　このようにAIは利用する側の倫理観が強く求められると同時に，AIの判断には倫理上の問題が含まれる可能性があることを意識して運用することが重要である。自動運転車もAIが判断を下して運転しているため，その倫理問題については自動運転車を開発・運用する側も，利用する側も，十分に

---

40)　AI倫理には，データのプライバシーの問題や個人情報保護の問題なども含まれる。人工知能学会では，2017年2月28日に「人工知能学会 倫理指針」を発行している。また国や企業もそれぞれAIに対するガイドラインを各種制定している。

41)　人工知能学会・倫理委員会では2019年12月10日に「機械学習と公平性に関する声明」を出している。

意識しておく必要がある [42]。

(2)　人ならではの可能性

　デジタル技術，とくに AI によって仕事が奪われる，というネガティブな論調も存在する。しかし，再三述べてきたようにデジタルの本質はデータの活用であり，データ化できない・されていないことには対応できない。これは，すでに起きた事象には対応できても，まだ起きたことのない未知の事象には対応できないことを意味する。

　一方，人間は未知のことであっても，他人と共同でアイデアを膨らませ，意思を持ってそれに取り組むことで新たな価値を生み出すことができる。2020 年に起きた世界的パンデミックでも，そこで次々と起こることは人類としては未知の事象ばかりであったが，さまざまな仕組みやサービスを生み出して新しい生活様式を確立していった。

　そこで活躍したのがデジタル技術である。デジタル技術を活用しなければ，2020 年に起こった新型コロナウイルスの感染拡大においても，これほど早くウイルスの情報共有は進まず，ワクチンの開発も遅れていただろう。テレワークやビデオ会議の急速な普及がビジネスの継続を後押しした。また，感染拡大の防止策や給付金の配付などの行政施策の遂行にあたっても，デジタル技術が活用された [43]。音楽や映画などの文化・芸術が人々の心を癒したが，それをオンラインで届けられたのもデジタルの力によってであった。

　このように，デジタルは手段として使いこなせば非常に強力で大きな価値を生み出すことができる。ただし，その価値の源泉となる想像力や情熱や共創する力などは，人間だけが持つものである。我々はこの人が持つ潜在能力をもっと発揮できるように，主体性や創造性を発揮すること，個人の限界を超えるためにチームでコラボレーションすること，それを実現できるような

---

42)　ドイツでは 2017 年にいち早く「自動運転とコネクテッドカーの倫理規則」を発表している。ReVision Auto&Mobility「ドイツ「自動運転とコネクテッドカーの倫理規則 20 項目」が示す方向性と現状での限界点」2017 年 10 月 15 日。

43)　国による行政のデジタル化の進み度合いの違いによって，そのスピードや効率が大きく変わることが浮き彫りになり，行政のデジタル化の重要性が認識される機会にもなった。

チームマネジメント力・リーダーシップを身につけていくことが必要である。

おわりに

　世の中で起きているデジタル変革（DX）について，その本質やそれを支える主要技術の価値，そこから推察される今後の自動車業界へのインパクトについて述べてきた。

　コロナ禍によって，今後数年かかると思われていた DX が数カ月で一気に起きたと言われているほど，デジタル化の動きが急速に進んでいる。これは図らずも，「事業環境や消費者のニーズ・行動様式が変わったときに，それに追随して生き残るための重要な手段がデジタルである」ということの証明になっていると言えよう。

　今後も社会課題は複雑化・深刻化していき，その対応に向けてあらゆる分野でデジタル化は急加速していくだろう。新たなデジタル技術も次々と開発されるであろうが，デジタル化の本質はデータを活用して新たなビジネスモデルを作り上げ，従来にない価値を生み出すことである。この視点を忘れずに新たな価値創出に取り組むことが，これからの社会を担う我々に求められている。

＜**参考文献**＞　［ウェブサイトの最終閲覧日はすべて 2021 年 12 月 19 日］

鈴木良介（2015）『データ活用仮説量産 フレームワーク DIVA』日経 BP.

日高洋祐，牧村和彦，井上岳一，井上佳三（2020）『Beyond MaaS 日本から始まる新モビリティ革命──移動と都市の未来』日経 BP.

藤井保文（2020）『アフターデジタル 2 UX と自由』日経 BP.

リース，エリック著／井口耕二訳（2012）『リーン・スタートアップ──ムダのない起業プロセスでイノベーションを生みだす』日経 BP.

Stolterman, Erik and Anna Croon Fors（2004）"Information Technology and the Good Life."（https://www8.informatik.umu.se/~acroon/Publikationer%20Anna/Stolterman.pdf）

ウェザーニュース「車のワイパーが高感度の雨センサーに！　トヨタとウェザーニューズ

の実証実験が開始」2019 年 11 月 3 日．(https://weathernews.jp/s/topics/201911/030095/)

NEC「顔認証を使って地域全体でおもてなし　南紀白浜で始まった最新の地域活性化」2019 年 3 月 26 日．(https://wisdom.nec.com/ja/collaboration/2019032601/)

NEC「3 社の共創による「顔認証技術を用いた無人店舗『FACE MART』」のトレーラーハウスを用いた新型店舗開店について」2020 年 10 月 23 日．(https://www.nec-solutioninnovators.co.jp/press/20201023/index.html)

NEC「南城市およびうるま市の観光振興に向けた観光型 MaaS の実証実験を開始〜小型モビリティ，コミュニティバス，キャンピングカー等を活用〜」2020 年 11 月 20 日．(https://www.nec-solutioninnovators.co.jp/press/20201120/index.html)

経済産業省「DX レポート——IT システム「2025 年の崖」克服と DX の本格的な展開」2018 年 9 月 7 日．(https://www.meti.go.jp/shingikai/mono_info_service/digital_transformation/20180907_report.html)

経済産業省情報経済小委員会（2015）「中間取りまとめ——CPS によるデータ駆動型社会の到来を見据えた変革」2015 年 5 月 21 日．(https://www.meti.go.jp/committee/sankoushin/shojo/johokeizai/report_001.html)

自動運転ラボ「「店舗群」が自ら移動！自動運転車で「次世代小売」，カギは DX」2021 年 2 月 13 日．(https://jidounten-lab.com/u_shop-retail-autonomous-dx)

人工知能学会「倫理指針」2017 年 2 月 28 日．(http://ai-elsi.org/archives/471)

人工知能学会・倫理委員会「機械学習と公平性に関する声明」2019 年 12 月 10 日．(http://ai-elsi.org/archives/888)

総務省「買物弱者対策に関する実態調査 結果報告書」2017 年 7 月．(https://www.soumu.go.jp/main_content/000496982.pdf)

テスラ「ソフトウェアアップデート」．(https://www.tesla.com/jp/support/software-updates)

ドイツ交通・デジタルインフラ省（2017）「自動運転とコネクテッドカーの倫理規則」．(https://rev-m.com/self_driving/ ドイツ「自動運転とコネクテッドカーの倫理規則 20/)

トヨタ「トヨタ自動車，モビリティサービス専用 EV"e-Palette Concept" を CES で発表」2018 年 1 月 9 日．(https://global.toyota/jp/newsroom/corporate/20508200.html)

トヨタ「トヨタと KINTO，「人に寄り添って進化するクルマ」に挑戦」2021 年 6 月 7 日．(https://global.toyota/jp/newsroom/corporate/35370863.html)

NEXCO 中日本「イノベーション交流会」での技術実証を新たに 2 件開始します〜ドライブレコーダーの映像から路面状況を把握する手法のさらなる有効性の実証〜　〜ドローンによるのり面点検や道路敷地などの巡回のさらなる有効性の実証〜」2021 年 4 月 28 日．(https://www.c-nexco.co.jp/corporate/pressroom/news_release/5080.html)

ReVision Auto&Mobility「ドイツ「自動運転とコネクテッドカーの倫理規則 20 項目」が示す方向性と現状での限界点」2017 年 10 月 15 日．(https://rev-m.com/self_driving/ ドイツ「自動運転とコネクテッドカーの倫理規則 20/)

第3章

自動運転技術の進展と展望

谷川 浩

はじめに

　自動運転の実用化が現実味を増している。技術的には，コンピュータ・ソフトウェア，AIなどの情報処理技術，半導体やセンサー技術，通信技術などの目覚ましい進化が背景にある。一方，ニーズの面では，交通死亡事故の削減や，少子高齢化・過疎化における移動手段の確保など，社会問題解決の切り札として期待されている。本章では，自動運転への期待や実用化に向けた取り組み動向と主要な技術を解説し，自動運転技術が社会に与える影響について社会経済的観点を中心に考察する[1]。

1　自動運転の概要

　自動運転への社会の関心は高く，日々関連情報が配信されているが，ドライバーが運転から完全に解放され，運転のすべてを自動運転システムに委ねられるような状況は，技術的にもルールや仕組みの面でも課題が多く，早期の実現は難しいのが実情である。本節では，自動運転を理解するための予備知識として，ドライバーと自動運転システムそれぞれの役割や責任などの定

---

1)　本章は，筆者個人の意見であり，所属する機関の見解とは必ずしも一致しない。

義と，自動運転に必要な主要機能について解説する。

(1)　自動運転レベル

自動運転のレベル分けの定義について解説し，自動運転レベルに関わる課題と将来展望について述べる。

1)　自動運転のレベル分け

自動運転を実用化する活動には，開発に関わる技術者やルールを作る関係者に限らず，その利用者も含めて世界中で多方面の人々が関わっている。また，一言で自動運転と言っても，さまざまな機能や使い方が想像される。世界中の関係者がイメージを共有し，正確かつ効率的に議論を進めるためには，自動運転を正確に定義することが重要なため，国際標準として制定されようとしている。日本はアメリカの SAE International[2] という非営利団体が策

図表 3-1　自動運転レベルの定義

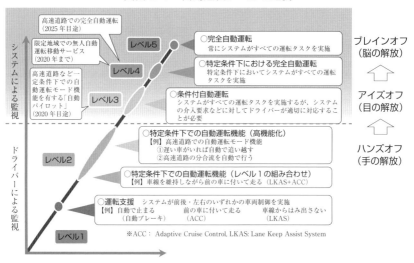

出所：国土交通省「自動運転のレベル分けについて」に筆者加筆。

---

2)　SAE インターナショナルは，モビリティ専門家を会員とする米国の非営利団体。SAE の正式名称は Society of Automotive Engineers, Inc.（米国自動車技術者協会）である。

定した J3016[3] という文書に書かれた自動運転の定義を踏襲しており，自動
運転レベルを 0 ～ 5 の 6 段階に分けている。自動運転レベルがそれぞれど
のような状態を示すのか，国土交通省から公表されている図表 3-1 を用い
て解説する。縦軸は自動運転レベルを，横軸は各自動運転レベルにおける自
動運転の機能や用途を表している。

①レベル０～２：運転支援～特定条件下での自動運転

　運転支援機能を備えていない，いわゆる普通の車両はレベル 0 にあたる。
レベル 1 では，ブレーキ制御やステアリング制御など，速度か操舵のいずれ
か単独の制御機能を備えている。例えば，ぶつからない車でお馴染みの自動
ブレーキ，先行車との距離を一定に保つために自動でスピードを調整する
ACC（Adaptive Cruise Control System），車線の逸脱を検知してステアリング
を補正する LKAS（Lane Keep Assist System）などがある。レベル 2 では，
ステアリング補正やスピード調整の両方をサポートする機能を備えている。
　レベル 2 以下では，運転の主体つまり走行中の危険を回避することを含め
た運転の責任はドライバーに帰属する。システムは周囲の情報を把握し，運
転操作やドライバーへの注意を促し快適な運転をサポートしたり事故を未然
に防いだりするなど，ドライバーの運転を支援する機能であり，ADAS
（Advanced Driver-Assistance Systems：エーダス）と呼ばれ，消費者に誤解を
与えないように自動運転とは明確に区別されているが，実情では便宜上「自
動運転レベル 2」と呼ばれている。イメージ的には，レベル 1 で走行中のド
ライバーは手または足のどちらか一方がフリーな状態で運転を行うことが可
能で，レベル 2 では手と足の両方がフリーな状態で運転を行うことができる。

②レベル３：条件付自動運転

　レベル 3 からが本来の自動運転と呼べるもので，高速道路や低速走行時な
どの場所や速度，そのほかに自動運転を行うための走行環境条件（ODD:
Operational Design Domain）が付されるものの，システムが交通状況を認知

---

3)　内閣官房 IT 総合戦略室（2016）参照。

して運転に関わるすべての操作を行うため，レベル3で走行中のドライバーは運転操作から解放される。ただし，システムが自動運転を継続できないと判断した緊急時には，ドライバーに対して運転の交代を要求してくるため，ドライバーは短時間（数秒程度の後）に運転を交代できる状態を維持する必要があり，ドライバーが運転を交代できる状態にあることをモニタリングする必要もある。また，ドライバーが運転を交代できる状態でなくなった場合や交代を要求しても行われない場合は，路側帯など安全な場所に退避し，停車するまでの間はシステムが運転を継続する必要がある。イメージとしては，ドライバーは目を閉じることが許されるが，頭脳は常に緊急時の運転交代に備えている状況に相当する。

③レベル4～5：完全自動運転

レベル4以上では，ドライバーに代わってシステムが交通状況を認知して運転に関わるすべての操作を行い，緊急時の危険回避もシステムが行うので，ドライバーは運転操作から解放され，イメージとしては頭脳が運転から解放された状況をもたらす。ただし，レベル4の場合はODDに制限があるため，ODDを外れる状況においてはレベル3以下で走行する場合が考えられる。一方，レベル5ではODDに制限がなく，常時ドライバーが運転を行う必要がない完全自動運転となるため，乗員に免許証は不要となりアクセルやハンドルのない車両も出現可能となる。

2）　課題と将来展望

自動運転レベル3で走行中のドライバーは実質的に運転操作を行う必要がないため，運転から解放されたと過信してしまい，システムから運転の交代を要求されたときに短時間に運転を交代することが難しいという懸念がある。そうした議論が続くなか，2020年11月にホンダのレジェンドが国土交通省から自動運転レベル3の型式指定を取得し，2021年3月にTraffic Jam Pilot（トラフィック・ジャム・パイロット）の名称で100台限定として発売された[4]。レベル3で走行可能なODDは，高速道路や自動車専用道路における交通渋滞時のような状況下に限定されているが，今後は幅広いODDで使用できる

ように進化し，高度な自動運転市販化ならびに普及促進に向けた競争が一段
階先に進むものと思われる。

　また，バスやタクシー，乗用カートなどを使用した自動運転の実証実験で
は，高速通信技術を活用してドライバーに代わって遠隔地から自動運転車を
監視・操縦する技術も実用化に向けて開発が進んでおり，福井県永平寺町で
鉄道の廃線跡地を利用した移動サービスにおいては，ドライバーが乗車せず
遠隔監視で 3 台のゴルフカート改造車両を自動運転レベル 3 で走行する営
業運行を 2021 年 3 月に開始した[5]。今後，同様の自動運転移動サービスの
普及とさらなる進化に合わせて，遠隔監視や操作を踏まえた自動運転レベル
定義の具体化についても検討が進むものと思われる。

(2)　自動運転の主要機能

　現在販売されている車両には，すでに多数の電子制御システムが搭載され
ている。今後，自動運転機能が高度化するに従って，ドライバーが担ってい
た認知・判断・操作の機能が電子制御システムに置き換わることになる。自
動運転に必要な主要機能について概要を解説し，技術課題と将来展望につい
て述べる。

1)　状況認識と走行計画機能

①基本機能

　目的地が決まれば，自動運転システムは地図情報と自車位置の情報から目
的地までの走行経路（道順）と走行軌跡（走行する車線や車線内での位置など）
を計画する。さらに，安全に快適に効率よく走行するためには，先々の走行
環境をできるだけ早いタイミングで正確に認識する必要がある。基本となる

---

4)　ホンダレジェンド自動運転レベル 3 の市販化に関しては，各種自動車業界誌などを参
　　照。例えば『Respose』「【ホンダ レジェンド 新型まとめ】自動運転，初のレベル 3 へ
　　…価格やテクノロジー，試乗記」2011 年 4 月 11 日など。

5)　永平寺での遠隔型自動運転システムによる無人自動運転移動サービス Lv3 実用化に
　　ついては，経済産業省「遠隔型自動運転システムによる無人自動運転移動サービスの試
　　験運行を開始します」2020 年 12 月 11 日，産業技術総合研究所「ラストマイル自動走
　　行の実証評価（永平寺町）に係る新たな実証を開始」2018 年 11 月 14 日，などを参照。

のは車載センサーからの情報で，カメラやレーダーなどを使って前方の障害物や周辺車両などの動きを捉え，AIで顕在化した衝突リスクなどを判断（潜在的な衝突リスクの先読み機能に関しては詳細後述）し，安全で効率よく走行できる軌跡や速度を再計画する。また，インフラの助けを借りることによって，向かう先の道路形状や路面の状態，渋滞や交通規制情報などを踏まえたより安全で効率のよい走行計画が可能となる。

②課題と将来展望

　車載カメラやレーダーなど自律認識システムの情報は，データの信頼度や鮮度が高く，状況認識の基本となる。ただし，本格的な普及より前の段階では，高性能なセンサーや大量の情報を処理するコンピュータを搭載するコストは性能向上分に対して飛躍的に大きく膨らむため，コストの制約などから実用的に得られる情報は限られる。一方で，事故が多発する見通しの悪い交差点などでは，インフラ側に設置したカメラ情報を車両に送信するなどして車両の死角となる方向の認識機能を補うことが可能となる。ほかにも，渋滞する最後尾の車両の位置や信号の状態などの情報をインフラから受け取れれば，自律認識システムの負担を軽くできるだけでなく，千里眼を持つがごとく先々の危険に対処した安全な走行が可能となる。したがって，「自律＋インフラ協調」で多くの情報を得ることが重要な課題となるが，インフラ側の普及を一挙に進めることには限界があり，加えて通信途絶やセキュリティ侵害などの懸念もあるため，インフラに頼り切ることは難しい。また，高精度な地図情報や，信号・路面状態など動的な情報，高精度地図と照合するための高精度な自車位置情報を得ることも課題となる。

　車載センサーによって刻々と変化する多様な走行環境の中で確実に障害物を検出し，速度を低減したり路肩に停車したりするなど危険を回避するための自律認識システムについては，自動運転の実用化を待つことなくADASの進化における熾烈な技術開発競争が展開されており，車載センサーの開発は日本のOEMやサプライヤーの強みを発揮しやすい競争領域と言える。一方，インフラ協調システムについては，当面は高速道路や自動車専用道路から，また一般道路ではタクシーやバスの自動運転が社会実装される場所から

実用化や普及が始まるが，そもそも自動車技術とは異なる技術領域であることと，技術よりも政治や自動運転を必要とする社会動向などの影響で動きが変わるので，先行きを語ることは難しい。

2)　リスク予測と回避機能

①基本機能

　安全運転に長(た)けた優秀なドライバーは，例えば走行路にボールが転がってきたら，その後ろから子どもが飛び出すリスクを予測して減速したり，ブレーキペダルに足を載せて急な飛び出しに備えたりする。また，日常的に渋滞が予想される場所や通学時間帯の通学路を走行する際には，速度規制や信号などに関係なく速度を落としたりブレーキを踏めるよう構えたり，危険を先読みした「かもしれない運転[6]」を行う。ドライバーが運転操作に関わらない高度な自動運転においては，安全運転に長けた優秀なドライバーに相当する以上の危険先読みと危険回避機能が必要となる。

②課題と将来展望

　歩行者や障害物を車載センサーで認識し危険が顕在化してからでは対処できないケースも多々あり，障害物の形状や歩行者の動きなどから危険を先読みする技術の重みが増している。自動運転の車両が潜在的な危険を予測し回避するためには，過去の経験や傾向などに関する大規模な情報＝ビッグデータが構築され，AI がそれを活用して危険を予測するような IT 技術が必要となる。

　また，自律システムだけで高度な自動運転の実用化は難しく，車両が常時インターネットに接続される「コネクテッド」の技術によって CPS（Cyber Physical System）[7] を構成する必要がある。世の中で起きる状況（認知・判断・

---

6)　かもしれない運転については，例えばチューリッヒ保険「「かもしれない運転」とは？「だろう運転」がおこす動静不注視の事故」など参照。
7)　CPS とは，実世界（フィジカル空間）にある多様なデータをセンサーネットワークなどで収集し，サイバー空間で大規模データ処理技術などを駆使して分析／知識化を行い，そこで創出した情報／価値によって，産業の活性化や社会問題の解決を図っていくものである。電子情報技術産業協会（JEITA）「CPS とは」参照。

操作のシーン）はさまざまで，ミクロに見れば無限と言える複雑多岐な状況下で AI にベテラン優良ドライバーの役割を担わせるには，何も知らない子どもを教育してあらゆる状況に適切に対応できる一人前のドライバーに育てるような，高度な教育システムと技術，またその能力を評価する技術の確立も課題となっている。

　なおこの技術領域は，これまでの自動車業界とは縁遠かった情報通信技術（ICT）の世界に軸足があり，OEM・サプライヤーに加えてベンチャー企業や研究機関などが混然となって，政治の後押しも受けながら世界規模で熾烈な開発競争を行っており，先を見通すことは難しい。ゲームチェンジを起こすような斬新なアイデアや大規模な投資戦略などによって，想像以上のスピードで高度な自動運転社会が到来する可能性に期待することもできるが，競争環境は厳しく，日本企業が欧米や中国などの後塵を拝する恐れも十分にある。

3）　緊急回避機能

①基本機能

　緊急回避機能とは，人間に喩えると，いわゆる反射神経のような機能である。例えば，衝突直前の障害物を検出して瞬時に減速し衝突速度を下げる衝突被害軽減ブレーキ（AEBS: Advanced Emergency Braking System）や，雪道でスリップした際に4輪のブレーキやエンジントルクを制御して車両姿勢を立て直す車両安定制御システム（VSC: Vehicle Stability Control）など，人間には危険回避操作が難しい緊急領域での制御機能である。それらのほとんどはすでに製品化され普及が進んでおり，自動運転においても必要となる。

②課題と将来展望

　自動運転における安全確保の基本的な考え方は，潜在的な危険も含めてリスクを予見し，危険に近づかない運転計画を行うことにある。したがって，衝突間際における危険回避の領域においては，自動運転の進化に伴う新たな課題として特筆すべきものはない。

4)　HMI 機能

①基本機能

　自動運転にかかわらず，車両の電子化・情報化が進むにつれて車両の操作系は増加・複雑化しており，HMI（Human Machine Interface）は重要な開発要素となっている。必要最小限の情報が適切なタイミングで分かりやすく確実にドライバーに伝えられる表示系や，たとえドライバーが少々パニック状況に陥ってもスイッチやレバーなどを意図どおり確実に操作できる操作系など，ドライバーが運転に関与する以上，ドライバーと車両のインターフェースは安全性や商品性に関わる重要アイテムである。

　レベル２以下の運転支援システムでは，HMI の対象はドライバーにシステムの状態を表すインジケータや異常を知らせる警告装置，システムを操作するためのスイッチやレバーなどである。レベル３の場合は，システムが自動運転の継続が困難と判断しドライバーに運転の交代をリクエストする際に確実に知らせる手段や，ドライバーが常にリクエストに対処できる状態にあることを監視するドライバーモニタリング機能[8]が必要となる。さらに高度な自動運転においては，ドライバーが運転から解放されて自動走行している場合の運転主体は車両なので，車両が周辺車両や歩行者とコミュニケーションをとり，互いの要求や対処の意向を共有する機能が必要となる。

②課題と将来展望

　ドライバーに運転の交代をリクエストする際の HMI，ドライバーが運転交代可能な状態であることをモニタリングする技術，自動運転車両が周辺の一般車両や歩行者とコミュニケーションをとって互いの要求や対処の意向を共有する技術などの開発と，それらを標準化して社会に浸透させ，自動運転が人や交通社会との間に信頼関係を構築することが重要な課題となる。

　将来的に技術が進めば，自動運転の車両が周辺のドライバーや歩行者の気持ちや行動を予測したり，車両側の意図を伝達したりすることも考えられる。一方で，自動運転の車両はプログラムどおり行動するので，自動運転の思考

---

8)　国土交通省自動車局先進安全自動車推進検討会（2020）。

や行動特性をドライバーや歩行者側が理解すれば，ある意味では気まぐれな人間同士よりも信頼関係を築けるので，早期に自動運転を実用化するための近道として自動運転の目的や特徴などを広く理解してもらう活動が有効と考えられる。

2　自動運転の主要技術と開発動向

　自動運転は自動車のロボット化と言われており，車載センサーなど従来の自動車技術の高度な進化に加えて，IT や AI など自動車以外の先端技術をうまく取り入れる必要がある。本節では，自動運転に必要な主要技術を解説し，課題と将来展望について述べる。

(1)　センサー

1)　概要

　自動運転（レベル3以上）においては，多様な走行環境や対象物に対して

図表 3-2　主要車載センサーの特質比較

		ミリ波レーダー	LiDAR	カメラ
波長		1 ～ 10mm	830 ～ 905nm	400 ～ 780nm
基本性能	最大検知距離	◎	○	○
	距離精度・分解能	△	◎	×（単眼） ○（複眼）
	方位精度・分解能	△	○	◎
	色の識別	×	△	○
耐自然環境性	雨	○	△	△
	霧	○	△	×
	雪	○	×	×
	西日・薄暮	◎	△	×
	夜間	◎	◎	△
	照度変化	○	○	×

出所：日本自動車研究所（JARI）作成資料。

検出性能限界（図表3-2）の異なる複数種のセンサーを組み合わせることによって，高い認識性能と安全性を確保することが必要とされている。自動運転で用いられる代表的な車載センサーと，それぞれの特徴や使い方について解説する。

①カメラ

　人間の目に代わって自動運転に必要な多くの情報を比較的安価に得られる有効手段であり，夜間の対向車のヘッドライトを検出して自車のヘッドランプ配光を制御する機能，速度制限の標識を認識して速度警告する機能，道路上の白線から自車線を認識し逸脱を警告する機能，歩行者や自転車などを検知して自動でブレーキをかける機能など，さまざまな用途で利用されている。前方カメラの取り付け位置は，障害となる雨滴を払拭できることや遠方かつ広角の画像を得やすくするためにルームミラーの裏側に設置されることが一般的である。カメラから得られる画像は，画像処理専用のプロセッサを使用して高速に認識処理を行う。知名度の高いスバルのアイサイト[9]では，前方を2台のカメラで撮影し，その視差から物体までの距離情報を得るステレオカメラが使われている。低コストなシステムでは単眼カメラが用いられるが，物体までの距離情報は正確には得られない。高度な自動運転では道路標識や信号の色を読み取る必要がある。また障害物の大きさや形状，その動きなどから路上の落下物や歩行者の存在を遠くから正確に認識する必要があり，豊富な情報量から複雑な走行環境を把握するためにカメラは非常に重要なセンサーである。

②ミリ波レーダー

　ミリ波レーダーとは，波長の短いミリ波と呼ばれる電波をセンサーから放出し，物体から反射して返ってくるまでの時間を検出することによって物体の存在と距離を検出し，加えてドップラー効果を利用して物体の移動速度を測定できるセンサーである。ミリ波は，周波数にして30GHzから300GHz，

---

9)　例えば，スバル「アイサイトの仕組み」など参照。

波長にして 1mm から 1cm までの電波で，電波の中でも光に近い周波数帯であり比較的光に近い性質を有している。直進性が非常に強く，雨や霧，雪といった耐環境性に優れ，長波に比べ遠くまで伝送できないが情報伝送容量が大きいという特徴を持つ。

　自動車用途としては 76GHz 帯小電力ミリ波センサーとして開発され，天候の影響を受けにくく遠方の物体を検知する能力に優れている反面，物体の詳細な形や大きさを識別するのは苦手で縁石や路上の小さな落下物，歩行者など障害物の形を検出することは難しく，電波反射率が低い物体や近距離の物体検出にも対応しづらい特徴がある。したがって，76GHz 帯のレーダーは，主に車両の前方 100 ～ 200m 程度までの障害物を，距離分解能 1 ～ 2m，視野角 20 度程度で検知する前方監視用長距離レーダーとして主に利用されている。とくに高速道路上で先行車両に対し距離と相対速度を自動制御し，運転者に利便性を提供するアダプティブ・クルーズ・コントロール（ACC）システムとして普及が進んでいる。近年では前方監視プリクラッシュシステムや前方監視追突軽減ブレーキシステムを搭載した車両が実用化され，衝突被害軽減のためのミリ波レーダーシステムが普及した。

③ LiDAR

　LiDAR（Light Detection and Ranging）とは，ミリ波レーダーよりもさらに波長の短い赤外光を短時間パルス状に照射し，物体から反射して返ってくるまでの時間から物体との距離を検出するセンサーである。動作原理がレーダーと類似しているため，レーザーレーダーとも呼ばれる。細く絞ったレーザー光を可動式のミラーに当てて照射方向を変える機構を加え，周囲をスキャニング（機械的にレーザービームを上下左右に振る）することによって細かい照射点情報を収集できるようにすると，スキャニングの精度が上がり，物体の形と位置を正確に検出することができる。一般道路における自動運転では，道路構造が複雑で歩行者や路上の落下物などを正確に検知する必要があるため，カメラに加えて LiDAR が必要とされている。

2)　技術課題と将来展望

①カメラ

　カメラ技術の開発動向を見ると，より高精度な映像を得ることに加えて，AI を使って映像内の障害物の動きを正確に認識する技術の重みが増している。また，カメラの画像は人間が目で見る画像と同じ原理に基づくため，トンネルの出入り口などでの大きな照度変化や雨・霧・西日などの影響を受けて検出性能が低下するので，厳しい環境でもその影響を抑える技術も注目されている。

②ミリ波レーダー

　近年では，監視範囲を前方だけでなく自車周辺に拡大することで，衝突軽減や予防効果を高めた安全運転支援システムの実用化が進んでいる。なお，ミリ波ではない 24GHz 帯狭帯域のレーダーシステムもあり，後方プリクラッシュシステムや前側方，後側方監視システムへ用いられている。カメラや LiDAR 同様，ミリ波レーダーも着実に進化を遂げており，高性能化や小型化に向け開発が加速している。半導体の進化や周波数帯の開放によってミリ波レーダーのポテンシャルが引き出されたことによって，今後 ADAS におけるミリ波レーダーの役割が一変する可能性もある。

③ LiDAR

　夜間でも歩行者や車両周辺の障害物の位置や距離を正確に認識できるが，レーザービームが目に悪影響を与える危険性があって最大パワーが制限され，検出距離が近い範囲に限られてしまうという課題がある。また，スキャニング機構やスキャニングデータから障害物を導出する高速演算機能などにコストが嵩むので，低コスト化が課題である。

　低コスト化で注目される技術は MEMS（Micro Electro Mechanical Systems）[10]である。これはレーザー受発光素子やスキャニング機構を半導体の微細加工技術で集積化するもので，小型軽量化と同時に構成部品の精密な組み立てや

---

10)　例えば，ビジネス +IT「MEMS（メムス）を簡単に解説。マイクやセンサに活用の技術，LiDAR など将来性は？」2021 年 1 月 6 日，など参照。

微調整が不要となり，性能・信頼性・耐久性の大幅な向上とコストダウンの達成が期待される。例えば，複雑な構造を有するGセンサーがMEMS技術によってスマホなどモバイル機器に容易に搭載できるようになったことが，その可能性を示している。

　LiDARは自動車に限らずロボットや家電製品などでも需要が高まっており，MEMSミラーを用いた高速スキャンLiDARも商品化されている。現在，レーザービームや受光機構，信号処理方法などを工夫して，検出距離の拡張やカメラに近い高分解能を可能とする技術開発に多くの企業が参画し，競争が激化している。

3) 今後の動向

　自動運転では，通常の自然環境変化などに対して著しく認識性能が低下するようでは実用に耐えないので，認識システムのロバスト性を確保するために，レーダー，LiDAR，カメラを組み合わせて使用し，それぞれ単独の性能限界を他の手段で補う「センサーフュージョン」の技術が重要となっている。また，カメラやLiDAR，ミリ波レーダーはそれぞれが長所を伸ばし弱点を克服する技術が着実に進化を遂げており，将来的に弱点を克服したいずれか1つのセンサーに収束する可能性がないとは言えないが，既存技術の延長線上ではセンサーそれぞれの基本的な長所短所は変わらないので，当分の間は異種センサーを組み合わせて使用することが基本となる。

　センサー開発競争においては，民生用半導体メモリーやCPUなど微細化・集積化技術と大規模設備投資で競争する領域とは異なり，車載半導体や電子部品・センサーなどで培われた日本の技術実績が優位に働く領域と言える。ただし，従来に比べて関連する技術の範囲や複雑さ，難度や開発に必要な費用などが大幅に拡大しており，基礎的な研究から生産までを通して産官学が一体となった戦略的な開発（協調領域の拡大，オープン化など）にも積極的に取り組む必要がある。日本のモノづくりの強みに期待する一方で，日本企業がそれぞれの専門領域に閉じたモノづくり競争での成功体験に執着しすぎると，欧米や中国などが莫大な資金と人材集中で戦略的な活動を進めてきた場合にその後塵を拝する恐れもある。

(2)　ダイナミックマップ

1)　概要

すでに馴染み深いナビゲーションシステムでは，目的地までの走行経路案内と現在地情報に加えて渋滞や通行規制情報なども提供され，ドライバーはその情報を踏まえて走行計画を立てている。一方，自動運転システムでは，人間が運転するよりも効率的で安全な走行を期待されており，自車位置を正確に認識し，地形や道路構造，渋滞や通行規制，信号や天候などの走行環境に応じた予測運転を行うための情報インフラとしてダイナミックマップが必要となる。ダイナミックマップは道路およびその周辺に関わる自車両の位置が車線レベルで特定できる高精度3次元地図（図表3-3）に車両やさまざまな交通情報を付加した（つまりデータベースとしての機能を備えた）マップで，情報の更新頻度に応じて静的情報，準（准）静的情報，準（准）動的情報，動的情報の4層に分類した情報が統合されている（図表3-4）。

日本では内閣府が主導する戦略的イノベーション創造プログラム（SIP）における重要開発テーマと位置づけられ，刻々と状況が変わる道路情報をリアルタイムで活用することが可能なデジタルインフラやデータベースとなることを目指して，業界が合同で設立したダイナミックマップ基盤株式会社（DMP: DYNAMIC MAP PLATFORM）が開発を担っている。

2)　技術課題と将来展望

ダイナミックマップ（自動運転用途の高精度3次元地図）は自動運転に使う

図表3-3　高精度3次元地図データと点群データ

車の自動走行や先進運転支援システムに　　社会インフラの整備など多彩な用途に

出所：ダイナミックマップ基盤（DMP）ホームページ（https://www.dynamic-maps.co.jp/）。

図表3-4 ダイナミックマップの全体構成

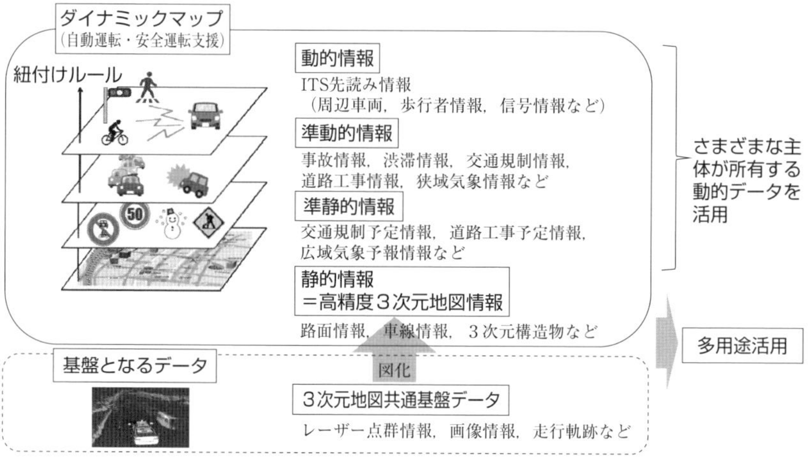

出所：第30回SIP自動走行システム推進委員会資料「ダイナミックマップの概念/定義および，SIP-adusにおける取り組みに関する報告」2017年9月6日，2頁。

ための開発が進められているが，将来的にさまざまな情報が付加されることによって，例えば歩行者用の高度なナビゲーションや災害時のハザードマップへの応用など，自動運転以外のさまざまな用途に利用可能な多目的データベースとして重要な社会基盤に発展することも期待されている。ダイナミックマップは，すでに全国の高速道路約3万kmが整備され，交通情報や信号情報などとの紐付けやデータ配信機能の実現に取り組んでいる。一般道路の高精度3次元地図についても検討が進められているが，多大なコストを必要とする現状の図化や情報更新技術では120万キロにも及ぶ国内全道路を対象にした実用化は難しく，当面は自動運転の大規模実証実験プロジェクトなどと連携しつつ，技術や仕組み開発に取り組むことが計画されている。さらに，一般道路における自動運転技術はいまだ研究段階にあり，ダイナミックマップとして必要最小限の情報を具体化しスリム化することも重要課題となっている。地図開発競争においては欧州各国や米国で政府も絡んだ多くの地図開発プロジェクトが行われているが，オランダのHERE Technologies，TomTomや米国のWaymoなど大手地図会社による主導権争いが活発化しており，今後の動向に注目する必要がある。

　また，自動車は世界各国に販売され国を跨いで利用されるが，各国の地図情報に一貫性がないとダイナミックマップの機能は大きく損なわれてしまうため，国際標準化の動きも活発化している。日本は ISO に規格化を提案するなど積極的に国際連携に取り組み，また欧米主導のダイナミックマップ業界標準化会議や欧州の地図用標準データベースフォーマットのコンソーシアムと連携するなど，デファクト化への取り組みも始めている。

(3)　その他
1)　概要

　一般道路で高度な自動運転を実用化するためには，AI を使って高性能かつ多数のセンサー情報を高速で処理するなど，従来の ADAS システムに比べて数ケタ上の超高速・超大規模な演算処理能力が必要と言われ，その演算装置の冷却技術も必要となるなど，車載制御システムとしてはまったく異次元の世界に突入する。

　また，民生技術や部品，インフラからの情報などを車両制御に積極的に使うようになることや，テスラのように車両販売後もプログラム書き換えによって機能向上を図るようになると，サイバーセキュリティの脅威も高まり，その対策が重要となってくる。日本では，自動車工業会（JAMA）や自動車技術会（JSAE），日本自動車研究所（JARI）や JASPAR[11] など関連業界が連携してこのプログラム書き換えやサイバーセキュリティ対策に関する国際標準化活動を積極的かつ先導的に推進している。

2)　技術課題と将来展望

　現在，日本各地でさまざまな自動運転の実証実験が行われているが，その大半は自動運転技術や移動サービスの有用性や安全性などを研究する目的であり，実証実験に使用されている車両や自動運転システムは製品化レベルの信頼性や実用性（大きさやコストなど）を備えていない。自動車メーカーやシステムサプライヤーなどが開発し商品化する場合は，販売後の故障や修理

---

11)　一般社団法人 JASPAR（Japan Automotive Software Platform and Architecture）
（https://www.jaspar.jp/）.

対応なども考慮した「車載実装技術」を備えているので心配はないが，それとは異なる IT 企業やベンチャー企業などが市販部品を使用して機能実証実験を目的に試作された場合は，長期の使用に難があることを考慮して事業化を検討する必要がある。そのため，自家用車よりも早期の実用化が期待されている自動運転移動サービスが本格的に普及フェーズに入るための技術課題として，自動車メーカーやシステムサプライヤーなどが参加することによる「車載実装技術」の進化に期待したい。

3 自動運転実用化に向けた取り組み動向

(1) 自動運転の市場化・サービス実現のシナリオ

　内閣官房 IT 総合戦略室が発表している官民 ITS 構想・ロードマップ 2020 では，自動運転の市場化・サービス化に関わる目標を掲げている。具体的には，「2020 年までに『高速道路での 自動運転可能な自動車の市場化』および『限定地域（過疎地など）での無人自動運転移動サービス』を実現。今後の実証実験については，社会情勢の変化も踏まえつつ推進。移動サービスについては，2022 年度頃までに，遠隔監視のみの無人自動運転移動サービスが開始され，2025 年度を目途に 40 か所以上にサービスが広がる可能性がある。」としている。また，自動運転の市場化・サービス実現のシナリオについても示している（図表 3-5）。

(2) 自動運転実用化に向けた取り組み動向

　計画に沿って実用化を進めるための取り組み動向について紹介する。図表 3-6 には自家用車（オーナー・カー）と物流・移動サービスそれぞれの実用化動向を示している。

1) 自家用車（オーナー・カー）の自動運転

　自動運転の普及効果として最も期待が大きいのは交通事故死者の削減であり，高度な自動運転を一般道路で早期に実用化することは重要な社会課題で

図表 3-5　自動運転の市場化・サービス実現のシナリオ

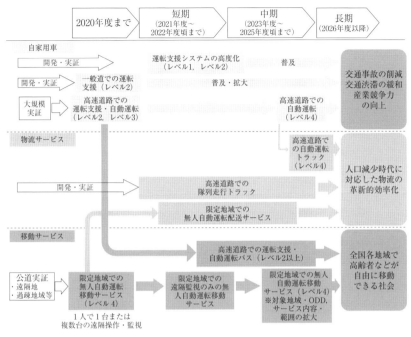

出所：内閣官房「官民 ITS 構想・ロードマップ 2020」2020 年 7 月 5 日，33 頁。

もある。ただし，技術やルール，社会受容性など課題が多く，当面はドライ
バーが運転を行い，その運転を支援するシステムとして進化を続けることに
なる。

　一方，交差交通や信号，歩行者のいない高速道路や自動車専用道路では，
予見すべき危険が少ない状況においてはミスを犯しやすい人間よりも機械の
ほうが安全に走行できるレベルに技術は進化している。先述のとおり，ホン
ダのレジェンドが自動運転レベル 3 の型式指定を取得し，Traffic Jam Pilot
の名称で発売された。ただし，Traffic Jam Pilot の走行可能な ODD がおお
むね高速道路や自動車専用道路での渋滞時走行に限定されているほか，レベ
ル 3 の定義ではアイズオフ（目の解放）が可能とされているのに対し，
Traffic Jam Pilot ではスマホ操作などを禁止しており，ドライバーの過信な
どによる安全性の低下を懸念していると思われる。

図表 3-6　自動運転実用化の動向

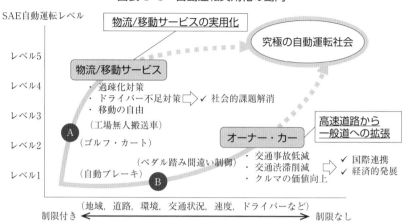

出所：内閣府科学技術・イノベーション推進事務局「戦略的イノベーション創造プログラム自動運
転開発計画」2020年5月，8頁（https://www8.cao.go.jp/cstp/gaiyo/sip/keikaku2/4_
jidosoko.pdf）より筆者引用。

　自動運転技術はODDを限定すれば完全自動運転すら可能なレベルに達し
ていると言えるが，製品の売り方や説明などに各社とも慎重な姿勢を続けて
きた。レベル3が市販化されたことをきっかけに，さらに高度な自動運転の
市販化や普及促進に向けた企業間競争が一段階先に進むものと思われる。

2) 自動運転移動サービス

　自動運転移動サービスの場合，走行する場所や走り方が限定されることで，
起こりうる危険の想定やインフラ側での安全対策がしやすく，関係者の認識
共有やトレーニングも可能で，危険を極小化できることから，関連法規の適
用除外なども可能となる。早期に高度な自動運転の実用化が期待されている。
　自動運転移動サービスの早期実用化と普及拡大を目指して，国土交通省や
経済産業省など国や地方自治体が支援するゴルフカートや乗用車を改造した
自動運転の実証実験が各地で展開され，無人宅配ロボットや自動運転バスの
開発なども進められている[12]。
　また，2021年3月には，国土交通省と経済産業省が連携して推進した福
井県永平寺町におけるグリーンスローモビリティ[13]の実用化プロジェクト

では，遠隔監視・操作型の自動運転車による無人自動運転移動サービス（自動運転レベル 3）が商用運行を開始した。事業の名称は「永平寺参ろーど」（図表 3-7）。2002 年に廃線となった京福電気鉄道の廃線跡地，えちぜん鉄道永平寺口駅から永平寺門前までの延長 6,025 m 幅員 3 m の自転車・歩行者専用道路（町道）を利用して住民と観光客の利用を見込んだ移動サービスを提供。自動運転レベル 3 での運行は永平寺門前側 2 km の区間で実施している。

　自動運転システムの名称は「ZEN drive Pilot」。ゴルフカートを改造した車両に自動運転システムを搭載している（図表 3-8）。これは，車載センサーやインフラカメラなどによって道路に敷設した電磁誘導線や車両周辺の走行環境を認識し，電磁誘導線上を最大速度 12km/h で自動走行する装置である。あらかじめ設定された走行環境条件の範囲内で作動し，障害物の存在や走行環境条件 ODD を満たさなくなる場合には自動で運行を停止する。また，車両中央部には緊急停止ボタンが設けられ，乗客が必要と判断した場合は車両を緊急停止させることもできる。さらに，遠隔監視・操作室のモニター画面では同時に 3 台の車両の走行映像を確認することが可能で，3 台を一人のオペレータが監視し，万が一危険を察知した場合の緊急停止や，路上の障害物などを回避するためのハンドル操作を，遠隔監視・操作室からオペレータが実行できる（図表 3-9）。

　また，低速自動運転シャトルを使った移動サービスやバス・タクシーなどの自動運転実用化に向けた動きは，膨大な資金や関連技術・事業を有するGAFA や各国政府も介在して世界規模で競争が活発化している。

---

12)　経済産業省「自動走行ビジネス検討会資料」では，「2025 年までに多様なエリアで多様な車両を用いた無人自動運転サービス（レベル 4)）を全国 40 ヵ所以上で実現する」としている。なお，自動走行ビジネス検討会は，経済産業省と国土交通省が主催する自動運転実用化に向けた取り組み方針や推進計画を協議する有識者会議であり，関係の深い主要企業や研究機関や大学などが参加している。詳しくは経済産業省「自動走行ビジネス検討会」(https://www.meti.go.jp/shingikai/mono_info_service/jido_soko/index.html) を参照。

13)　国土交通省（鎌田実 寄稿）「グリーンスローモビリティ（グリスロ））のさらなる発展に向けて」を参照。

図表 3-7　「永平寺参ろーど」案内図

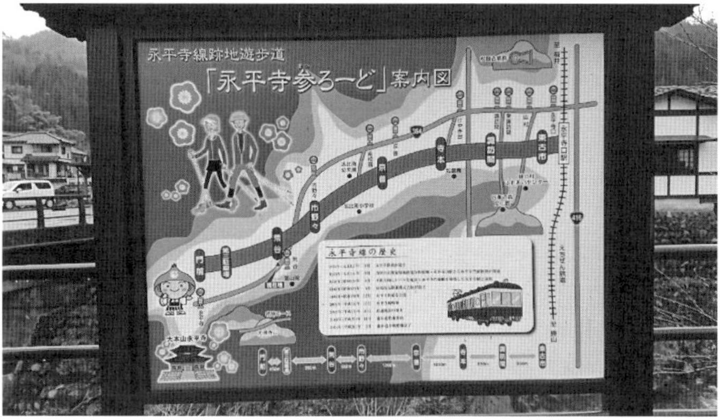

出所・筆者撮影。

図表 3-8　自動運転走行車両

出所：国立研究開発法人産業技術総合研究所報告資料。

(3)　自動運転の安全性評価に関わる取り組み

　自動運転が実用化される際に心配されるのは安全性である。システム（機械）は決められた作業を正確に長時間実行するのは得意で、あらかじめ想定されていない（プログラミングされていない）状況への臨機応変な対応は不得意である。人間はその逆で、交通事故のほとんどがドライバーの何らかのミスから発生している現状からすれば、自動運転による安全性向上への期待は大きい。自動運転が事業者や利用者、交通社会の信頼を得て実用化されるた

図表 3-9　遠隔監視・操作室と関連装置

遠隔監視・操作用モニター

遠隔操作装置（操舵・加減速）

車載 緊急停止ボタン

出所：国立研究開発法人産業技術総合研究所報告資料。

めに必要な安全性評価技術の研究が世界規模で活発に進められており，その概要を紹介する。

1)　自家用車（オーナー・カー）の安全性評価

　運転免許を取得して公道を走ることができるようになるまでの現状のプロセスは，教習場や公道での運転訓練を経て，最終的には，技能試験で運転技能の適格性が審査される。免許証を得るまでにすべての公道や，雨や雪などさまざまな交通環境をすべて経験することはないが，一定の運転技能が認められれば免許証が交付される。

　ドライバーに代わって「システム」が運転する場合は，どのように変わるだろうか。自動運転の車両は，公道を走行する時点で必要な安全性が確保されている必要があり，それを確認するための「評価方法」が必要となる。また，それは国際的にバラバラでは困る（メーカーも利用者も混乱）ので，自動車工業会を中心とした産官学連携で，しかも日本がリーダー的な役割を担い

ながら国際標準化・基準化の活動を推進している。

　また，ドライバーが運転に関与しない状況で生じた事故の原因調査方法や責任の所在などをルール化する必要があり，自動車保険なども変わることが想像できる。

　「安全性の確保と評価方法」に関連して国土交通省が2018年9月に公表した「自動運転の安全技術ガイドライン」では，レベル3以上の乗用車やバスなどを対象とした，自動運転車の安全性に関する「基本的な考え方」や「安全性に関する要件（10項目）」が示されており，その定義によれば，「自動運転車の運行領域（ODD: Operational Design Domain）において，自動運転システムが引き起こす人身事故であって合理的に予見される防止可能な事故が生じないこと」を担保する必要があり，合理的に起こりうる事故を定義し，それを回避する機能を装備し，それが正しく機能することをテストなどで確認することを要求している。しかしながら，実際の交通環境で起きうるシーン，天候や場所，交通参加者や位置関係などはミクロに見ればすべて異なり，数は無限大となる。また，安全性が確保されていることを公正に評価するためには，同じ条件でテストを行う必要があるが，実環境で起こりうる膨大なケースをすべてテストすることは不可能なため，ある限られたケース（有限個数）のテスト結果で判定する技術や仕組み・ルールなどを確立する必要がある。さらに，実際の場所で車両を走らせるテストでは多くの時間と費用が必要で，複数の自然条件の成立や危険を伴うためテストが困難なケースが多々ある。

　一般的に，制御システムが高度化・複雑化すると，さまざまな条件が複雑に絡むようなレアケースや故障や事故に至る危険なケースについては実機をモデル化してコンピューター技術を駆使した「仮想環境」で評価することが行われており，自動運転に関しても，「仮想環境」を使った評価方法や評価ツールの研究開発が活発に行われている。

　安全性の評価方法を検討するプロセスについて，簡単に言えば，まず現状の交通環境の中でドライバーが行っている運転行動（認知・判断・操作）データを大量に収集し，例えば先行車両を追い越す際の速度や車間距離や仕掛けのタイミングなどの相関を統計的に処理することで安全な運転と危険な運転の境界を定義する。次に，そのシーンを仮想環境に再現した中で自動運転シ

ステムに運転を行わせた結果からその安全性を評価する。これは「シナリオ
ベース」と呼ばれる評価手法である。この手法はいまだ研究段階にあるが，
自動運転の安全性に関する国際基準化や研究活動，製品開発の現場でも有効
性が検討されている。

2)　自動運転移動サービスの安全性評価

　限定された目的や場所で行われるため，「合理的に予見される危険」を定
義することが自家用車に比べて容易なことと，見通しの悪い交差点ではカメ
ラと通信で危険を知らせるなどインフラ側で工夫するとか，注意喚起の表示
や利用者への説明などで安全性を高めることが可能なことから，車両の自動
運転システムを簡素かつ安価に抑えられる可能性がある。また国土交通省は，
2019 年 6 月に「限定地域での無人自動運転移動サービスにおいて旅客自動
車運送事業者が安全性・利便性を確保するためのガイドライン」を，2020
年 7 月に「ラストマイル自動運転車両システム基本設計書」を発表するなど，
サービス実用化に向けた安全性や事業性の確保を支援する取り組みを積極的
に展開している。

　一方で，自動運転システム・サービスの開発は大学やベンチャー企業など
車両の安全設計や評価に関して経験が少なく，また自動運転移動サービスは
前例のない取り組みのため，想定される危険事象に対して設計段階で安全
マージンを多めに確保するとか，遠隔監視などで不測の事態に対処する策を
講じるとか，当面は利便性よりも安全性を優先した運用に努めることになる。
とはいえ，最終的には事業の継続性を確保することが不可欠なため，産官学
が協力して，安全性に関する情報や理論を蓄積し相互に有効活用できる仕組
み作りや共同研究などを踏まえて，合理的な安全設計・評価手法の開発に取
り組む必要がある。

(4)　実用化に向けた技術課題と将来展望

　実用化に向けた課題は技術に限らずルールや仕組み，社会受容性など多岐
にわたるが，ここでは主に技術および技術に関係が深い主要課題とその将来
展望について，自家用車と移動サービスのそれぞれに分けて述べる。

1) 自家用車（オーナー・カー）の自動運転

高度な自動運転の実用化には膨大な開発リソースと時間が必要で，自動車メーカー各社は，一般道路で高度な自動運転が可能となる技術開発を進めつつ，商品としては運転支援システムと位置づけて自動運転機能を過信されないよう配慮しつつ，社会受容性やルール整備の動向，競合各社の動向を見極めながら競争・協調戦略を検討する状況がしばらく続くことになる。

高度な自動運転実用化の主要課題はセンシング技術であり，第2節で述べたように数段高いレベルへのセンサー性能の向上とコスト低減，カメラやレーダーなど異種センサーを組み合わせて使う技術，危険を予測するAIやITなどが挙げられる。自動車業界に留まらず大規模な研究開発投資により競争が激化しており，着実な進化を期待できるが，一般道路でのレベル3以上の実用化に向けては，ダイナミックマップや道路インフラなど車載技術以外の課題解決が必要となる。

2) 自動運転移動サービス

自動運転移動サービスに使用する車両の市場は小さく，車載センサーや制御システムの費用を極力抑える必要があるが，事業採算性の面からは人件費の低減が重要な課題となる。将来的に目指すゴールは，ADASの進化などによって自動運転技術や部品が廉価に使用できるようになり，ルールや社会受容性が確立されて無人自動運転が可能となることだが，当面の重要な開発課題は車載システムを簡素化する代わりに通信を使って複数の車両を遠隔監視・操作することである。

また，移動サービスのコストを利用料金や自治体などが拠出する補助金だけで賄うビジネスモデルでは採算をとることが難しい。そのため，例えば荷物の配達と組み合わせることや，サービス利用に伴う情報を多目的に活用するなど，新たな付加価値を収益化して費用に充てるような工夫が必要と言われており，国内外で盛んに行われている実証実験の多くには新たなサービスの創出を狙った取り組みが織り込まれている。多様な分野間のデータ連携によって新たなサービスの創出を実現していくためには，交通環境情報などの標準化・オープン化に向けたルールの整備（個人情報の取り扱いを含む）や連

携 API（Application Programming Interface）の開発も必要である。近い将来に事業性の高いビジネスモデルが出現してくると，必要な技術やルール課題への取り組みが一気に加速することが期待できる。

4　自動運転の進展が社会に与える影響

　自動車の普及に伴い社会経済が飛躍的に発展を遂げてきたが，反面，交通事故や渋滞，排気ガスや騒音など多くの社会問題が顕在化している。それらの問題に対する自動運転の効果や新たな付加価値創出への期待，ならびに過渡期における懸念などについて考察する。また，幅広い見地から社会に与える影響についても触れる。

(1)　交通事故の削減

　交通事故とりわけ死亡事故の削減は，国を挙げて自動運転の実用化に取り組む最大の目的である。交通死亡事故のほとんどは一般道路で発生しており，死亡事故の削減には一般道路での自動運転実用化が課題である。自動運転の車両同士は通信で相互の状態や走行計画を常に共有し衝突しないので，将来自動運転の普及が進めば事故がなくなることも期待できる。しかし，自動運転技術が未熟で自動運転の社会受容性が不十分な導入初期に，自動運転が原因で事故が起きないように普及を進めることが重要な課題となっている。

　高度な運転支援や自動運転が交通ルールやマナーを遵守することによってマニュアル運転の車両にも影響を与え，普及が進むと交通社会全体として事故が減るという意見がある。一方で，自動運転技術の未熟さや自動運転に過度に依存してドライバーの運転能力が低下することに起因する事故が生じる，事故リスクの高いドライバーの自動運転利用は進まないなどの理由から交通事故は減らないという意見もある。

　たしかに自動運転技術が未熟かつ社会受容性が十分でない普及初期の段階では，もともと交通事故の少ない高速道路や自動車専用道路などに限定されて実用化され普及率も低いため，交通事故削減効果を把握することすら難し

い。一方で，自動運転に関係したヒヤリハットや軽微な事故は大きく報道されるなど，自動運転が交通事故の削減に寄与するとは認めがたい時期が続くことも懸念される。しかしながら，「ぶつからないクルマ」として急速に普及した衝突被害軽減ブレーキシステムに比べると，自動運転の利点を体験できる頻度は圧倒的に高いことや，時間の経過とともに自動運転システムに慣れ信頼も得られること，自動運転技術は日進月歩で進化することなどを考えると，自動運転の普及と高速道路以外でも利用できるように進化するスピードは加速度的で，交通事故の減少効果が数字で認識できるようになる日は想像以上に近いのではないかという期待を持って見守りたい。

(2)　交通渋滞の削減

1)　交通渋滞の実態

国土交通省による 2015（平成 27）年度の統計によると，交通渋滞によって生じるわが国の損失は年間約 50 億人・時間，1 人当たりに換算すると年間渋滞損失時間は約 40 時間で，乗車時間（約 100 時間）の約 4 割に相当すると報告されており，その経済的な損失は 10 兆円を超えるとも言われている[14]。

交通渋滞には，交通容量の不足に起因するものとドライバー行動に起因するものがあり，交通容量の関係では，料金所など交通容量が少ない場所に許容量を超える交通量が発生したときに渋滞が発生し，市街地で連続する信号による渋滞なども該当する。ドライバー行動との関係では，緩やかな上り坂の入り口など勾配が変化する場所（サグと呼ぶ）で無意識の減速が後続車に拡大的に影響して発生するサグ渋滞が知られている。これは，先行車の減速により車間距離が急速に縮まることで先行車よりも強い減速操作をする心理が後続車に連鎖することが原因で，車間距離を十分に確保し車速を維持することが対策となるが，ドライバーに速度維持を促すなど対策を講じても徹底

---

14)　中央環境審議会地球環境部会 2020 年以降の地球温暖化対策検討小委員会産業構造審議会産業技術環境分科会地球環境小委員会約束草案検討ワーキンググループ合同会合平成 27 年 3 月 5 日（第 5 回）資料「交通流対策について」。なお，国交省資料の中で「7 億時間 = 1.5 兆円」の記載があり，50 億時間を換算すると約 10.7 兆円になる。

されることは難しく，限定的な効果に留まっている。

2）　自動運転への期待

自動運転ではドライバー行動（心理）に起因する速度低下が起こらないので，一定割合の普及によって渋滞削減効果が期待できる。このことは，すでに実用化されている ACC（Adaptive Cruise Control System）装着車両が車列に一定割合加わることでサグ渋滞が緩和されることによって実証されている。また，自動運転車は通信を介して加減速などの走行制御情報を前後の走行車両と共有して同時に加減速を行うことで車間距離を詰めることも可能で，ボトルネックにおける渋滞発生に対しても緩和効果を期待できる。さらに，自動運転車両が本格的に普及すると，自動運転車両が短い車間距離で幅の狭い車線を隊列走行するようなことも可能となり，交通密度の飛躍的向上により渋滞削減に大きな効果が期待できる。

3）　課題と将来展望

車両が常時インターネットにつながり多様な情報を共有する（Connected）技術やそれを活用した CACC（Cooperative Adaptive Cruise Control）などは実用化されており，今後普及が進めば高度な自動運転の実用化を待たずとも一定の渋滞緩和効果は期待できる。ただし，CACC だけでは効果は限定的で，将来的に高度な自動運転とインフラが普及することによって渋滞の解消が期待できる。また，今後はカーボンフリーに向けた世界的・政治的な取り組みも加速することから，装置の普及やルール・インフラの整備などもこれまで以上のスピードで進むことが期待できる。

(3)　燃料消費や環境負荷の削減

1）　燃料消費や環境負荷の実態

自動車のエンジンやモーターの効率は速度・加速度・走行抵抗などによって変化するため，ドライバーは最適な効率で運転することは難しく，また，加速した直後に信号や渋滞でブレーキをかけてしまうなど，エネルギーの無駄や排気ガスの増加が生じている。

2)　自動運転への期待

　自動運転では，車両の特性や走行路の勾配情報などから効率のよい走行計画を立てることができるため，周辺のドライバー運転車両の影響は受けるものの，エネルギーの無駄や排気ガスの増加を抑えることができる。また，周辺車両や道路インフラなどと通信を介して必要な情報（加減速など走行制御情報や信号切り替わりタイミングなど）を共有することによって，例えば赤信号で止まることなく交差点を通過するような効率のよい走行も可能となる。

3)　課題と将来展望

　インフラに依存することなく自動運転車両がエネルギー効率のよい走行を行うことに課題はなく，自動運転の普及とともに一定の効果は期待できる。それよりも大きな効果が期待できるのは，インフラと連携した広域かつ少し先の時間まで見越した交通流制御であり，インフラの普及が課題となる。政府はカーボンフリーを重点政策に掲げており，運輸部門の取り組みとしては物流改革などと合わせて自動運転の普及とインフラの整備が進むことに期待したい。

　また，自動運転移動サービスや MaaS（Mobility as a Service）に関しては，利便性が向上することによる移動の増加や乗車率の低下などによって逆効果になる懸念もあり，過度に自家用車に依存した生活スタイルや価値観の転換に至るまでの将来展望を持ったプロジェクトを推進することが重要となるが，非常に難しい社会的な課題であり，当面は手探りの状況が続くものと思われる。

(4)　快適・利便性の向上

1)　実態

　長時間・長距離の運転で緊張した状態を継続することはドライバーにとって苦痛であり，緊張の緩みや疲労から事故に至る危険もある。運転中は電話やメール交信ができないので不便を感じることもある。目的地に到着しても遠く離れた駐車場まで走行して空いている駐車枠を探し苦手な駐車操作を行うなど，不便やストレスを感じることもある。公共交通が十分でない地域で

は自家用車に依存するため，高齢化や身体の障害などによって運転が困難に
なると生活に支障を来してしまう。高齢化や過疎化などによってバス・トラッ
ク・タクシーなどさまざまな業態でドライバー不足が社会問題となっている。

2)　自動運転への期待

　ドライバーの必要性に関わる問題の多くは，将来的に完全な自動運転が実
用化され普及が進めば解決するものと期待されており，一挙には実現できな
いが，国内外で実用化に向けたさまざまな取り組みが行われている。ホンダ
から自動運転レベル 3 が発売され，さらなる高度化と普及拡大が進めば，運
転の負担は大きく軽減されることが期待できる。また，駐車場内という限定
空間で低速走行する無人自動バレーパーキング（AVP）は，技術課題も少な
く道路交通法にも縛られず，実用化が最も早いと期待されている。

3)　課題と将来展望

　高度な自動運転の実用化について，現状では，自動運転技術が未熟なこと
に加えて，安全性の評価方法やルールの整備，周辺車両や歩行者などとの意
思疎通や信頼関係の醸成が重要なことなど，一般道路も含めた完全自動運転
の実用化までには相当の時間が必要と思われる。その一方で，安全を確保し
やすい自動運転移動サービスでは日本各地で実証実験が行われ，自動走行ビ
ジネス検討会では「2025 年度目途に様々な走行環境・サービス形態で 40 カ
所以上の地域に無人自動運転サービスが広がる可能性がある」として取り組
みを強化しており，計画に沿って普及が進むことを期待できる。

　AVP については，実際には，一般車両で混雑する駐車場にいきなり無人
運転の車が混入すれば大混乱することが明白なため，一般車両とは隔離され
た AVP 専用駐車エリアを設けたり，車両と駐車管制センターとの役割分担
などを標準化したり，AVP 機能つき車両と AVP 専用駐車エリアの普及を整
合させるビジネスモデルの具体化など課題山積で，実用化・普及の目途は立っ
ていない。

(5)　その他

1)　車両の使われ方の変化

CASE（Connected, Autonomous, Shared & Services, Electric）の伸展によって，これまで個人所有で利用されてきた自家用車は，目的に応じて共有され必要なときに利用される形態に変化する。まず，車両が常時インターネットにつながることで車両の位置や速度，状態（仕様，走行距離，残燃料など），周辺環境などが情報として共有可能となる。高度な運転支援や自動運転によってドライバーの運転負担は減少し，慣れない車両を使うストレスは減少し，自動運転になればいわゆる乗り捨ても可能となる。電動化が進めば充電環境は充実し，給油のためにガソリンスタンドを探すようなストレスから解放される。ちなみに，ハイブリッド車を購入する女性ドライバーの多くが給油頻度の減少を購入動機の上位に挙げているというデータもあり，充電に関わるストレス軽減は重要課題である。この点は，国際的に政治主導で電動化が推進されており，バッテリーの性能向上や非接触給電など技術進化とインフラの普及が進むなかで解決されると期待する。CAEの進化によってSが進化し，Sに好都合なCAEが進化するという循環も期待できる。

2)　自動車産業の付加価値シフト

自動車産業は，自動車の開発製造から販売やメンテナンス，ガソリンスタンドや保険など幅広い裾野を持つ国民産業と言われており，今後，先進国での自動車販売台数はCASEの伸長とともに減少傾向が続くが，新興国や途上国にはいまだ自動車を持たない人々が多く，世界全体の自動車台数は緩やかに伸びると見込まれている。ただしビジネスとしては，利益が大きい先進国での自動車販売ビジネスは縮小し，移動サービスなど新しい領域に付加価値シフトが進む危機感から，自動車メーカーやサプライヤーはモビリティサービス領域の新事業発掘に盛んに取り組んでいる。製造および売り切りビジネスで成功した歴史を持つ自動車業界にとって，サービスビジネスでの成功経験はなく，さまざまなパートナーとの協力関係を盛んに模索している状況にある。

3) ロボットや小型モビリティの開発が加速，多様化

　自動運転における走行環境認識に必要なセンサーや AI の機能・技術は，自動車用部品として量産化される過程において，小型でかつ耐環境性・信頼性・経済性に優れたものに進化し，ロボットや小型モビリティ，過酷な環境でも使えるモバイル機器などに幅広く応用できる。例えば LiDAR センサーは数年前まで非常に高価で大きく壊れやすい研究開発用の特殊な計測器レベルであったが，性能が限定された簡易なセンサーはスマホや家電製品への搭載も進みつつあり，その影響で車載用高性能センサーも進化し，それがまた民生用センサーの進化を促すことになる。

　それらを開発・製造する産業は，内燃機関，衝突安全，室内空間パッケージングなどのコア技術を要する乗用車やトラックなどの製造業に比べると圧倒的に参入障壁が下がるため，将来的に経済や政治にも大きな影響を及ぼすことが想像される。人や荷物の移動手段の多様化とサービスの多様化が相乗効果的に変化速度を増し社会ニーズが高まることで，さまざまな規制やルールも見直され，近い将来，物流を含めた交通社会は我々の想像を超えるレベルに進化する可能性がある。

4) 自動車の開発環境やコア技術の変化

　従来，車体やエンジンなど新しい車両の開発では少なくとも 5 年規模の時間と数多くの試作部品や試作車を使った膨大な実験や評価を行ってきた。しかし，昨今では高度な IT 技術を駆使し，コンピューター上の仮想空間でモデルを使ったシミュレーションを行うことによって大半の実験評価が行われるようになり，試作車の開発台数や実機を使った走行評価など時間と費用を大幅に削減できている。自動運転の開発ではこれまで以上に IT・ソフトウェア技術の重要性が高まり，自動車メーカーにとってもコア技術となることで人材確保戦略や人事制度など広範にわたり影響が及ぶ。例えば，トヨタ自動車が自動運転や新しいモビリティなどに必要な先端的な IT・ソフトウェア技術を開発するために新会社（ウーブン・プラネット・グループ）を設立したが，トヨタ自動車のモノづくり文化・風土とシリコンバレーの文化・風土を高い次元で融合し，開発スピードや競争力を確保することを重んじての施策と報

告されている。ここ数年，世界中でこのような変革が見られるが，これから
はさらに大きく，速いスピードでさまざまな動きが起きることが考えられる。

　また，ダイナミックマップが自動運転用途だけでなく多用途の生活情報基
盤として広く利用されるように発展できるかに注目する必要がある。課題は
メンテナンスを含めたコストと情報の多様性というか用途の広さ，仕組みや
ルール，一段の技術革新などである。

5)　移動機会の拡大（→ QOL 価値観が変化）

　自家用車に過度に依存してきた社会では，高齢者が免許証を返納して移動
の自由がなくなることが大きな問題となっている。人間は社会的な動物であ
り，生き甲斐や健康と移動の自由には深い関係がある。逆に，自動運転や移
動サービスの普及によって移動の自由度が高まれば，必然的な移動が必然で
なくなり（買い物に行かなくても必要なモノが手元に届くなど），諦めていた移
動が容易になったり頻度が増えたり，運転から解放されるから移動中も食事
や景色を楽しめたり，価値観や経済的な行動に大きな影響を及ぼす。例えば
パソコンやスマホのように，社会全般に大きな変革をもたらすことが想像で
きる。

6)　街づくりが変わる（クルマ・産業中心→人・生活中心）

　完全な自動運転の普及が見込めれば，人・モノ・サービスの移動にドライ
バーとして人が関与する必要がなくなるので，街づくりの概念が大きく変わ
ると言われている。小型低速モビリティや配送ロボットなどが実用化されれ
ば，市街地の車道は要らなくなり歩道に変わる。駐車場も商業施設などから
離れた場所や郊外に設けることが可能となる。かつての車道は移動販売車で
埋め尽くされるような光景も想像できる（図表3-10）。従来のクルマ・産業
中心の街づくりから人・生活中心の街づくりへ，関係するさまざまな業界を
巻き込んだ社会の改革に自動運転は大きく寄与する。

図表 3-10　都市部における人・生活中心の街

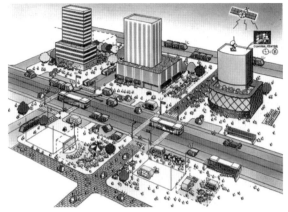

出所：公益社団法人名古屋まちづくり公社名古屋都市センター「研究報告書（No.137　2019.3）
　　　自動運転がまちづくりに及ぼす影響に関する研究」9 頁より引用。

5　将来ビジョン

　内閣官房が発信している「官民 ITS 構想・ロードマップ」では，地方（人
口 5 万人以下，地方の郊外地域や小規模都市），自家用車による移動が中心の都
市部（人口 100 万人以下，地方の県庁所在地や企業城下町など），公共交通が普
及している都市部（三大都市圏近郊ベッドタウン，地方大規模都市，政令指定都
市，特別区など）に分けて 2030 年の将来像（図表 3-11）を示している。また，
2030 年の実現目標として，「自動運転システムの高度化に向けた技術開発，
関係する制度や交通インフラの整備，新しい技術の社会実装や社会的な受容
性の醸成を進めるとともに，MaaS などのモビリティに関わるデータを，分
野を超えて連携させることで，新しい価値を生み出し続けていくことが重要
である。こうした取組を実施することにより，「国民の豊かな暮らしを支え
る安全で利便性の高いデジタル交通社会 15) を世界に先駆け実現する」こと
を目指す。」としている。「官民 ITS 構想・ロードマップ」は産官学が協力

15)　AI や IoT 技術などを駆使した情報連携により生み出されるさまざまなモビリティ
　　サービス（交通サービス含む）と自動運転のモビリティによる革新的移動社会。

図表 3-11 都市部における 2030 年の将来像

出所：高度情報通信ネットワーク社会推進戦略本部・官民データ活用推進戦略会議「官民 ITS 構想・ロードマップ——これまでの取組と今後の ITS 構想の基本的考え方」2021 年 6 月 15 日，23 頁より引用。

して活動状況や課題，取り組みなどを毎年更新し，分かりやすく有用な情報として提供している。

おわりに

　これまで紹介してきたように，ドライバーを必要としない高度な自動運転が実用化され普及するまでには，いまだ多くの技術課題とルールや社会受容性の課題が存在するが，着実にその実現に向けて歩を速めている。2021 年 3 月にホンダは高速道路渋滞時に限られるものの乗用車で初めて自動運転レベル 3 を商品化し，時を同じくして福井県永平寺町ではゴルフカート改造車両で遠隔監視による自動運転レベル 3 の自動運転移動サービスの商業運用を開始した。ドライバー主体の自動運転レベル 2 からシステム主体のレベル 3 へ進化する壁は高いが，産官学が一体となって技術やルール（国際的な基準調和などを含む），社会受容性の課題に積極的に取り組んだ成果であり，特筆

に値する。

　また，トヨタ自動車は 2021 年 2 月 23 日（富士山の日）に静岡県裾野市の工場跡地を使って自動運転や MaaS などの技術を実証する都市「Woven City」の開発に着工した。これは，同社が宣言した「すべての人に移動の自由と楽しさを。」提供していくモビリティカンパニーへ生まれ変わることに向けた具体的な取り組みとしての大きな第一歩であり，今後の取り組みや社会への影響などに期待を持って注目したい。

　1900 年代初頭に自動車が工業的に生産・販売されるようになって以降，100 年の長い歴史の中で自動車の使われ方やルールが確立され，従来の自動車技術はエンジンの燃費や出力，ブレーキの制動距離，車外騒音や振動，小型化や低価格化など，比較しやすい評価軸の上で改良を重ねる方向で進化してきた。そして今，自動車産業は CASE を軸に 100 年に一度の大変革期を迎えている。自動運転の性能や効果などを測るモノサシはなく，漠然とした安全性や社会受容性のレベルから研究に取り組む必要があり，なかでも自動運転の安全性評価手法は，まったく新しく難しい研究領域として注目されている。

　具体的な検討プロセスは，まずドライバーの運転行動データを蓄積し，大量のデータを統計的に分析するなかで危険と安全を切り分ける手法を研究し，自動運転車両の走行を模擬する仮想環境を用意し，安全性を判定できるテストパターンを定義し，最後に自動運転システムを仮想環境に実装し，テストパターンで走行させて安全性を評価することになる。いずれも幅広い専門技術や知識，膨大な作業と費用を必要とするものであり，かつ特定の企業や国などに偏らない公正中立な研究である必要から，産官学が一致協力のもとに国際協調・競争を強く意識した戦略的かつ計画的な推進が重要である。現在，省庁横断プロジェクトや自動車工業会がリーダーシップを発揮した取り組みが重点的に展開され，大きな成果を上げており，今後さらなる進展が期待されている。

＜参考文献＞　［ウェブサイトの最終閲覧日はすべて 2021 年 12 月 20 日］

特定非営利活動法人 ITS Japan（2019）『ITS 年次レポート 2019 年版』.

神崎洋治（2020）『CASE がよくわかる本——AI とネットワークで変わる自動車と社会』秀和システム.

国土交通省自動車局先進安全自動車推進検討会（2020）「ドライバーモニタリング（脇見等検知）システム基本設計書」令和 2 年 11 月.

一般財団法人日本自動車研究所 ITS 産業動向調査研究会（2021）『ITS 産業動向に関する調査研究報告書——ITS 産業の最前線と試乗予測 2020』.

日高洋祐，牧村和彦，井上岳一，井上佳三（2020）『Beyond MaaS　日本から始まる新モビリティ革命——移動と都市の未来』日経 BP.

内閣官房 IT 総合戦略室（2016）「自動運転レベルの定義を巡る動きと今後の対応（案））」平成 28 年 12 月 7 日.

保坂明夫，青木啓二，津川定之（2019）『自動運転　第 2 版　システム構成と要素技術』森北出版.

松ヶ谷和沖（2016）「自動運転を支えるセンシング技術」『デンソーテクニカルレビュー』vol.21，pp.13-21.

SIP 自動走行システム推進委員会「ダイナミックマップの概念 / 定義および，SIP-adus における取り組みに関する報告」2017 年 9 月 6 日.（https://www8.cao.go.jp/cstp/gaiyo/sip/iinkai/jidousoukou_30/siryo30-2-1-1.pdf)）

経済産業省「遠隔型自動運転システムによる無人自動運転移動サービスの試験運行を開始します」2020 年 12 月 11 日.（https://www.meti.go.jp/press/2020/12/20201211006/20201211006.html)

経済産業省自動走行ビジネス検討会「報告書「自動走行の実現及び普及に向けた取組報告と方針 Version5.0」〜レベル 4 自動運転サービスの社会実装を目指して〜」2021 年 4 月 30 日.（https://www.meti.go.jp/shingikai/mono_info_service/jido_soko/20210430_report.html)

警察庁「自動運転の公道実証実験に係る道路使用許可基準」2020 年 9 月.（https://www.npa.go.jp/bureau/traffic/selfdriving/roadtesting/index.html)

国土交通省「遠隔型自動運転システムを搭載した自動車の基準緩和認定制度」2019 年 3 月 30 日.（https://www.mlit.go.jp/report/press/jidosha07_hh_000271.html)

国土交通省「無人自動運転移動サービスを導入するバス・タクシー事業者のためのガイドライン」2019 年 6 月 26 日.（https://www.mlit.go.jp/report/press/jidosha02_hh_000379.html)

国土交通省「自動運転のレベル分けについて」.（https://www.mlit.go.jp/common/001226541.pdf)

国土交通省総合政策局環境政策課「グリーンスローモビリティの導入と滑油のための手引き」2021 年 5 月.（https://www.mlit.go.jp/sogoseisaku/environment/content/001405966.pdf)

国土交通省（鎌田実寄稿）「グリーンスローモビリティ（グリスロ））のさらなる発展に向けて」.（https://www.mlit.go.jp/sogoseisaku/environment/content/001405967.pdf)

産業技術総合研究所「ラストマイル自動走行の実証評価（永平寺町）に係る新たな実証を

開始」2018 年 11 月 14 日．（https://www.aist.go.jp/aist_j/news/au20181114.html）

スバル「アイサイトの仕組み」（https://www.subaru.jp/eyesightowner/about/）

中央環境審議会地球環境部会 2020 年以降の地球温暖化対策検討小委員会産業構造審議会
　　産業技術環境分科会地球環境小委員会約束草案検討ワーキンググループ合同会合
　　平成 27 年 3 月 5 日（第 5 回）資料「交通流対策について」．（https://www.meti.
　　go.jp/shingikai/sankoshin/sangyo_gijutsu/chikyu_kankyo/yakusoku_soan/
　　pdf/005_07_00.pdf）

チューリッヒ保険「「かもしれない運転」とは？「だろう運転」がおこす動静不注視の事故」．
　　（https://www.zurich.co.jp/car/useful/guide/cc-driving-attitude/）

電子情報技術産業協会（JEITA）「CPS とは」．（https://www.jeita.or.jp/cps/about/）

公益社団法人名古屋まちづくり公社名古屋都市センター「研究報告書（No.137　2019.3）
　　自動運転がまちづくりに及ぼす影響に関する研究」．（https://www.nup.or.jp/nui/
　　user/media/document/investigation/h30/No137.pdf）

高度情報通信ネットワーク社会推進戦略本部・官民データ活用推進戦略会議「官民 ITS 構
　　想・ロードマップ 2020」2020 年 7 月 15 日．（https://www.kantei.go.jp/jp/singi/
　　it2/kettei/pdf/20200715/2020_roadmap.pdf）

高度情報通信ネットワーク社会推進戦略本部・官民データ活用推進戦略会議「官民 ITS 構
　　想・ロードマップ（これまでの取組と今後の ITS 構想の基本的考え方）」2021 年
　　6 月 15 日．（https://cio.go.jp/sites/default/files/uploads/documents/its_
　　roadmap_20210615.pdf）

ビジネス +IT「MEMS（メムス）を簡単に解説。マイクやセンサに活用の技術，LiDAR
　　など将来性は？」2021 年 1 月 6 日．（https://www.sbbit.jp/article/cont1/47642）

Response「【ホンダ レジェンド 新型まとめ】自動運転，初のレベル 3 へ……価格やテクノ
　　ロジー，試乗記」2011 年 4 月 11 日．（https://response.jp/article/2021/04/11/
　　344849.html）

第 2 部
デジタル化時代の自動車保険の課題

第4章

自動運転と保険システム

加瀬 幸喜

はじめに

　近年，新聞，テレビなどは，「自動車の自動運転化」を報じている。国の内外を問わず，多くの自動車メーカーなどが自動運転システムの開発に取り組み，その成果が報道されている。また，東京臨海副都心地域などにおいて，自動運転車の公道における実証実験が行われている[1]。

　本章では，自動運転装置を装備する自動車（以下，この自動車を「自動運転車」という）が人身事故を引き起こした場合の賠償責任およびそれを担保する保険システムについて考察する。自動運転のレベルは，「JASO テクニカルペーパー自動車用運転自動化システムのレベル分類及び定義 SAE J3016」による[2]。また，単に「自動車」と表記する場合は，自動運転装置未装備の自動車（「自動運転レベル0」の自動車）を指す。

　まず，自動車が引き起こした人身事故の賠償責任およびその事故によって生ずる損害を塡補する保険システムを概観する。次に，自動運転車が人身事故を引き起こした場合の賠償責任を検討し，最後に，その人身損害を塡補する保険システムを考察する。なお，自動運転車の車両価額（部品価額を含む）は，高額化すると予測できるので，対物賠責保険および車両保険が自動車保険において占める比重・重要性は，現在より増大すると思われるが，紙数の

---

1)　高度情報通信ネットワーク社会推進戦略本部・官民データ活用推進会議（2021）10 頁。
2)　公益社団法人自動車技術会企画会議（2018）19 頁。

都合によりそれらは省略する。

1　自動車事故の賠償責任

　自動車事故が生じたときは，その加害者は，次のような賠償責任を負う可能性がある。

(1)　運行供用者責任

　自動車損害賠償保障法（以下，「自賠法」という）3 条は，民法 709 条に定める不法行為責任の特別法として，自動車事故の人身損害に関し運行供用者責任を定めている。

①**責任主体**　自賠法 3 条によれば，「自己のために自動車を運行の用に供する者（以下，「運行供用者」という）」が自動車事故（人身事故）の賠償責任の主体である。運行供用者を定義する規定は定められていないが，判例によれば，運行供用者は，運行支配および運行利益の帰属する者をいう。運行支配は，これを事実として捉えるのではなく規範的に捉えられており，「加害車両の運行を指示・制御すべき立場（地位）」と解されている（最判昭和 47・10・5 民集 26 巻 8 号 1367 頁など）。そして，例えば，加害自動車の所有者が運行を容認していれば運行支配の帰属が認められ，その容認は，外形的・客観的に見て容認の範囲内にあったと判断されてもやむを得ない場合も含まれると解されている（最判平成 20・9・12 判時 2021 号 38 頁）。運行利益も，同様に抽象的に捉えられている。無断私用運転中の事故であっても，無断運転者の運行を全体として客観的に観察するときは，運行利益は加害車の所有者に帰属している旨を判示する判例がある（最判昭和 46・7・1 民集 25 巻 5 号 727 頁）。

②**運行供用者責任**　自賠法 3 条本文は，「自己のために自動車を運行の用に供する者は，その運行によって他人の生命又は身体を害したときは，これに

よって生じた損害を賠償する責に任ずる」と規定し，被害者は，運行供用者の故意・過失を証明しなくとも，賠償責任を請求することができる。ただし，運行供用者は，自賠法3条ただし書きに定める要件を証明した場合には，賠償責任を免れることができる。したがって，運行供用者責任は完全な無過失責任ではないが，運行供用者は，それにきわめて近い厳格な責任（条件付無過失責任，相対的無過失責任）を負っている。

③**免責事由**　自賠法3条ただし書きは，「自己及び運転者が自動車の運行に関し注意を怠らなかったこと，被害者又は運転者以外の第三者に故意又は過失があったこと並びに自動車に構造上の欠陥又は機能の障害がなかったことを証明したときは，この限りでない」と規定する。運行供用者は，これら3つの要件を証明しないかぎり，賠償責任を免れることはできない。

(2)　不法行為責任

　民法709条は，不法行為に関する一般法として賠償責任を定めている。自動車事故に関していえば，物的損害の賠償責任および運転者（自賠法2条4項に定める「他人のために自動車の運転又は運転の補助に従事する者」）の責任が同条の適用を受ける。民法709条は，自賠法3条と異なり過失責任であり，かつ被害者が加害者の過失を証明しなければならない。

(3)　製造物責任

　自動車の欠陥に起因して自動車事故が生じたときは，その自動車のメーカーは，製造物責任法3条に定める製造物責任に基づいて賠償責任を負う。

①**責任主体**　製造物責任の対象である「製造物」とは，製造または加工された動産である（同法2条）。自動運転装置のソフトウェア自体は無体物であるから，本法の適用対象ではないが，自動運転装置を装備する自動車は動産であるから，同法の適用対象であり，ソフトウェアの不具合は自動車の欠陥であると解することが可能である[3)]。
　製造物責任法3条によれば，製造物責任を負うのは，「製造業者等」である。

同法2条3項1号によれば，製造業者とは「当該製造物を業として製造，加工又は輸入した者」である。輸入自動車については，その輸入業者が製造物責任を負う。

②**無過失責任**　同法3条は，製造業者の過失の有無を問わずに，製品の客観的性状である「欠陥」を要件として，製造業者に損害賠償責任を課している。したがって，無過失責任の一種と解することができる[4]。ただし，被害者に過失があるときは，過失相殺の規定が適用される（製造物責任法6条，民法722条2項）。

「欠陥」とは，当該製造物の特性，その通常予見される使用形態，その他その製造物に係る事情を考慮して，その製造物が通常有すべき安全性を欠いていることをいう（同法2条2項）。製品の欠陥が製造業者の帰責事由とされていることから，「欠陥責任」とも呼ばれる。

欠陥の存否を判断する基準時は，当該製造物を引き渡した時点である。この時の社会通念に照らし，その製造物に欠陥と判断される性状が存したか否かにより判断される。

③**免責事由**　同法4条によれば，製造業者は，開発危険の抗弁（当該製造物を引き渡した時における科学または技術に関する知見によっては，当該製造物に欠陥があることを認識することができなかったこと）を証明したときは，同法3条に定める賠償責任を免れることができる。訴訟では，しばしば開発危険の抗弁が主張されるが，この抗弁を認めて製造業者を免責した裁判例はない[5]。

④**証明責任**　同法3条に基づき損害賠償を請求する者は，同条に定める製造物の欠陥，損害の発生およびその欠陥と損害との因果関係を証明しなければならない。民法709条に基づき損害賠償を請求する場合には，それを請求する者が過失，損害の発生および過失と損害との間の因果関係を証明する

---

3)　消費者庁消費者安全課編（2018）50頁。
4)　消費者庁消費者安全課編（2018）6頁。
5)　土庫（2018）281頁。

責任を負うが，製造物責任の場合も，証明責任の原則は変更されていない[6]。

(4)　製造物責任の潜在化

　自動車事故の原因の全部または一部が自動車の欠陥であるときは，自動車メーカーは，製造物責任を負うことになる。しかし，実際に自動車メーカーが製造物責任を負うことは，きわめてまれである[7]。

　その理由は，第 1 に，製造物責任の証明が困難なことにある。自動車事故の被害者が自動車メーカーの製造物責任を追及するには，自動車に欠陥があること（製造物責任法施行（1995 年）以前は自動車メーカーが当該自動車の製造に関し過失があったことも含む）およびそれと損害との因果関係を証明しなければならないが，その証明はかなり困難である。1994 年以降の自動車に関する製造物責任訴訟を考察する研究によれば，自動車の衝突事故について製造物責任が争点となった裁判例は 12 件あるが，そのうち欠陥を認めた事例は 2 件のみで，他の 10 件はいずれもドライバーの操作ミスと認定されている。しかも，欠陥を認めた 2 件の裁判例は，いずれもメーカーが欠陥を認めていたものである[8]。

　第 2 には，自賠責保険金などを支払った保険会社に，自動車メーカーに求償するインセンティブがないからである。自賠責保険では，保険料率に「ノーロス・ノープロフィット」の原則が適用され（自賠法 25 条），また，すべての自賠責保険会社などが参加する「共同プール事務」が組織され（同法 28 条の 4），保険料および保険金の計算，配分などが共同で行われ，自賠責保険の収支に関し，個々の保険会社に不利益が生じないからである。これに加えて，自動車メーカーは，損害保険会社にとって有力な顧客であるので，営業上の配慮により求償を控える可能性があるからである[9]。

---

6)　消費者庁消費者安全課編（2018）101 頁。
7)　ただし，従来の事故原因の大多数はドライバーのヒューマンエラーである。
8)　田島（2017）223 頁。
9)　佐野（2018a）205 頁。

2 日本の自動車保険

(1) 総説

現在，日本で販売されている自動車保険（物的損害を担保する保険を除く）は，①自賠責保険，②対人賠責保険，③人身傷害（補償）保険，④搭乗者傷害保険，⑤自損事故保険および⑥無保険車傷害保険である。これらの保険のうち，①のみが自賠法5条により加入が強制される義務保険であり，それ以外の保険はそれに加入するか否かは自由な任意保険である。①および②は，加害者の賠償責任を担保する責任保険であり，賠償責任を負う可能性のある者が加入する，サード・パーティ型の保険である。②は，被保険者および保険事故などが自賠責保険と若干異なるが，一口にいえば，賠償責任額が自賠責保険の保険金額を超える場合に適用される「上積み保険」である。

③から⑥までの保険は傷害保険である。傷害保険は，保険契約に定める被保険者が身体に傷害を被った場合に保険給付が行われる保険である。③から⑥までの傷害保険は，いずれも，自動車保険（任意保険）の加入者が自分自身または任意自動車保険の被保険自動車に搭乗中の者の死亡・傷害に備える保険（ファースト・パーティ型の保険）である。④および⑤の保険は，約定の金額を給付する定額給付型の傷害保険であるが（保険法2条9号および4章），③および⑥の保険は，損害塡補型の傷害保険である（同法2条7号）。

責任保険と傷害保険との違いは，賠償責任法理による制約の有無にある。責任保険は，被保険者が賠償責任を負担したことにより被る損害を塡補する保険であるから（保険法17条2項），㋐保険給付が行われるためには，被保険者が賠償責任を負担することが前提であり，㋑被害者に過失がある場合には，過失相殺（民法722条2項）が適用され，支払保険金額が減額される場合がある。他方，傷害保険は，賠償責任の成否に関係なく，被保険者が身体に傷害を被ったときに，保険給付が行われる保険であるから，㋐や㋑の制約を受けることはない。

(2)　責任保険

1)　自賠責保険

　自動車損害賠償責任保険（以下，「自賠責保険」という）は，日本の自動車保険の中心を占める保険であり，唯一の義務保険である（自賠法 5 条）。2019 年度の支払状況は，死亡が 3,173 件，支払保険金の合計額約 766 億 8,596 万円で，傷害（後遺障害を含む）が 100 万 6,272 件，支払保険金の合計額約 6,041 億 925 万円である[10]。自賠責保険の特徴は，①公保険的性質をもっていること，および②手厚い被害者保護措置を採用していることにある。

a)　公保険的性質

①契約締結義務　自賠法は，運行供用者の賠償資力を確保するために，自賠責保険の締結義務を自動車の保有者に課している（自賠法 5 条）。他方，保険会社には，自賠責保険契約の引受義務を課している（同法 24 条）。

②契約内容の法定　自賠責保険では，契約内容自由の原則（民法 521 条 2 項）が排除され，保険事故（自賠法 11 条），保険金額（同法 13 条），支払基準（同法 16 条の 3）など，保険契約の内容が法定されている。

③保険料率　自賠責保険では，給付反対給付均等の原則が排除され，自賠責保険の保険料区分は，自動車の用途・車種によって決まり（離島，沖縄県については特別な料率である），保険契約者・被保険者の過去の事故件数などは保険料を決定する要素ではない。

④共同プール事務　自賠責保険では，それを引き受けるすべての保険会社（共済組合を含む）の自賠責保険のすべての収支を共同で管理するために，共同事務プールを組織することが定められている（自賠法 28 条の 4）。

⑤損害調査　自賠責保険では，保険料収支のすべてを共同事務プールで管理しているから，損害調査についても第三者機関（損害保険料率算出機構の調査

10)　損害保険料率算出機構（2021）93 頁。

事務所) に委託し，自賠法16条の3に規定する「自動車損害賠償責任保険の保険金等及び自動車損害賠償責任共済の共済金等の支払基準 (平成13年金融庁・国土交通省告示第1号)，以下，「支払基準」という」に従い損害額が算出され，公平かつ客観的で画一的な処理が図られている。

b) 手厚い被害者救済措置

　自賠法は，被害者の保護を図ることが目的の1つであるから，自賠責保険では，手厚い被害者救済措置が講じられている。

①被害者の直接請求権　被害者の直接請求権が法定され (自賠法16条1項)，さらに，直接請求権は差押えが禁止され (同法18条)，被害者の迅速，確実かつ容易な救済が図られている。保険契約者または被保険者の故意によって損害が生じた場合でも，被害者が直接請求権を行使するときは，保険会社は損害賠償額を支払わなければならない。損害賠償額を支払った保険会社は，政府の保障事業に対し，求償することができる (同法16条4項，72条2項)。

②被害者の重過失減額　自賠責保険では，被害者に7割以上の過失がある場合に限り，支払保険金額が減額され，しかも被害者が傷害のときは一律2割減額で，死亡のときはその過失が7割以上8割未満であれば2割減額，8割以上9割未満であれば3割減額，9割以上10割未満であれば5割減額である (支払基準第6減額)。

③保障事業　自賠責保険の給付を受けることができない自動車事故の被害者を救済するために，自動車損害賠償保障事業 (以下，「保障事業」という) が法定されている。これについては，後述する。

c) 被保険者

　自賠責保険の被保険者は，保有者および運転者である (自賠法11条)。保有者とは，運行供用者であって，その自動車を使用する権利を有する者である (同法2条3項)。したがって，盗難車を運転中の者のように，運行供用者

ではあるが, その自動車を使用する権利を有しない者は保有者に該当しない。
また, 自賠法における運転者は, 独特の用語であり,「他人のために自動車
の運転又は運転の補助に従事する者」をいう (同法2条4項)。

d) 保険事故

　自賠責保険の保険事故は, ①保有者が自賠法3条の運行供用者責任を負
うことにより被る損害および②保有者の運行供用者責任が生じた場合におい
て, 運転者が民法709条などにより被害者に賠償責任を負うことにより被
る損害である。②についていうと, 運転者が使用者 (保有者) から求償を受
ける可能性があるので (民法715条3項), 自賠責保険によって運転者を保護
する必要があるからである。

e) 保険金額

　損害保険における保険金額は, 保険給付の限度額として損害保険契約にお
いて定めた金額であるが (保険法6条1項6号), 自賠責保険の保険金額は,
死亡について3,000万円, 傷害について120万円, 後遺障害については4,000
万円である (自賠法施行令2条1項, 別表第1および第2)。

f) 保障事業

　保障事業は, 自賠責保険の給付を受けることができない自動車事故の被害
者を救済するための制度である。自賠責保険の給付を受けることができない
被害者とは, ①加害者が不明な事故 (ひき逃げ事故など), ②自賠責保険を付
保していない自動車による事故および③被保険者に該当しない者 (盗難車を
運転中の者など) が引き起こした事故の被害者である。

　保障事業は, それらの被害者を救済するために, 政府が加害者に代わって
立替払いをする制度である。ただし, 保障事業を運営する財源は, 自賠責保
険料の中に組み込まれている保障事業賦課金である。保障事業の受付件数は,
近年激減している。2010年の受付件数は, 2,194件 (ひき逃げ事故1,696件,
無保険事故498件) であったが, 2019年は684件 (ひき逃げ事故510件, 無
保険事故174件) である[11]。

保障事業による塡補の限度額は，自賠責保険の保険金額と同額である（自賠法施行令20条1項）。ただし，保障事業から塡補を受ける者が，自賠法以外の法令（健康保険法，労働者災害補償保険法など）の適用を受けその給付を受けるときは，それらを控除した額を限度とする（自賠法73条）。

2) 対人賠責保険

自動車保険（任意保険）の対人賠償責任保険（以下,「対人賠責保険」という）は，被保険者の賠償責任額が自賠責保険の保険金額を超えた場合に保険金が給付される「上積み保険」である（賠責条項2条2項）。対人賠責保険（JA共済，全労済，全自共および交協連を含む）の付保率は，2020年3月末現在，88.3％に達している[12]。

a）担保範囲

対人賠責保険の保険事故は，被保険者が対人事故により法律上の損害賠償責任を負担することである（賠責条項2条1項）。「対人事故」とは，保険証券記載の自動車（以下,「被保険自動車」という）の所有，使用または管理に起因して他人の生命または身体を害することをいう（同条項1条）。「法律上の損害賠償責任」とは，自賠法3条の運行供用者責任のほか，不法行為責任（民法709条）なども含まれる。対人賠責保険の担保範囲と自賠責保険のそれとを比較すると，前者は後者より広い範囲を担保する規定となっている。前者では，被保険者が，運行供用者責任に限らず広く賠償責任を負ったときに保険給付が行われるからである。

b）被保険者

被保険者は，保険証券記載の被保険者（以下,「記名被保険者」という）を中心として，その家族（配偶者，同居の親族，別居の未婚の子など），記名被保険者の使用者および記名被保険者の承諾を得て被保険自動車を使用または管理中の者である（賠責条項7条）。

---

11) 損害保険料率算出機構（2021）46頁。
12) 損害保険料率算出機構（2021）143頁。

c）保険金額

対人賠責保険の保険金額は，保険契約者が自由に約定することが可能である。2020 年 3 月末現在，対人賠責保険契約の 99.6％が保険金額を無制限とする契約である [13]。

対人賠責保険は，「上積み保険」であるから，支払保険金額は，被保険者が負担する損害賠償額から自賠責保険によって支払われた額を差し引いた額である（賠責条項 15 条 1 項）。

「被保険者が負担する損害賠償額」は，民法の過失相殺のルール（民法 722 条 2 項）に従って算定される。

d）保険料

任意保険である自動車保険においては，保険契約者の過去の無事故年数や事故件数などに応じて保険料が決まり，リスクの最も高い者に適用する 1 等級（保険料が高額）とその最も低い者に適用する 20 等級（保険料が安い）の間では，保険料の較差が約 4.43 倍である [14]。

e）免責事由

対人賠責条項では，親族間事故は保険者免責である。①記名被保険者，②被保険自動車を運転中の者の親族，③被保険者の親族，および④被保険者の業務に従事中の使用人などが被害者である場合は，対人賠責保険金は支払われない（賠責条項 5 条）。同条は被害者に着目する免責事由であるから，複数の被保険者が存在する場合でも，これらの者は対人賠責保険の給付を受けることはできない。

f）直接請求権

対人賠責保険においても，被害者の直接請求権が定められている（賠責条項 11 条）。ただし，この直接請求権は，「保険会社が被保険者に対して支払責任を負う限度において」行使することが可能な権利であるから（同条 1 項），

13）　損害保険料率算出機構（2021）125 頁。
14）　損害保険料率算出機構（2021）63 頁。

保険会社が保険金支払責任を負わないときは（免責事由がある場合など），被害者は直接請求権を行使することができない。

(3)　傷害保険

1)　人身傷害保険

　人身傷害保険は，人身傷害補償保険という名称を使用する保険会社もあるが，本章では人身傷害保険という名称を使用する。人身傷害保険は，損害填補型の傷害保険である。被害者に過失があるときは，加害者の賠償額は過失割合に比例し減額され，被害者は，その減額部分を負担しなければならない。しかし，人身傷害保険を付保するときは，この保険によりそれをカバーすることができる。人身傷害保険の付保率（共済を除く）は，2020年3月末現在，自動車全体で70.2％である。付保率の高い用途・車種は，自家用普通乗用車81.3％，自家用小型乗用車77.1％，軽四輪乗用車76％，自家用普通貨物車75.7％などである[15]。

a)　担保範囲

　保険会社は，人身事故により被保険者またはその父母，配偶者もしくは子に生じた損害に対して保険金を支払う（人身傷害条項1条1項）。「人身事故」とは，①自動車の運行に起因する事故，②運行中の被保険自動車の他物との衝突，火災または爆発，または被保険自動車の落下に該当する事故であり，この事故は急激かつ偶然な外来の事故をいう（同条2項）。「被保険者の父母，配偶者もしくは子に生じた損害」とは，被保険者が死亡した場合に，これらの者に生ずる精神的損害をいう（民法711条）。

b)　被保険者

　傷害保険の被保険者とは，その者の傷害に基づき傷害保険金を給付することとなる者をいう（保険法2条4号ハ）。人身傷害保険では，それは，①被保険自動車の正規の乗車装置に搭乗中の者（きわめて異常かつ危険な方法で搭乗

---

15)　損害保険料率算出機構（2021）119頁。

中の場合を除く），②被保険自動車の保有者および運転者（両者とも被保険自動車の運行に起因する事故に限る）である（人身傷害保険条項 2 条 1 項）。

c) 保険金請求権者

　保険金を請求することができる者をいう。被保険者の傷害(後遺障害を含む)のときは被保険者自身，被保険者死亡のときは被保険者の法定相続人およびその慰謝料請求権を有する者（被保険者の配偶者など）である。

d) 保険金額

　保険契約者は，自由に保険金額を約定することができる。自家用普通乗用車，自家用小型乗用車および軽四輪乗用車についていうと，約 49.5％の契約は保険金額が 3,000 万円以下，約 34.8％の契約が 3,000 万円超 5,000 万円以下，約 8.3％の契約が 5,000 万円超，約 7.3％の契約が無制限である[16]。

e) 免責事由

　人身傷害保険の免責事由は，①被保険者の故意または重大な過失によってその本人に生じた傷害，②被保険者が無免許運転，酒酔い運転または麻薬などの影響により正常な運転ができないおそれがある状態で運転中の傷害，③被保険者が正当な権利を有する者の承諾を得ないで被保険自動車に搭乗中に生じた傷害，および④傷害が保険金を受け取るべき者の故意または重大な過失によって生じた場合（その者の受け取るべき金額に限る）などである（人身傷害保険条項 3 条 2 項）。

f) 支払保険金額

　支払保険金額は，原則として，損害額に損害防止費用などを合計し，自賠責保険などから支払われる回収金がある場合にはその金額を差し引いて算出される。人身傷害保険における損害額は，あらかじめ約定された「人身傷害条項損害額基準」に基づき算定される（4 条 1 項から 4 項まで）。

---

16)　損害保険料率算出機構（2021）129 頁。

g）代位

　人身傷害保険は，損害填補型の保険であるから，請求権代位の規定（保険法 25 条）の適用を受ける。

2）　搭乗者傷害保険

　搭乗者傷害保険は，定額給付型の傷害保険であり，自賠責保険や対人賠責保険の給付を受けることができない場合に備える保険である。とくに，対人賠責保険においては，親族間事故は保険者免責であるから（対人賠責条項 5 条），搭乗者傷害保険は親族間事故の救済を補完する機能をもっている。搭乗者傷害保険は，人身傷害保険の普及に伴い，家庭用の自動車総合保険の主要な構成からはずされ，近年，その付保率は急激に低下している。自家用普通乗用車の付保率は，2011 年 3 月末現在 57.9％であったが，2019 年 3 月末現在 30.7％である [17]。

a）保険事故

　搭乗者傷害保険の保険事故は，人身傷害保険の保険事故と同一である。

b）保険給付・定額保険性

　搭乗者傷害保険は，被保険者が保険事故により傷害を被り，①死亡した場合（死亡保険金），②後遺障害が生じた場合（後遺障害保険金）および③治療を要した場合（医療保険金）に，約定の金額を支払う定額保険である（搭乗者傷害保険条項 7 条，8 条，10 条）。医療保険金の支払方式には，①入院日額・通院日額を入通院日数に応じて支払うもの（日額払い），②傷害を被った部位・症状に応じた金額を支払うもの（部位・症状別払い）または③常に一律の金額を支払うもの（一時金払い）の 3 方式がある。

　搭乗者傷害保険は，定額保険であるから，請求権代位（保険法 25 条）の適用を受けない。また，加害者に損害賠償を請求するときは，搭乗者傷害保険金は損益相殺の対象とならない（最判平成 7・1・30 民集 49 巻 1 号 211 頁）。

---

17)　損害保険料率算出機構（2021）119 頁。

c）被保険者

搭乗者傷害保険の被保険者は，被保険自動車の正規の乗車装置またはその装置のある室内に搭乗中の者である（搭乗者傷害保険条項 5 条 1 項）。

d）免責事由

搭乗者傷害保険の免責事由は，人身傷害保険の免責事由とほぼ同一である（搭乗者傷害保険条項 3 条）。

3　自動運転レベルの進展と自動車メーカーの賠償責任

（1）　自動車メーカーの賠償責任

自動車事故の原因が自動車の欠陥（自動運転装置）であるときは，製造物責任法に基づき，自動車メーカーがその事故の賠償責任を負う[18]。自動運転車事故の被害者が自動車メーカーから損害賠償を受けるには，その自動車の欠陥，損害の発生およびその欠陥と損害との因果関係を証明しなければならない。

1）　欠陥の判定基準

①消費者期待基準　消費者期待基準とは，消費者が期待する安全性を備えているか否かを基準として欠陥を判定するものである。例えば，EC 製造物責任指令 6 条 1 項は「製造物は，（中略）人が正当に期待しうべき安全性を備えていないときに，欠陥があるものとする。」と規定する。日本では，消費者の期待に限定することなく，「広く社会が期待するところも基準になる」との意見が採用され，消費者期待基準を製造物責任法に明文化することは，

---

18)　自動車メーカー以外の者で賠償責任を負う可能性のある者は，次のとおりである。①道路の瑕疵が事故の原因である場合には，道路管理者（国家賠償法 2 条 1 項），②地図情報など外部データに誤りがありこれが事故原因である場合には，外部データ提供者（事故の被害者に対し民法 709 条，自動車の所有者に対し民法 415 条 1 項），③当該自動車が売買契約の内容に適合しない自動車である場合には，自動車の販売店（民法 415条 1 項）などである。

見送られた[19]。

　自動運転車の欠陥の判定について,「『平均的運転者よりも安全な運転行動』
を満たすかが一つの基準となり,（中略）当該事故時の危険状態の予見能力
と回避能力において『平均的な自然人である運転者』と自動走行車の反応時
間の優劣を比較する方法」[20]は,消費者期待基準に基づいて欠陥を判定す
るものといえよう。

②**危険効用基準**　危険効用基準とは,製品の危険と効用を比較考量し,効用
よりも危険のほうがより大きい場合には,その製品に欠陥があると判定する
ものである。米国の第 3 次不法行為法リステイトメントでは,危険効用基
準が採用されている。効用には,製品の利用者のみならず社会全体にとって
の効用も含まれ,具体的事案において自動運転技術が問題となったときは,
その自動運転技術をより安全なものにするコストと便益とを比較するべきで
あると指摘されている[21]。

2)　欠陥の存在時期

　製造業者等が製造物を引き渡した時にそれに欠陥が存在することが製造物
責任の要件の 1 つである（製造物責任法 2 条 2 項）。製造物責任は,製造業者
等が欠陥のある製品を市場に提供したことが責任の根拠であり,製造業者等
は,製造物を引き渡す時点までそれに存する危険を制御することができる立
場にあるからである。

　自動運転車は,運転ソフトのバージョン・アップが予定されているから,
欠陥の判定は,最終のバージョン・アップ時を基準として行われるべきであ
る[22]。

---

19)　土庫（2018）85-86 頁。
20)　浦川（2017）33 頁。
21)　後藤（2018）94 頁。
22)　浦川（2017）35 頁。自動運転ソフト提供者には「継続的な関係」に基づく責任があ
　　ると指摘されている（小塚（2018）227 頁）。

　3)　欠陥証明の困難性

　自動運転車事故の被害者は，自動車の欠陥を証明しなければならないが，自動車事故の場合には，運転者（以下，「運転中の者」の意義である）の自動車操縦ミスの可能性があるから，事故が生じたというだけでは，自動車に欠陥があったということはできない。自動運転車は，複雑なシステムにより運転操作が行われるから，その欠陥を証明することは一層困難なものとなるであろうと予測される[23]。

(2)　賠償責任の分担

　1)　自動運転レベル

　もっぱら自動運転装置によって走行するレベル4（限定領域を走行中）およびレベル5の自動運転車が事故を起こしたときは，事故原因はその自動車の欠陥であると考えることができる。しかし，それ以外のレベルの自動運転車はその操縦に運転者が関与しているから，事故原因は，運転者の操縦ミスおよび（または）自動車の欠陥にあると考えられる。以下では，運転者の操縦ミスおよび（または）自動車の欠陥が事故の原因である事例について検討する。

　2)　事故の諸類型

a)　自損事故型

　①自動車の欠陥が証明され，かつ運転者に過失がある場合において，運転者自身が自動車メーカーに損害賠償を請求したときは，過失相殺の規定の適用を受け，賠償額は減額される（製造物責任法6条，民法722条2項）。

　②その車に同乗する者の損害は，自動車の欠陥と運転者の過失とが損害の発生に寄与したと捉えることができる。運行供用者および自動車メーカーは，それぞれの寄与度に応じてその賠償責任を負担する[24]。

---

23)　2019年5月に道路交通法が改正され，自動運転車の所有者・運転者に自動運転装置の作動状態を記録し保存する義務を課している（道路交通法63条の2の2）。

24)　これらの債務が連帯債務であるか否かは議論の余地があるが，民法719条1項の規定を類推適用し，連帯債務性を認めるべきである。連帯性を認めることは，被害者保護に資するからである。

b）自動車対歩行者または自転車の衝突事故

この類型の事故では，自動車の欠陥および（または）運転者の過失が証明されたときは，その寄与度に応じて，運行供用者および（または）自動車メーカーが賠償責任を負担する。次に，被害者（歩行者または自転車の運転者）の過失の有無を認定する。被害者が，自動運転車は自動運転装置の作動により停止するであろうと期待ないし信頼していたときは，その期待や信頼を過失判定の要素とするか否かが論点となる。被害者の期待や信頼は，自動運転装置の普及度合いや一般の人のそれに対する認知度に依存することになろう[25]。被害者の期待や信頼が妥当であると判断されるときは，被害者の過失を認定することは困難であると解される。被害者の過失が認定されたときは，運行供用者および自動車メーカーの賠償額は減額される。

c）自動車対自動車の衝突事故

この類型の事故の多数は，双方の自動車に原因があると考えられる。そこで，まず，それぞれの自動車の事故発生に対する寄与度を認定する。次に，それぞれの自動車の不適切な走行について自動車の欠陥および（または）運転者の過失がどのように寄与したのかを判定する。この判定結果に基づいて，それぞれの自動車の自動車メーカーおよび（または）運行供用者の賠償責任額が算定されることになると解される。

3）寄与度認定の困難性

自動運転装置未装備の自動車の事故当事者の過失は，東京地裁民事交通訴訟研究会編『民事交通訴訟における過失相殺率の認定基準［全訂5版］』に基づき容易に認定することができる。しかし，自動運転車の事故はまだ実例が少ないから，当事者の寄与度をどのような基準でまたどのような割合に評価すべきであるかは，手探り状態である。一定の事例が集積するまでは，それは困難な手続きであると思われる。

25）佐野（2018a）212頁。

4　自動運転車事故に対応する保険制度の改革

　自動運転車の公道における実証実験が行われるなど，自動運転車事故が現実に生ずることが予測されるようになったので，それに対応する保険制度の改革が提案または実施されている。

(1)　自賠責保険
　自賠責保険の改革について，次の 2 つの提案が行われた。

1)　国交省研究会報告書
　国土交通省は，2016 年 11 月，自動運転車事故に関し自賠法に基づく賠償責任のあり方を検討するために，自動車局に「自動運転における損害賠償に関する研究会（座長：落合誠一東京大学名誉教授）」（以下，「国交省研究会」という）を設置した。同研究会は，2018 年 3 月に「自動運転における損害賠償に関する研究会報告書」（以下，「国交省報告書」という）を公表した。

a)　検討された論点
　国交省研究会では，さまざまな自動運転レベルの自動車が混在する 2020 年から 2025 年頃までの「過渡期」の自動運転車事故を検討の対象とした。レベル 5 の自動運転車事故については検討対象外である。迅速な被害者救済を実現するとともに，自賠責保険制度の安定的な運用を実現することに主眼を置き，検討が行われた。
　研究会は，次のような結論を得た[26]。

①**自賠法 3 条について**　自動運転装置利用中の事故の運行供用者責任は，「従来の運行供用者責任を維持しつつ，保険会社等による自動車メーカー等に対する求償権行使の実効性確保のための仕組みを検討することが適当であ

---

[26]　国土交通省自動車局（2018）7-22 頁。

る」27) とする。その論拠は，(i) 自動運転でも自動車所有者などに運行支配
および運行利益を認めることができること，(ii) 迅速な被害者救済のために
は，現行制度の有効性が高いこと，(iii) 検討対象は，当面の「過渡期」を想
定したものであり，自賠責保険制度の安定的な運営を実現する必要があるこ
となどである 28)。

　同条ただし書きの「自動車の運行に関し注意を怠らなかったこと」につい
ては，自動車のユーザーは，自動運転装置のソフトウェアやデータなどを
アップデートするなど，自動車の点検整備に関する注意義務を負う。

　また，地図情報などの外部データの誤謬，通信遮断などにより事故が発生
した場合には，自動車の「構造上の欠陥又は機能の障害」（同条ただし書き）
があるとされる可能性がある。

②自損事故などについて　自動運転装置利用中の自損事故については，任意
保険（人身傷害保険）を活用する対応が適当である。その理由は，自動車の
運行に無関係な被害者を保護するという自賠法の立法趣旨や自賠責保険制度
の安定的な運営を実現する必要があるからである。

　ハッキングにより引き起こされた事故の損害（自動車の保有者が運行供用者
責任を負わない場合）については，自動車が窃取された場合と同様に，政府
の保障事業がその損害を塡補する。

b）再検討の可能性

　国交省研究会は，自動運転技術の進展，自動運転車の普及状況および海外
における議論の状況などによっては，自動車ユーザーの納得感，社会受容性
および適正な責任分担などの観点から，自賠法における賠償責任に関してさ
らに検討する必要が生じる可能性があると指摘する。その場合には，運行供
用者が第一次的に責任を負担し，自動車メーカーに求償する構造を引き続き

27)　自動車メーカーに自賠責保険料の一部を負担させることも考えられる。しかし，自
　　賠責保険は，運行供用者責任（厳密に言えば，保有者の責任および運転者の責任）を担
　　保する保険であるから，自動車メーカーは，自賠責保険料を負担したにもかかわらず，
　　製造物責任について責任免脱の効果を受けることができない。
28)　国土交通省自動車局（2018）7頁。

維持することが妥当か，そもそも，運行供用者責任を維持することが妥当か
などについて議論する必要があると述べている[29]。

c) 検討

　国交省研究会は，自賠責保険制度の安定的な運用を実現することに主眼を
置いて，各論点を検討しているから，その結論は，現状維持が優先し改革的
要素に乏しいものである。改革的な提案は，保険会社による自動車メーカー
などに対する求償権行使の実効性確保のための仕組みを検討するのみである。
　運行供用者責任を維持するという結論は，報告書自身が指摘するように，
近い将来，根本的に再検討する必要があるだろう。今後，運転の自動化が進
展し自動運転車が普及した場合には，運行供用者に不満が生ずる可能性があ
るからである。例えば，レベル5の自動運転車の引き起こした事故の原因は，
自動車の欠陥にあると考えられるが，この場合でも，なぜ，運行供用者は，
第一次的な責任主体として事実上の無過失責任を負わなければならないかに
ついて，不満が生ずるであろう。

2)　自賠責保険のノーフォルト保険化

　佐野誠教授は，かねて自賠責保険のノーフォルト保険化を提唱しておられ
るが，自動運転車が走行するようになれば，その必要性は一層高まると指摘
し，あらためて自賠責保険のノーフォルト保険化を提言する[30]。

a) ノーフォルト保険化の必要性

　その必要性の第1は，自動運転車が事故を引き起こしたときは，自賠責
保険の保護対象外である自損事故などについても，その保護が可能な余地が
生ずるからである。自動運転車事故の場合には，その原因の一部が自動運転
装置にある可能性があるが，その証明は著しく困難である。そうだとすると，
自損事故を自賠責保険の保護対象から除外する根拠が失われるから，ノー
フォルト保険化した「自賠責保険」によってそれを救済すべきである。加害

---

29)　国土交通省自動車局（2018）23 頁。
30)　佐野（2018b）50-57 頁。

者無責の事故および自賠法 3 条の「他人」に該当しない者についても，同様に解することができる。

　第 2 には，自動運転車の事故に関しては，過失の概念が変容する可能性があるからである。自動運転システムが進展するときは，従来の過失割合認定基準を参照することが困難になり，過失（寄与度）や過失相殺の認定に時間がかかり保険金の支払いが遅延するおそれがある。

b）具体的な制度

①二元制の維持　現行の強制保険（自賠責保険）と任意保険（対人賠償保険）との二元制を維持し，前者にノーフォルト保険制度を導入する[31]。

②ファースト・パーティ型保険　ファースト・パーティ型を基本とし，これにサード・パーティ型を付加する。したがって，付保自動車に搭乗する者が被害者となったときは，ファースト・パーティ型制度から給付を受ける[32]。車両対車両の衝突事故で相手方車両が一方的に有責である場合でも，被害者が搭乗する自動車に付保されている保険から給付を受ける。サード・パーティ型保険が適用されるのは，自動車搭乗者以外の者（歩行者など）が被害者となったときである。

③賠償請求権との関係　被害者は，ノーフォルト保険へ保険金を請求することも，加害者へ損害賠償を請求することも可能である。ただし，一方から支払いを受けることにより損害のすべてが塡補されたときは，他方へ請求することはできない。

④保険契約者　自動車の所有者に付保義務を課し，この者が保険契約者となる。ただし，保険料の一部は自動車メーカーが負担する。

---

31)　佐野（2018b）57-63 頁。
32)　佐野（2016）401 頁。

⑤**保険事故**　自動車傷害保険の保険事故には，傷害保険の保険事故の 3 要件（急激性，偶然性および外来性）が含まれている保険（例えば，人身傷害保険）と，それらが含まれていない保険（例えば，無保険車傷害保険）とがあるが，ノーフォルト保険は後者を採用する。前者の場合には，サード・パーティ型の保険より保険給付が劣る可能性があるからである[33]。

⑥**保険金の支払方法**　保険金の支払いは損害塡補方式とし，損害額は約定の「損害額基準」に基づき算定される（現行の人身傷害保険と同様の方式）。

⑦**保険代位**　ノーフォルト保険の保険者は，保険金を支払ったときは，被害者が加害者に対して有する賠償請求権に代位する[34]。

c）検討

　ノーフォルト保険では，自損事故や運行供用者が被害者である場合なども保険給付の対象であるが，これは積極的に評価することができる。自動運転車事故の場合には，その原因の一部が自動運転装置にある可能性があるので，それらの者も「第三者（被害者）」性を帯びるからである。しかし，次のような難点があると思われる[35]。

　①現行の自賠法体系との整合性に疑問がある。自賠法は，厳格責任である運行供用者責任（3 条）とそれをバックアップする責任保険（5 条以下）という体系で構成されているが，自賠責保険をノーフォルト保険（傷害保険）化するときは，1 つの法律の中に異質な要素が混在することになるからである。

　②ノーフォルト保険は傷害保険であるので，責任免脱機能をもたずかつ請

求権代位の規定（保険法 25 条）が適用されるから，保険料を負担する自動車の所有者および自動車メーカーがノーフォルト保険の保険会社から賠償請求を受ける可能性がある。

　③自動車と自動車との衝突事故の場合には，被害者の救済が後退するおそれがある。この類型の事故の多数は，双方の自動車の運行供用者の共同不法行為であるから，それぞれの自賠責保険が適用され，被害者は，2 台分の保険給付を受けることが可能である。しかし，佐野教授によれば，自動車対自動車の衝突事故で相手車が一方的に有責である場合でも，被害者は，搭乗する自動車に付保されている保険から給付を受けるとのことである[36]。そうだとすると，自動車と自動車との衝突事故の場合でも，被害者は 1 台分の保険から救済を受けるにすぎないと思われる。「自動車保険の現況」によれば，2019 年度の対人賠償保険の支払件数の約 77％が，自動車対自動車の事故であるから[37]，被害者救済の後退は，広範囲に影響を及ぼすと考えられる。

　④損害賠償額がノーフォルト保険からの給付を超えるときは，対人賠償保険（任意保険）から給付を受ける必要があるが，これが責任保険である以上，当該事故の過失（事故への寄与度）割合を認定する必要があり，これに要する費用および時間は削減不可能である。上記の「自動車保険の現況」によれば，2019 年度の自賠責保険の支払件数のうち，死亡事故の約 76％および傷害（後遺障害を含む）事故の約 36％は，対人賠償保険（任意保険）から給付を受けている[38]。したがって，それらの費用などの削減は限定的である。

(2)　被害者救済費用等補償特約

　被害者救済費用等補償特約（以下，「救済費用特約」という）は費用保険であり，損害保険各社が対人賠償保険に自動付帯する特約としてすでに提供している保険である。この特約を付帯する場合でも，保険契約者は追加保険料を支払う必要はない。

---

36)　佐野（2018b）57 頁。
37)　損害保険料率算出機構（2021）132 頁。
38)　損害保険料率算出機構（2021）93，111 頁。

a）費用保険

　費用保険とは，なんらかの原因・理由により費用を支出しなければならない場合にその費用を担保する保険である。例えば，住宅総合保険の失火見舞費用保険金は，典型的な費用保険である。自己の建物が火元となって，隣家に延焼の被害を与えた場合には，法的には賠償責任を負わなくてもよい（失火ノ責任ニ関スル法律）。しかし，被害を受けた隣人に見舞金を支払うのが社会常識である。そこで，失火見舞費用保険金は，その費用を保険金として給付するのである（住宅総合保険普通保険約款 2 条 10 項）。

　救済費用特約は，被保険者に法律上の賠償責任がないことが認められた場合に，被保険者が被害者に支出する費用（被害者救済費用）を保険会社が支払う保険である。

b）被保険者

　被保険者は，①対人賠責条項の被保険者と同一の者（被保険者の使用者を除く）が被保険自動車を運転中である場合，および②被保険自動車の運転者の不在時に事故が生じた場合は被保険自動車の所有者である（同特約 3 条）。

c）保険事故

　保険事故の要件は，①被保険自動車に存在した欠陥またはハッキングなどにより被保険自動車に生じた異常な事象または動作により人身事故または物損事故が生じたこと，②その異常な事象または動作の原因となる事実がリコール，警察などの公の機関の調査・捜査などにより明らかであること，および③保険会社が，法令・判例などに照らして被保険者に法律上の賠償責任がなかったと認めることである（同特約 2 条）。

d）支払保険金

　①被保険者が被害者に生じた損害を負担すること，および②被害者が賠償義務者に有する損害賠償請求権を被保険者が取得することを，保険会社の承認を得て被保険者が委任した弁護士により被害者との間で書面による合意が成立したときは，保険会社は，「被害者救済費用」を支払う。「被害者救済費

用」とは，賠償義務者が被害者に賠償するとした場合に賠償義務者が支払うべき賠償額（自賠責保険などからの給付があるときはそれを差し引いた額）でそれを保険会社が認めた額をいう。

e) 検討

　①損害保険には，被保険利益の存在が不可欠であるが（保険法 3 条），被保険者が本来支払う必要がない（賠償義務を負わない）費用を被保険利益として構成することには無理がある。例えば，自動車保険の特約である弁護士費用特約も費用保険であるが，この特約においては，被保険者に弁護士を依頼する必要性および実態がある。

　しかし，被害者救済費用にこれと同程度の必要性があるとは思われない。池田裕輔氏は，東京海上社が行った「消費者アンケート」の結果を被保険利益が存在することの論拠とする。そのアンケートによれば，自動運転システムの不具合により事故が生じた場合，65％の運転者は，自分に法的責任がない場合でも自分の加入する保険を利用し被害者の請求に応じるとの回答結果があり，池田氏はこれを「社会通念」と捉え，それにより被保険利益が存在すると解する[39]。しかし，自動運転車事故が現実に生じるようになったときでも，社会通念が同様であるかは疑問である。

　②迅速な保険給付（被害者の救済）が困難である。本特約には，厳格な要件の保険事故および厳格な手続きによる支払保険金額の算定が定められている。これは，本来支払う必要がない損害を費用として保険金を支払う以上，当然の要件および手続きであるが，その反面，被害者の迅速な救済は困難になっている。

(3) 自動運転傷害保険

　肥塚肇雄教授は，自動運転車の人身事故について，「自動運転傷害保険」構想を提案する。肥塚構想の柱は，①自動車メーカーの製造物責任の免責および②自動運転傷害保険の創設である[40]。

---

39)　池田（2018）265 頁。
40)　肥塚（2018）87-89 頁。

a）製造物責任の免責

　自動運転車事故の原因の一部が自動車の欠陥であるときは，被害者に保険金を支払った保険会社は，製造物責任を負う自動車メーカーに対して求償することが可能である。しかし，その自動車の「欠陥」を証明することは困難であるから，保険会社が求償権を行使することは，事実上不可能である。そのため，実質的加害者リスクを負う自動車メーカーが賠償責任を負担しないという「矛盾」が生ずることになる。

　肥塚教授は，この矛盾を解消するために，自動車メーカーの製造物責任を免責するべきであると主張する。自動車メーカーが製造物責任の免責を受けるには，当該自動車が特別な「法定基準」（以下，「安全性基準」という）に適合している必要がある。安全性基準は，道路運送車両法第 3 章に定める「保安基準」と異なる特別な基準であり，それは，製造物責任法 2 条 2 項に定める「通常有すべき安全性」に係る基準である。個々の自動運転車が定期的に検査を受け安全性基準に適合するときは，その自動車のメーカーは，一定期間，人身損害について車両の構造上の欠陥を原因とする製造物責任を免れることができる。

b）自動運転傷害保険

　自動運転傷害保険は，傷害損害保険契約（保険法 2 条 7 号，34 条および 35 条）を「第三者のためにする傷害保険」の形式で，自動車メーカー（新車の場合）または車検業者（中古車の場合）が保険契約者となり（実質的な保険料負担者は自動車の所有者である），自動運転車の運行に起因して傷害を被った者を被保険者とする保険契約である。この保険の適用対象事故は，自動運転モード中に生じた事故に限られる。自動運転傷害保険の性質は，傷害損害保険契約であるが，自動車メーカーに対する請求権代位（保険法 25 条）は行われない（ただし，自動車メーカーは製造物責任の免責を受けている）。この保険は，自賠責保険の共同プールに近い形で，保険会社が「共同保険」として引き受ける。

　自動運転傷害保険と自賠責保険・人身傷害保険との関係については，今後の検討課題として，結論を留保している。

c) 検討

　自動運転傷害保険は，その給付内容や自賠責保険など現行の自動車保険との関係が明らかでないから，それを評価することは困難であるが，自動車メーカーの製造物責任免責については，次のような疑問がある。

　第 1 の疑問は，道路運送車両法に定める保安基準の「新規検査」および「継続検査」と「安全性基準」適合検査との関係である。前者の受検は，自動車使用者の義務（道路運送車両法 59 条，62 条）であるが，安全性基準の検査の受検は法定義務なのか，それが義務であるとすると，自動運転車の所有者は，両者の検査を受ける必要があるのかが不明である。

　第 2 の疑問は，製造物責任免責の利益を受ける者と安全性基準に適合するように自動車を整備する者とが別個の主体であることである。製造物責任を追及する立場にある自動車所有者の負担において行った整備によって，自動車メーカーが製造物責任免責の利益を受けることには，違和感がある。検査費用を自動車メーカーの負担とすることも可能であろうが，その場合には，自動車販売後に行われる「継続検査」の費用をどのような方法で自動車メーカーに負担させるかが実務上の問題となると思われる。

　第 3 に，製造物責任を免責するときは，自動車メーカーの自動運転装置の安全性を確保・向上するインセンティブが低下するおそれがあることである [41]。

　第 4 には，自動車メーカーの製造物責任を免責しない場合の賠償責任額が自動運転傷害保険の保険金額を超えるときでも，自動車メーカーは，その全額の免責の利益を受けることである。これは，自動運転傷害保険の保険金額のいかんによるが，例えば，それが現行の自賠責保険の保険金額と同額であるとすると，自動車メーカーの受ける利益が過大であるように思われる。

(4)　自動車事故補償保険

　堀田一吉教授は，「自動車事故補償保険」構想を提案する。堀田構想の中心は，①自動車事故の原因者集団がその財源を拠出し，単独事故（自損事故）

---

41)　肥塚教授は，事故自動車のメーカーの会社名および車種などの事故情報を公開することにより，そのインセンティブは確保されるとする（肥塚（2018）86 頁）。

による被害者も含め被害者を広く救済すること，②保険金が賠償責任の有無と無関係に給付されること（傷害保険化），および③政府もこの制度に対し財政的支出をすることにある[42]。

　堀田構想は，まだラフな素描であるので，それを検討することは困難であるが，一口にいうと，現行の労災保険に類似する保険制度であると思われる。この保険は，単独事故の被害者を救済の対象とし，傷害保険化するなど，積極的に評価することができる。この保険は，おそらく自賠責保険を代替する制度であると思われるが，そうだとすると，現行の運行供用者責任制度や任意保険との調整が残された課題である。

5　自動運転車損害賠償特別保障事業

　本節では，「（仮称）自動運転車損害賠償特別保障事業」（以下，「特別保障事業」という）構想を提案する。その趣旨および具体的内容は，次のとおりである。

(1)　問題の所在
　自動運転車事故が発生したときは，次のような問題が生ずると思われる。

①製造物責任証明の困難性　一般の消費者や損害保険会社が自動運転車の欠陥を証明することは，非常に困難である。すでに見たように，自動運転装置未装備の自動車の製造物責任を追及する訴訟においてさえ，原告はすべて敗訴といってもよい状態である。いわんや，高度な技術が集積する自動運転車の欠陥を非専門家が立証することは事実上不可能である。

②賠償責任の適正な分担　自賠法によれば，運行供用者が，第一次的な責任主体として条件付無過失責任を負い，運行供用者以外の者に賠償責任がある

ときは，その者に求償する法的構造になっている。しかし，製造物責任の証明は困難であるから，自動車に欠陥がある場合でも，運行供用者が賠償責任のすべてを負担する結果となる。この結果を是正するには，運行供用者以外の者を第一次的な責任主体とする必要があるだろう。

③**不可抗力事故被害者の救済**　自動運転車事故が不可抗力によって生じる場合がある。例えば，気象状況，路面の状態などが事故の原因であることもあるだろう。また，自動運転装置に 100 万分の 1 や 1,000 万分の 1 の確率でエラーが生ずることが避けられない場合に，これを欠陥と評価することはできないであろう [43]。

　しかし，これら不可抗力事故の被害者の救済を図らないときは，自動運転車は，社会に受け入れられないであろう。「医薬品副作用被害者救済制度」は 1979 年に発足したが，不可抗力による薬害被害者を救済する必要性として，「現行の民事責任のもとでは責任を追及できない副作用被害や民事責任を明らかにするのが困難な副作用があり，他方で疾病治療のためには医薬品の使用を避けることができない現実がある」と指摘する [44]。救済の必要性は，自動運転車の不可抗力事故の被害者についても同様であると思われる。

(2)　問題点の解消

　上記の問題点の解消を図るために，次のような制度を設置する。

①**第一次責任主体の創設**　法律に基づき，法人格を有する特別保障事業を設置し，これを自動運転車事故（人身事故）の第一次的な責任主体とする。これにより，運行供用者を第一次責任主体とする現行の制度を改正する。

②**製造物責任の証明**　自動車の欠陥の有無の認定は，自動運転装置について高度な専門知識をもつ者でなければ困難である。特別保障事業の損害調査業務は，その専門家と自賠責保険の知識をもつ専門家が共同で行う。この共同

---

43)　窪田（2018）175 頁。
44)　厚生省薬務局編（1982）61 頁。

体制により，製造物責任証明の困難性は克服されるものと思われる。

③社会的受容性の確保　自動運転車事故が不可抗力によって生じる場合は，民事責任の原則によれば，加害者は無責である。しかし，この事故の被害者を救済しなければ，自動運転車が社会的受容を得ることは不可能であろう。そこで，特別保障事業は，不可抗力事故の被害者も救済対象とする。

(3)　具体的な制度

　①現行の運行供用者責任および自賠責保険制度ならびに製造物責任制度は，これを維持する。これらは，長年の運用実績がある制度であるから，これらに修正を加えることは，必ずしも妥当だとはいえないからである。

　②法律に基づき，法人格を有する特別保障事業を設置する。特別保障事業は，自動運転車（レベル1からレベル5まで）が当事車両である事故を独占的に取り扱う。特別保障事業は，自動運転車事故を一手に受け付ける「窓口機関」とする。

　③損害の調査と事故原因の調査とを分離し，損害の調査が完了した時点で，被害者に，自賠責保険の支払基準に基づいて算定した損害を塡補する。このようにすることにより，被害者の迅速な救済を確保する。ただし，自損事故を故意に引き起こした者の損害は支払対象外であるから，その疑いのある事故については事故原因の調査が完了するまで支払いをまつ必要がある。また，自賠責保険では，被害者に7割以上の過失がある場合には，支払額を減額する必要があるから，外形的な事実から被害者に7割以上の過失があると判断する事故については，支払基準に基づき「仮払い」をする。2019年度重過失減額の適用を受けた事故は，約21,500件（自賠責保険支払件数約106万9,800件）であるから[45]，自動運転車事故についても，全体の2%程度の事故が重過失減額の適用を受けると予測される。

　事故原因の調査は，自賠責保険の調査業務に精通する者および自動運転装置の高度な専門知識を有する者を採用し，これらの者に共同調査を行わせる。

---

45)　損害保険料率算出機構（2021）35頁。

この共同調査により，国交省研究会報告書が指摘する「原因調査の自動車メーカーとの協力体制」が確立すると考えられる。

　賠償責任を負う者およびその寄与度の判定は，自動車メーカーおよび損害保険会社の代表と法律専門家の3者が構成する機関が行う。賠償責任を負う者およびその負担割合などが決定したときは，特別保障事業は，それらの者に対し，賠償額の支払いを請求する。特別保障事業が受け付けた事案の大多数は，この場合に該当すると思われる。そして，この場合には，特別保障事業は，最終的に賠償責任を負う者の「立替払い」的な機能をもつことになる。

　④特別保障事業の運営に必要な費用は，㋐損害および事故原因の調査費用，㋑最終的に賠償責任を負う者に対する求償に要する費用，および㋒不可抗力事故などの被害者に対する塡補金の費用である。

　特別保障事業の財源は，自賠責保険料の一部，自動車メーカーの負担金および国の拠出による。自賠責保険料および自動車メーカーの負担金を不可抗力事故被害者の救済に充てることは，賠償責任を負わない者に財産的負担を課すことになるから，憲法29条の「財産権の保障」に抵触するおそれがある。しかし，私権の制限は，その目的，必要性などを比較考量し容認されるか否かを判断すべきであると，一般に解されている。自動運転車事故の人身損害の救済は，社会的に必要な事柄であり，他方，運行供用者は自動運転車の運行により，また自動車メーカーはその販売によりそれぞれ利益を得ているのであるから，運行供用者および自動車メーカーに負担を課すことは，同条2項の「公共の福祉に適合」し容認されると思われる [46]。

　国は，運営費用の一部（上記の㋐および㋑の費用）を負担する。自動運転車は，今後重要な社会的インフラとなり，とくに高齢化が進む過疎地方では，不可欠な交通手段となる可能性があるからである [47]。

---

[46]　医薬品副作用被害者救済制度の発足時に，同様の議論が行われた（厚生省薬務局編（1982）71頁）。

[47]　高度情報通信ネットワーク社会推進戦略本部・官民データ活用推進会議（2021）21頁。

おわりに

　自動運転車事故の被害者の救済に関し生ずる問題は，①自動車の欠陥の証明困難性と②自動車メーカーに対する求償の困難性にある。これらの問題を解消するために，「(仮称) 自動運転車損害賠償特別保障事業」構想を提案した。今後，この構想が自動運転車事故の救済システムの検討に資することができれば幸いである。

＜参考文献＞　［ウェブサイトの最終閲覧日はすべて 2021 年 6 月 30 日］

池田裕輔（2018）「第Ⅱ部第 6 章　自動運転と保険」藤田友敬編『自動運転と法』有斐閣.

浦川道太郎（2017）「自動走行と民事責任」NBL1099 号.

窪田充見（2018）「第Ⅱ部第 3 章　自動運転と販売店・メーカーの責任」藤田友敬編『自動運転と法』有斐閣.

厚生省薬務局編（1982）『医薬品副作用被害者救済制度の解説』中央法規出版.

肥塚肇雄（2018）「自動運転車の民事責任と保険会社等のメーカー等に対する求償権行使に係る法的諸問題」『保険学雑誌』641 号，67-89 頁.

小塚荘一郎（2018）「第Ⅱ部第 5 章　自動車のソフトウェア化と民事責任」藤田友敬編『自動運転と法』有斐閣.

後藤元（2018）「第Ⅰ部第 4 章　自動運転をめぐるアメリカ法の状況」藤田友敬編『自動運転と法』有斐閣.

佐野誠（2016）『ノーフォルト自動車保険論』保険毎日新聞社.

佐野誠（2018a）「第Ⅱ部第 4 章　多数当事者間の責任の負担のあり方」藤田友敬編『自動運転と法』有斐閣.

佐野誠（2018b）「自動運転化と自動車事故被害者救済制度」『損保研究』80 巻 2 号，29-64 頁.

消費者庁消費者安全課編（2018）『逐条解説製造物責任法［第 2 版］』商事法務.

田島純蔵（2017）「第 4 章製造物責任」藤村和夫ほか編『実務交通事故訴訟大系第 2 巻責任と保険』ぎょうせい.

東京地裁民事交通訴訟研究会編（2014）『民事交通訴訟における過失相殺率の認定基準［全訂 5 版］』判例タイムズ社.

土庫澄子（2018）『逐条講義製造物責任法［第 2 版］』勁草書房.

堀田一吉（2020）『自動運転技術の進展が自動車保険事業に及ぼす影響』公益財団法人日本交通政策研究会（日交研シリーズ A-795）.

高度情報通信ネットワーク社会推進戦略本部・官民データ活用推進会議（2021）『官民

ITS 構想・ロードマップ』.（http://www.kantei.go.jp/jp/singi/it2/dai80/siryou3-2. pdf）

国土交通省自動車局（2018）『自動運転における損害賠償責任に関する研究会報告書』. （http://www.mlit.go.jp/common/001226452.pdf）

公益社団法人自動車技術会企画会議（2018）『JASO テクニカルペーパー 自動車用運転自動化システムのレベル分類及び定義 SAE J3016』.（http://www.jsae.or.jp/08std/ data/Driving Automation/jaso_tp18004-18.pdf）

損害保険料率算出機構（2021）『2020 年度（2019 年度統計）自動車保険の概況』』.（http:// www. giroj.or./publication/outline_j/j_2020.pdf#view=fitV）

第 5 章

自動運転と責任・補償

山野 嘉朗

はじめに

　本章では比較法的見地から，自動運転車による事故の民事責任と補償の構造について考察する。

　わが国では，これまで，自動運転に関する法改正がなされていることからドイツ法については多数の詳細な研究成果が明らかにされてきた[1]。また，アメリカ法についても複数の研究成果が見られるところである[2]。そのような状況に鑑み，本章ではそれらについてはとくに言及しない。

　他方，イギリスでも自動運転に関する新法が制定されており，その紹介もなされているが[3]，なお，別の角度からの分析の余地があるように思われる。また，フランスでは自動運転の試験走行に関する立法は見られるものの，ドイツやイギリスのような自動運転車による事故を想定した立法はとくに見られない。とはいえ，あるべき立法を模索する動きは始まっており，法律学者や実務家による研究成果が集積しつつある。

　そこで，本章では，イギリスとフランスに的を絞って紹介・分析を行うこととする。前者では特別法が構築した補償システムの分析を中心に叙述し，

---

1)　金岡（2017）44 頁，金岡（2020）25 頁，金岡（2021）55 頁，藤田編（2018）35 頁［金岡京子］，中山ほか編（2019）154 頁［柴田 龍］，吉本（2018）140 頁など。

2)　後藤（2017）50 頁，藤田編（2018）83 頁［後藤元］，鈴沖（2018）111 頁など。

3)　中山ほか編・前掲注（2）166 頁以下，芦田（2019）8 頁。

後者については注目すべき有力学説の内容を紹介・検討する。

1　イギリスの法状況

　イギリスでは，2018 年に，自動運転車・電気自動車法（Automated and Electric Vehicle Act 2018）が制定されている。そこで，まず自動車事故の補償に関する一般原則を紹介し，次いで，特別法の内容を紹介・分析する。

(1)　一般原則（自動運転車による事故を除く）
　イギリスの交通事故の損害賠償は過失責任主義を根拠としている。ただし，事実推定則（res ipsa loquitur）という判例法理の適用により，事実上は立証責任が転換されているので，その限りにおいては，わが国の自賠法 3 条の規律（条件付無過失責任，中間責任）と共通する。
　強制保険制度の根拠法は 1988 年道路交通法（Road Traffic Act: RTA）である。強制保険制度はサード・パーティ型であるから，自動車使用者の損害は保険保護の対象外である [4]。
　保険金額は人的損害については無制限，物的損害については 120 万ポンドとされている。わが国の自賠法 16 条 1 項のように保険会社を相手取って損害賠償を請求するという形での直接請求権は認められていない。しかし，被保険者（加害者）に対する判決獲得を前提に損害賠償額を請求するという形での直接請求権は認められている（もっとも，RTA でなく，2002 年欧州共同体＜保険者に対する権利＞規則によって認められる直接請求権も RTA の特則として存在する。これによれば，被保険者に対する判決獲得を条件とすることなく，直接請求権の行使が可能とされる）。無保険車による事故については，自動車保険機構（MIB: Motor Insurers' Bureau）が保障事業を行っている。

---

4)　イギリスの交通事故補償制度については，榎木（2018）93 頁以下参照。

(2)　自動運転車による事故の特則（自動運転車・電気自動車法（2018 年））

　自動運転車・電気自動車法（2018 年）（以下，AEVA 2018）は自動運転車による事故と保険会社の責任等に関する規定（第 1 部＜ Part 1 ＞）と電気自動車の普及に向けた法整備の規定（第 2 部＜ Part 2 ＞）を軸として構成されている。ここでは第 1 部に的を絞る。

1)　基本構造

　AEVA 2018 は，基本的にレベル 4 以上の自動運転車に適用される（それ以外は，RTA が適用される）。

　AEVA 2018 第 2 条は自動運転車が，イギリス国内の道路またはその他の公共の場所で惹起した事故に関する保険者等の責任について規定する。

　まず，当該自動車が事故発生時に付保されていて，かつ，当該事故の結果として被保険者 5) その他の者が損害を被ったときは，当該保険者が損害塡補責任を負う。

　次に，強制保険の適用が免除されているために RTA 第 143 条が事故発生当時適用にならない場合には，自動車の所有者が損害塡補責任を負う。

　この場合の損害とは，死亡，人身傷害および財産損害を意味する。ただし，次の財産損害は対象外である。

a) 自動運転車

b) 自動運転車またはそのトレーラー（連結の有無を問わない）の中もしくは上に有償で運送された物品

c) 被保険者または事故発生時に自動運転車を管理する者の監視下もしくは支配下にある財産

　RTA では自動車使用者の損害が強制保険の保護の対象外とされているのに対し，AEVA 2018 では同損害をも保護の対象としている。自動運転車による事故は人の過失ではなく，同車両自体によって生じるからである。ただ

---

5)　この法律にいう被保険者とは，自動車の使用が当該保険契約で担保されている者を意味する（AEVA 2018 第 8 条）。

し，被保険自動車，搬送されている物品ならびに被保険者または事故発生時に自動運転車の管理を任されていた者の保管・管理下にある財産は対象外とされている。したがって，それらの損害を担保するには，ファースト・パーティ型の損害保険（車両保険）を付保する必要がある。

　AEVA 2018 は被保険者の過失責任を前提としない保険者の法的責任を認めたうえで，事故の責任を負うべき者（自動車の製造業者，ソフトウェアのサプライヤーなど）への求償を認めている（AEVA2018 第 5 条）。同法は過失責任を前提としていないので，被害者の保険者への直接請求権は当然に認められる。

2)　免責事由

　RTA では，強制保険における約定免責条項を厳格に制限しているが，AEVA 2018 は，①ソフトウェアに対して許可されていない変更を行ったこと，②要求されているソフトウェアの更新を怠った直接の結果としての事故により被保険者に生じた損害を約定免責事由とすることを認めている（AEVA2018 第 4 条第 1 項）。上記①，②の事情がある場合でも，被保険者以外の者が被った損害については，保険者は免責されないが，それらの者に対して賠償金を支払った保険者は被保険者に対して求償権を行使することができる（AEVA2018 第 4 条第 3 項・第 4 項）。ただし，保険契約者ではない被保険者に対する求償権の行使については，事故発生時に同人がソフトウェアの変更が禁止されていることを知っていた場合に限り適用される（AEVA2018 第 4 条第 5 項）。

3)　適用除外

　レベル 4 以上の自動運転車であっても，次の場合には RTA が適用される。

①システムではなく，人が運転操作をしていた場合。
②自動運転を開始させることが不適切なときに人が自動運転を開始させ，もっぱら同人の過失によって事故が発生した場合。
　ちなみに，RTA は自動車の使用に起因する損害または使用の結果として

生じた損害を対象としており，それは運転時の事故に限定されないことが明らかであるのに対し，AVEA2018 は，法文上，事故が自動運転車の運転時に当該車両に起因して生じ，その結果として被った損害を対象としていることから，運転時に適用が制限されるとの解釈も成り立ちうるが，なお検討の余地がある[6]。

4)　保険法的性質

AEVA 2018 は，これまでに構築された強制自動車保険制度に自動運転車の特性を考慮して，サード・パーティ型保険という基本構造を維持しつつ，一定の修正を加えている。すなわち，加害者の過失責任を前提としない，保険者による直接補償システムの導入である。自動運転車による人身事故の被害者は，それが車外の第三者であれ，車内の利用者であれ，自動運転車につき付保する保険者から補償を受けることができる。

　このような側面に着目すると，この保険の法的性質は「自己または不特定第三者のための損害保険[7]」に類似する。しかしながら，なお責任保険構成が維持されていると考えられる。この保険で保護される被害者は被保険者または第三被害者である。この保険が「自己または不特定第三者のための損害保険」であれば第三被害者も被保険者とされる必要があるが，この法律の中にそのような規定は見出せない。

　この法律に言う被保険者とは，自動運転車に付された保険によって担保される自動車のユーザーである。他方，保険者の責任はイギリスの道路その他公共の場所において事故が自動運転車自体に起因する場合に生じる。すなわち，事故の主体は運転者ではなく自動運転車である。法文上は明確でないが，

---

6)　Gürses（2020），at 13.13.

7)　このような形態の保険として，わが国では，あいおいニッセイ同和損保および AIG 損保の自動車保険の特約である対歩行者等事故傷害特約がある。この保険は，加害者の人身傷害保険の適用対象外である被害者（歩行者・自転車搭乗者）を被保険者として，加害者の対人賠償責任保険の保護が及ばない被害者の人身損害額（過失相殺によって減額された額）を人身傷害保険金として支払うというものである。ちなみに，自動車保険ではないが，スキー場総合保険のスキー場入場者特別約款（三井住友海上）では，スキー場営業者が契約者となり，スキー場入場者を被保険者としてその賠償責任を担保するとともに，被保険者自身の傷害につき保険給付（定額給付）を行うものとされている。

この場合のユーザーは自動運転車自体あるいはこれを作動させている AI と観念することができよう[8]。RTA に基づいて保険者に対し直接請求権を行使するには自動車のユーザーの法的責任が立証されている必要があるが，AVEA2018 第 2 条第 1 項は過失責任とは無関係に保険給付が行われると規定している。

　自然人でない AI を被告として損害賠償責任を追及することは不可能なので，保険者がその責任を負担することになるが，最終的な責任が自動車の製造業者等に認められる場合は，保険者はそれらの者に対して求償権を行使することができる[9]。この保険は，要するに，AI の責任を前提とした（AI を法的責任主体と擬制した）責任保険と見ることができよう。これは被保険自動車のユーザーという概念を AI にまで拡大したということであろう。

5）　寄与過失（過失相殺）

　賠償額の算定に際しては被害者の過失が考慮される（寄与過失という概念で処理されるが，実質は過失相殺）。その根拠法は 1945 年修正法（寄与過失）である。過失相殺は，AEVA2018 でも適用される[10]。

　この場合，被害者と自動運転車の寄与度（過失割合）が問題となるが，AEVA 2018 は，自動車の動作（behavior）[11] をヒトの過失と同等に扱っている[12]。前述したとおり，AEVA 2018 では，明示的にではないが，AI をユーザーと擬人化して（法的に擬制して）その法的責任を強制保険者が担保するという仕組みを採用している。自動運転車に法的な人格を付与するというと

---

8)　Gürses（2020），at 13.14.

9)　*Ibid.*

10)　事故に関し，保険者または車両所有者が被害者に対して責任を負い，かつ，当該事故がまたはこれにより生じた損害の発生に被害者に加担するときは，1945 年修正法（寄与過失）に従い寄与過失が適用される（AEVA2018 第 3 条第 1 項）。

11)　具体的には自動運転車の欠陥・故障などを意味するのであろうか。

12)　本法第 3 条第 1 項の適用にあたっては，1945 年修正法（寄与過失）および 1976 年重大事故法第 5 条（寄与過失）が，自動車の動作が，本法第 2 条により損害填補責任を負担させられた者（保険者）の過失であるかのように適用される（AEVA 2018 第 6 条第 3 項）。これは法文としてはやや不明確であるが，端的には，自動運転車の動作を責任主体である保険者の過失とみなすということであろう。

ころまでは行っていないものの，自動運転車があたかも過失を犯しているかのごとく扱っているという点で，電子法人格に類似する発想が取り入れられているようである。

　過失はヒトの主観的な要素であるから，自動運転車というモノに過失を認めることはできないはずである。したがって，従来の法制度のもとでは過失相殺は適用できないであろう。そこで，このような立法に至ったものと解される。もっとも，適用に際しては種々の問題が生じそうである [13]。

　わが国でも，完全自動運転車が関与する衝突事故が起こりうるが，その場合の賠償負担の公平性が問題となる。法的には，被害者側の過失の法理の適用や自動運転車の欠陥を素因と捉えて過失相殺の類推適用も考えられないわけではないが [14]，前者については論理の飛躍と批判されうるし，ヒトではなくモノである自動運転車について過失相殺の類推適用を単純に認めることには相当に無理があろう。そうであるならば，過度に技巧的な解釈論に頼るのではなく，AEVA 2018 のような割り切った立法政策が参考になろう。

6)　無保険車事故

　当該自動運転車が無保険の場合は AEVA 2018 の適用は不可能である。前述したとおり，AEVA 2018 は，加害者の過失責任を前提としない保険者による直接補償のシステムであるが，このシステムが機能しないことになる。MIB は RTA をベースとするものであるから，その場合には，従来型のシステムすなわち過失責任主義に回帰することになろう。そうなると，被害者は

---

13)　AI（ヒトとみなされた存在）とヒト（自然人）の過失割合の評価は必ずしも容易ではなかろう。例えば，LiDAR 搭載の自動運転車（LiDAR の仕組みについては本書第3章2節参照）と無灯火の自転車が接触するという事故の場合，自動運転車の側は無灯火の影響を受けないと考えられるが，この場合に過失割合はどのように評価されるのであろうか（中山ほか編 2019，169頁（注50））。

14)　この問題について，中山ほか編（2019）216頁［佐野誠］は，自動運転車の欠陥について，これは被害者の過失ではないが，加害者との関係では被害者側の事情であるから，素因減額と同様，民法722条2項（過失相殺）を類推適用することが考えられると指摘する。しかし，素因の主体はヒトであるからヒトの過失に適用される過失相殺の規定の類推は認めうるが，モノという主体にまでそのような類推が可能かは必ずしも明らかでない。

加害者側の過失を証明しなければならないことになる（加害者側には，自動車のユーザー以外に自動車の製造業者等も含まれるが，後者の責任はMIBによって担保されない）。このように，無保険車事故の場合には被害者が不利な立場に置かれるおそれがあるので，無保険車事故に備えて，MIBが関与できる要件についての立法的手当が必要となろう。

7)　総括

　以上を簡単にまとめてみたい。イギリスでは，完全自動運転車による事故についても責任保険制度を維持している。ただ，これは従来型のものとは大きく異なる。まず，責任主体をヒトであるユーザーからAIにまで拡大している。ただし，これに法的な人格を認めているわけではない。AIが仮想的な責任主体である以上，被保険者である運転者の保険保護も認められることになる。なぜならば，AIが被害運転者に対して損害賠償責任を負担し，これを強制保険者が担保しているからである。ただし，法文上，それが明示されているわけではない。保険としてはサード・パーティ型ではあるが，その効果はファースト・パーティ型に類似する。

　このような仕組みを採用した理由は，被害者保護の迅速化にある。被害者に自動運転車の欠陥を追及させることは，時間とコストを強いることにつながる。それよりは，自動運転車に付保する強制保険者に第一義的責任を負担させるのが望ましいという価値判断である。ほかに，有責者が存在する場合は，保険者がこれを見出して，責任追及し，求償権を行使すればよい。

　AIを擬人化する以上，過失相殺が適用される場面においても，AIの過失と被害者の過失が比較検討されることになる。完全自動運転車が普及する前に，このような立法を急いだ理由は不明であるが，内容は大変興味深く，示唆に富んでいるように思われる。ただし，仕組み自体には不明な部分も見られ，拙速の感がないわけではない。将来的には，問題点を踏まえ，さらなる法改正が検討される必要があろう。

2　フランスの法状況

　フランスでは，ドイツやイギリスのような立法は見られないが，自動運転車の試験走行に関する規律は設けられている。まず，2015 年 8 月 17 日に，「エネルギーの移行に関する法律」により自動運転車の試験走行に関するルールが設けられた。そして，2018 年にはこれに関する政令と施行規則により細則が認められ，その枠組みが明らかにされた。それによると，立法者は車内に自然人であるヒトが運転者として乗車していることを原則としつつ，例外として，自動車をコントロールでき，かつ，いつでもその操作を再開できることを条件としてヒトが自動車外部にいることを認めている [15]。

　フランスでも，自動運転車による事故はすでに発生している。パリ市デファンスの広場で自動運転のシャトルバスが低速での試験運転中に歩行者との衝突事故を起こしている（ただし，人的被害は認められず，また，事故原因はシステムの欠陥ではなくヒューマンエラーであることが確認されている）。このように，被害者が道路に飛び出すことがある以上，自動運転車による事故の発生は回避できないであろう。そこで，近年，自動運転車による事故の法制度についての議論が活発に展開されている。

　まず，議論の前提として，交通事故に関する基本的な法制度について略説し，次いで，議論の内容を紹介したい。

(1)　現行法制度（交通事故法と民法）

1)　責任制度

　フランスにおける自動車事故の賠償責任は，1985 年 7 月 5 日法（以下，「交通事故法」）が規律する。同法は賠償責任に関する普通法（民法）の特別法であって，原動機付陸上車両（自動車）が関与した交通事故の補償ルールを規定する。この法律により，加害者は不可抗力や第三者の行為という免責事由を主張することができなくなった。また，被害運転者を除く人身事故被害者

---

15)　山野（2019）79 頁以下参照。

に対し過失相殺（責任分割）を主張することもできない（被害運転者に対しては可能。物的損害についても同様）16)。

　ちなみに，運転者の保護および適用車両の範囲を拡大する法改革案（この法案では交通事故法の規定が民法典に組み込まれる）を司法省がすでに公表しているが（2016年・2017年）17)，しばらく保留されていた。2020年になって審議が開始されたものの，現時点において，交通事故法の改正は実現しそうにない18)。

　被害者は，加害運転者の過失や自動車所有者の物の保管に基づく責任を追及する必要はない。被害者は，原動機付陸上車両が関与した事故によって損害を被ったことだけを立証すればよい。関与という概念は従来の相当因果関係の枠組みを超えるものである。

　関与が認められるためには，自動車が走行していることは必要でないし，駐車車両が交通を妨害している必要もない（妨害は相当因果関係や過失と結びつく）。また，接触も不要である。ただ，それが事故の発生に何らかの役割を果たしていればよい。役割が果たされていなければ関与は認められない（破毀院刑事部2017年6月28日判決）。

　伝統的な過失責任主義によれば，自動運転車側の加害者を特定し，その責任を追及しつつ，事故と損害との因果関係を立証しなければならない。しかし，交通事故法では自動運転車が関与した結果，損害を被ったことを立証すれば（関与および事故と損害の因果関係の立証責任は被害者が負担する），同車両に付保する義務的自動車保険の保険者に対して，賠償額の直接請求権を行使できる。

　交通事故法の目的は，事故の加害者に対して責任を追及するのが目的では

16)　堀田・山野編（2015）160頁以下［山野嘉朗］参照。

17)　山野（2018）149頁以下参照。

18)　同法律案については2020年7月以降，本格的な審議が再開されたようである（*Jurisp. Auto.* 2020. n°931, p. 6）。しかしながら，意見が対立した結果，上院において妥協的な議員立法案（2020年7月29日付立法案＜（Proposition de loi portant réforme de la responsabilité civile enregistré à la Présidence du Sénat le 29 juillet 2020）＞）が提出された。同立法案によると，運転者の地位の改善を図ったうえで交通事故法の内容を民法典に組み入れるという部分は削除されているが，目玉とも言える部分が削除されている点で，立法における責任放棄であると学説から批判されている（Bloch 2020）。

なく，その責任を担保する義務保険制度の保険者から被害者に補償を受けさせることにある[19]。このように，交通事故法は，責任という形式を利用しているにすぎないのであって，本来の民事責任体系におけるそれとは異なるものであることに留意すべきである。したがって，関与概念は，自動運転車の導入になじむであろう。

しかしながら，形式的とはいえ，交通事故法は運転者または保管者の責任を前提としたシステムを採用しているので，自動運転との関係でそれらの概念が問題となる。この点については後述する。

2)　保険制度

義務的自動車保険制度に関する規律は保険法典の中に規定されている。保険金額は人身損害については無制限であるが，物的損害については，被害者の数にかかわらず，事故ごとに 100 万ユーロを下回ることはできないとされている（保険法典 R.211-7 条）。

3)　保証基金制度

加害者不明の事故や無保険車事故の補償は，義務的損害保険保証基金（Fonds de garantie des assurances obligatoires de dommages: FGAOD）によって行われる（補償金額は人身損害については無制限，物的損害については事故ごとに 122 万ユーロを限度とする）。

自動運転車がテロに使われた場合にはどのような処理がなされるか。そのような行為は交通事故法が前提としている「交通事故」には該当しないので，被害者は民法（損害賠償法）に従いテロリストに対して損害賠償を求めざるを得ないが，賠償資力の問題がある。そこで，人身被害者は，テロ行為およびその他の犯罪行為の保証基金（FGTI: Fonds de Garantie des Victimes des actes de Terrorisme et d'autres infractions）に補償を求めることになる。

---

19)　Viney et autres（2017）p. 114.

4)　交通事故紛争処理システム

交通事故法は保険会社に対し一定期間内に賠償金額申し出義務を課すという形で，迅速な示談解決のシステムを構築している [20]。同様のシステムは保証基金にも適用されている。

(2)　自動運転と法制度案

自動運転車による事故の補償に関しては，民法（一般法）という規範によって解決できるかという問題がある。そこで考えられるのが，これを所有する者の責任である。この場合，これまで発展を遂げてきた無生物責任法理（改正前民法典第 1384 条＜現行民法典第 1242 条＞）の適用が検討される。判例理論に従うと，構造の保管（garde de la structure）と行為の保管（garde du comportement）のいずれが自動運転車に適用されるべきかという理論的な問題に直面するが，自動運転車について明快な基準を見出すことは困難であるうえ，自動運転車による事故が基本的には設計者側の原因で起こるのであるから，所有者に責任を課すことは公平ではなかろう [21]。したがって，自動運転車による事故の補償の問題を民法の適用によって解決することは適切ではない。

そこで，次のような特別な法制度案が考えられると指摘されている [22]。

1)　ロボット法人格（電子法人格）

自動運転車という一種のロボットに法的人格（電子法人格）（legal status for robots（legal status of an electronic person））を認めることが議論されている。すなわち，ロボット（自動運転車）をヒトが使用する単なる客体としてではなく，それ自体を賠償責任の主体とするという考え方である。そして，このロボットに責任保険の加入を義務づけることによって，自動運転車が惹起した交通事故の被害者を補償しようとするものである。

このような発想は，欧州議会・法務委員会報告に着想を得ているようであ

---

20)　賠償金額申し出規定は，その後，保険法典に組み入れられている。
21)　Coulon（2016）p. 18.
22)　Andreu（2018）p. 64 et s.

る。2016 年 5 月 31 日付の報告草案（Draft Report with recommendations to the Commission on Civil Law Rules on Robots）の民事責任に関する部分では，自律型ロボット（autonomous robots）に，賠償責任を含め，特定の権利義務を付与すべきか否かを検討することを提言している[23]。同委員会は，2017年 1 月 27 日付の報告書（Report with recommendations to the Commission on Civil Law Rules on Robots）において，欧州委員会が以下の点について検討することを要請している。

①ロボットによって生じた損害を担保する強制保険制度の確立。

②①を補完する補償基金制度（compensation fund）の創設。

③ロボットによる損害を補償するための補償基金に拠出しているか，これを補償する保険に共同で加入している製造業者，プログラマー，所有者または使用者に有限責任を享受することを認める。

④すべての自律型スマートロボットのための総合基金の創設，または個別のロボット分野に対する個別基金を創設するか否かを決定する。また，ロボットが市場に投入された際の 1 回の拠出金かロボットの稼働期間における定期的な拠出金とするかについても決定する。

⑤ロボットとその基金のリンクが特定の EU レジスターに表示される個別登録番号によって認識できるよう確保する。この登録番号は，基金の性質，財産に損害を加えた場合の責任の範囲，拠出者の氏名と役割ならびにその他関連する詳細情報について，ロボットと交流する誰もが情報提供を受けることを可能とするものである。

⑥最終的には，ロボットに固有の法人格を創出して，少なくとも最も洗練された自律型ロボット（the most sophisticated autonomous robots）については自ら惹起した損害の賠償責任を負担するために電子法人格を付与する。電子法人格は，ロボットが自律的意思決定を行うか，第三者と独立して交流する場合に適用しうる。

---

23)　この草案については，小塚（2019）209 頁以下参照。

　しかしながら，このような提案に対しては異論が少なくない。例えば，2018 年 4 月 3 日 付 の 公 開 書 簡（Open Letter to the European Commission Artificial Intelligence and Robotics）では，複数の理由を挙げてこれに反対している。とくに注目すべき理由は，「ロボットの法的地位は，法人モデルから導くことはできない。なぜならば，法人モデルは，法人の背後に，法人を代表し，かつ，指揮する自然人の存在を含むからである。そして，これはロボットの場合には当てはまらない。」というものである。

　上記提案は，ロボット自体がその購入価格または提供したサービスの対価として得た報酬の一部を享有し，自ら保険契約を締結しうるという見方を採用しているようである。そして，損害を惹起した場合には，ロボットが被害者に直接賠償できるということで，それをメリットと考えているようである。ロボットの行為の責任を明確にするという意味で電子法人格を与えるという主張も理解できないわけではないが，公開書簡に見られるように，法人は企業体が行う活動の法律関係を簡素化するために考えられた法的な仕組みであって，実際にこれを動かしているのは自然人である。ロボット自体に帰責させることによって，所有者や製造業者の責任は免除されることになるが，ロボット自体の賠償資力の問題があり（責任保険でカバーされれば十分なのであろうか），その是非も問題となろう。

　ロボットが事故を惹起した場合，これはロボット自体の過失を前提とするのであろうか。しかし，その場合の過失とは何か。ロボットが事故を起こす場合，それはロボットに生じた何らかの不具合によるものと考えられる。従来の法体系においては，それはハッキングなどの第三者の違法行為や製造業者の設計ミスに起因するので，第三者に対する不法行為責任または製造業者の製造物責任が問題とされる。これを，ロボットの過失に帰責するのは，法体系上無理があると言わざるを得ないのであって，フランスにおいても，このような構成が今後支持されていくとは思えない。

　もっとも，すでに指摘したとおり，イギリスでは，過失相殺の適用に際し，ロボットの動作をヒトの過失と同一視する立法を実現しているのであるから，このような発想もあながち否定できまい。

2)　特別賠償制度

特別法や民法の特則による解決も考えられる。例えば，フランスではロープウェイ，航空機，タンカーあるいは原動機付陸上車両に関する特別法が存在するが，これに新たな法制度を加えるというものである。例えば，自動運転車の製造業者に無過失責任を課すという制度が考えられるが，欧州の法制度との調和の関係で問題が生じると指摘されている [24]。次に現行の製造物責任法制（民法典第 1245 条以下）による解決について検討する必要がある。この点については次のような限界が指摘されている。第 1 に，自動運転車の扱いや情報伝達のミスに起因する場合に製造業者に責任を負わせるべきかという問題がある。第 2 に，欠陥の立証責任が被害者側にあるという問題がある。第 3 に，製造業者による開発危険の抗弁が適用されて，賠償責任が認められない場合もありうる [25]。

3)　特別保証基金

フランスでは，医療事故の被害者やテロ行為の被害者を補償するための各種保証基金制度が存在するが，これに加え，自動運転車による事故の被害者を救済するための特別な保証基金制度の創設ないし現行保証基金制度の拡充という考え方もある。

以下，この見解の要旨を紹介する [26]。

自動運転車による事故の責任は，潜在的に少なくとも 5 つの関与者に対して追及しうる（自動車運転者，自動車メーカー，インフラを整備する公共団体，自動運転車の走行を認可する国家，場合によっては道路の標識などを設置する業者）のであって，誰が最終的な責任者であるかを見出すのはきわめて困難である。責任システムによれば，管理に基づく責任，欠陥製品に基づく責任，リスクに基づく責任という形で，関係者に責任を負担させる必要がある。し

---

24)　Andreu（2018）p. 65.
25)　Coulon（2016）p. 20.
26)　Monot-Fouletier et Clément（2018）p.129 を参照。この見解が人身損害だけを対象としているのか，物的損害をも対象としているのかは，必ずしも明らかではない。しかし，この見解が依拠している保証基金制度は双方を対象としているので，物的損害をも対象としているのではあるまいか。

かし，それらの者の関与は複雑かつ連鎖的であり，損害の発生に対する寄与度を予測することは困難である。したがって，自動運転車に起因する損害を補償するためには，伝統的な責任制度から脱却した保障制度を考えなければならない。この保障制度は保険と連帯のメカニズムに依拠することになる。これは，各人がすべての人の利益に従うという形でリスクを社会的に負担するものである。被害者の補償については，その中核に個人間の衡平性を置くのではなく，集団の潜在的負担に依拠するのである（責任原則から保障原則）。自動交通において補償されるべき損害の性質に関しては，複雑なシステムによる損害の外部性ならびにその損害の重大性・異常性を考慮すべきである。

　被害者を保護するには，アルゴリズムによる偶然性の直接的な社会化を実現することが必要であるが，その一方で，関与者の責任を度外視することも妥当ではない。現行基金制度の財源は主として自動車保険者および保険契約者の拠出金（保険料の一部）である。

　しかし，現状のままでは，製造業者等が無責とされ，公平に反する結果が生じかねない。そこで，それらの関与者にも拠出を義務づけることが必要となる。すなわち，自動運転車の開発関係者と複雑なシステムを正しく管理すべき者に対し毎年の拠出を義務づけることになる。そしてその金額は，拠出者が寄与するシステムが関わる事故の発生率に応じて決定される。その結果，システムの利用者に自動車の保有コストの増大という危険を負担させるおそれがあるが，そもそも自動走行中の事故発生率は低く，拠出金額は比較的限定されるので，利用者や自動走行市場の発展に不利益を与えることはほとんどないであろう。

　この制度は，公共財政の投入なく，自動運転車に関与する者の間で危険を分散できるというメリットがある。すなわち，危険の原因に直接関わる者の間で危険の私的共有化を実現しているのである。

　この見解に対しては，次のような批判が加えられている[27]。

　①どの種類の自動運転車が対象となるのか。

---

27)　Andreu（2018）p. 65 et 66.

②ヒトの過失でなく自動操縦のソフトが事故の原因であることをどのよう
　に確認するのか。
③自動運転車以外の事故の被害者と自動運転車が関与した事故の被害者と
　の間で生じる扱いの違いを正当化できるのか。

　上記批判はあるもののこの見解は傾聴に値するように思われる。既存の保
証基金制度の機能を一部拡大すればよいということであるから（完全自動運
転車以外の交通事故については既存の制度が適用される），ゼロからの制度設計
よりも効率的である。ただ，関与者の拠出割合の決定は容易ではないと考え
られる。その点は今後の検討課題であろう。

　4)　直接保険制度（ファースト・パーティ保険制度）
　責任保険制度から脱却して，ファースト・パーティ保険制度（ノーフォー
ルト保険）によって交通事故被害者を救済すべきであると，フランスにおい
て古くから強く主張されてきた。この保険制度を採用すれば，加害者の責任
は問題とならないので，自動運転車の運転者資格などを論じる必要がないし，
過失相殺の適用も問題とならない。また，自損事故の場合の補償も可能とな
る。この保険では，潜在的な被害者が保険料を負担することになる。しかし，
自動運転車による事故のリスクを創出しているのは製造業者側であるのに，
なぜ被害者側が保険会社による同リスク負担の対価としての保険料を負担し
なければならないのかという疑問も生じる[28]。

(3)　自動運転と現行法制度
　以上，検討したとおり，自動運転車による事故に特化した法制度の構想に
はさまざまな問題点がある。次に，現行法制度による被害者救済の可能性お
よび現行法制度の限界および再編について検討する必要がある。コスト的に
考えて，現行制度の一部修正で済めばそれに越したことはないであろう[29]。

---

28)　Andreu（2018）p. 67.
29)　Andreu（2018）p. 67, Coulon（2016）p. 21 参照。

1）整合性

　交通事故法は，原動機付陸上車両について定義していないので，自動運転車は保険法典 L.211-1 条の法的定義を参照することになる。自動運転車は，人または物の運送のための自動推進の原動機を備えている以上，この法的定義に反することにはならない。したがって，自動運転車という車両自体には交通事故法および保険法典の適用が可能と解される [30]。

　自動運転車は現行保険法のもとで，後述する運転者概念の修正を前提に義務的自動車保険制度の対象とされうる。ハッカーによる事故の場合も，同車両が事故に関与しているかぎり交通事故法が適用される。交通事故法によれば，自動車の所有者は第三者の行為（ハッキング）を主張することができない。換言すれば，ハッキングによる交通事故は自分の責任ではなく，ハッカーの責任であるということを法的に主張できないのである。したがって，被害者は関与車両の保険者に対して賠償額の支払いを求めることが可能となる [31]。

　以上から，交通事故被害者の補償に優れたフランスの交通事故法によるシステムと自動運転車による事故は基本的に整合するが，形式的な責任主体である加害者たる運転者については若干の修正を施す必要がある。

2）法改正案

　車外にいて自動運転車を作動させている者を運転者と解することは困難であるから，これを運転者とみなすという規定を設けることが考えられる（運転者の擬制規定の創設 [32]）。

交通事故法第2条

　本法第1条にいう車両の運転者または保管者は，運転者を含む被害者に対し不可抗力または第三者の行為を主張することができない。

　原動機付陸上車両の自動運転システムを作動させる者は運転者とみなす。

30）　Vingiano-Viricel（2019）p. 147.
31）　Bensamoun et Loiseau (ss. dir.)（2019）p. 116 et 117.
32）　Andreu（2018）p. 67.

　交通事故法においては，被害運転者は過失相殺を主張されうる。しかしながら，自動運転車の動作を制御できない運転者について，自動車の速度超過という過失の要素や進路選択上の過失を考慮することはできないであろう。他方，自動運転車の動作を制御できる立場にあれば，速度超過や進路選択上の過失は運転者の過失と評価されるであろう。そこで，次のような改正案が考えられる。

交通事故法第4条

　原動機付陸上車両の運転者が犯した過失により，運転者は被った損害の賠償を制限または排除される。

　本項は，事故発生時に自動運転車の動作の制御が認められていない自動運転車の運転者には適用されない。

　なお，製造業者を運転者とみなすという法文も理論的にはありえようが，論理に飛躍がありそうである。

　他方，保険法典 L.211-1 条第2項および R.211-2 条では「車両の許諾の有無を問わず，車両を管理または運転する者」が被保険者と規定されている。したがって，自動運転車の利用者を被保険者と解することは可能であろう[33]。

　ちなみに，義務的自動車保険制度はサード・パーティ型であるから，上記改正案によっても自損事故の被害運転者は補償されない。かかるリスクに対しては，任意保険（損害塡補型の運転者傷害保険）を付保することになる[34]。また，義務的自動車保険の保険者が被害者に対する損害の塡補後に，自動運転車の欠陥を理由にメーカーなどに対して求償権を行使することは可能である（保険法典 L.121-12 条）。ただし，製造物責任の要件である欠陥の立証責任は保険者にあるので，支払金額の回収は容易ではなかろう[35]。

---

33)　Vingiano-Viricel（2019）p. 45 et 46.
34)　その場合は，保険約款で運転者の定義を修正する必要があろう。ちなみに，損害塡補型の自動車傷害保険はフランスでは早くから普及している。
35)　Vingiano-Viricel（2019）p. 75 以下参照。

3)　今後の展望

　以上解説したとおり，フランスでは理論的な検討が行われている段階に
あって，具体的な法改正作業には着手していない。ただ，学説が示す方向性
としては，①現行法制を基本として，一部の文言修正を行う案と，②保証基
金制度の機能の拡大が有力と思われる。①の場合は，自動運転車の欠陥によっ
て人身被害を受けた運転者（自動運転車の利用者）は強制保険の保護が受け
られず，任意保険（運転者傷害保険）を付保せざるを得ない。また，物損事
故については，交通事故法で過失相殺が適用されるが，システムの欠陥が原
因である場合に，いかなる法的対応をとるかは残された課題と言える。他方，
②は，責任システムから離脱した自動運転車の関係者による集団保障システ
ムを構築しようというものであるから，被害者保護という観点からは望まし
いものと考えられる。しかし，すでに指摘されているように，自動運転車以
外の一般自動車の事故の被害者集団との公平や関係者の拠出割合の決定など
の問題を克服する必要がある。

おわりに

　わが国でも，自動運転車の事故の補償に関する研究が進んでおり，多くの
研究成果が公表されているが[36]，中でも国土交通省が主催する研究会の報
告書が注目される。同報告書では，①従来の運行供用者責任を維持しつつ，
保険会社などによる自動車メーカーに対する求償権行使の実効性確保のため
の仕組みを検討，②従来の運行供用者責任を維持しつつ，新たに自動車メー
カーなどに，自賠責保険料としてあらかじめ一定の負担を求める仕組みを検
討，③従来の運行供用者責任を維持しつつ，自動運システム利用中の事故に
ついては，新たにシステム供用者責任という概念を設け自動車メーカーなど
に無過失責任を負担させることを検討（すべてのレベルの自動運転に自賠法を
適用することを前提とする）という3つの案が示されている。結論としては，

---

36)　わが国の状況については，本書第4章4節参照。

レベル 4 までの自動運転車に関しては，①案が適当と結論づけられている。この案に対しては，欧米の民事責任の動向とも一致しており，自賠法および自賠法のもとでの自動車保険制度に無用の混乱を与えない点からも妥当であるとの指摘が見られる [37]。

　しかし，次のような問題点も指摘されている。まず，運行供用者を被害者との関係で第一次的な責任主体とする場合，被害者に対して賠償した運行供用者は，多くのケースで自動運転車の構造上の欠陥・機能の障害を理由として，自動車メーカーなどに対して求償することが可能であるが，これに伴う求償費用の増大ならびに運行供用者が自己のコントロール不能のリスクを負担させられてしまうことになる [38]。また，自賠法・製造物責任法に依拠する制度をベースにしたとしても，なお多くの検討課題が残されているばかりか [39]，自動運転車による物的損害の補償の問題や自動運転車が関わる事故の過失相殺の理論的問題も指摘されている [40]。他方，サイバー攻撃による事故の原因究明が困難なケースがあることを踏まえ，責任保険制度の限界を克服した自動運転事故災害保険（損害填補型の傷害保険）の創設を提唱する見解も見られる [41]。

　以上指摘された点に関して，イギリスとフランスの制度を振り返りたい。まず，イギリスおよびフランスではかねて対物損害についても強制保険の対象とされている。またイギリスの法制度では，AI を責任主体にまで拡張することにより，自損事故の自動車利用者も保険保護を受けることが可能となっている。

　自動運転車による事故と過失相殺の適用に関しては，イギリスでは，法律上，自動車の動作をヒトの過失とみなしているので（法的擬制），立法的解決を見ている。この点は参考になろう。

　フランスにおける議論では，保証基金制度の拡張の提案がとくに注目され

---

37)　浦川（2018）28 頁。なお，小塚（2020）63 頁は，自動運転車に対するサイバー攻撃の民事責任についても自賠法の運行供用者が問われることになると指摘する。
38)　藤田編（2018）278 頁以下［藤田友敬］。
39)　藤田編（2018）289 頁［藤田友敬］。
40)　浦川（2018）29 頁。
41)　肥塚（2021a）36 頁，肥塚（2021b）107 頁。

る。この見解は，完全自動運転車以外の自動車事故については従来の責任制度で処理し，完全自動運転車による事故については，拡張された保証基金制度で対応すべきであると主張する。完全自動運転車については原則として運転者や保管者の過失や責任は問題とならないのであるから，従来の責任制度の枠組みの中で解決するのは妥当でないという主張は正当である。完全自動運転車とそれ以外の自動車が混在する時代に対応する制度として立法論的に示唆に富んでいよう[42]。

たしかに，現時点においては，現行法システムの適用または一部の修正によって自動運転の事故の補償の問題は解決できるであろう。現に，イギリスでもドイツでもそのような法改正を行っており，わが国でも自賠法をベースとする制度を前提とした議論が中心である。そのような流れは，法的安定性および改正に要するコストの見地からは当然であるし，短期的に見れば，それで問題はないかもしれない。

もっとも，すべての自動車の完全自動運転化という時代が訪れた場合には，責任制度から脱却した補償制度が構築されるべきであろうし，そのための具体的制度設計をあらかじめ検討しておくことは有益と思われる[43]。その点に関しては，フランスの議論がそれなりに参考になるように思われる。

＜参考文献＞　［　］内は最終閲覧日

Andreu, L.（2018）*Des voitures autonomes. Une offre de loi,* Dalloz.
Bensamoun, A. et G. Loiseau (ss. dir.)（2019）*Droit de l'intelligence artifcielle*, LGDJ.
Bloch, L.（2020）Le déconfinement de la réforme du droit de la responsabilité civile : proposition de loi du 29 juillet 2020, Focus nº 20, *RCA*.
Coulon, C.（2016）Du robot en droit de la responsabilité civile : à propos des dommages causés par les choses intelligentes, *RCA*., nº 6, p. 18.
Gürses, Ö.（2020）*The Law of Compulsory Motor Vehicle Insurance*, Routledge.
Monot-Fouletier, M. et M. Clément（2018）Véhicule autonome : vers une autonomie du

---

42)　本書第4章5節では，わが国における自動運転車による事故補償に関する制度論が展開されているが，それも同様の問題意識に立っているように思われる。
43)　自動運転車が世界的に普及した場合，その事故による補償の問題は世界共通であるから，各国の法制度の枠を超えたグローバル・スタンダードとなるような制度の構築が望まれよう。

régime de responsabilité applicable ? : *D.* 2018.129.

Viney, G. et autres（2017）*Traité de droit civil : Les régimes spéciaux et l'assurance de responsabilité*, LGDJ, 4ᵉ éd.

Vingiano-Viricel, I.（2019）*Véhicule autonome : qui est responsable ? : Impacts de la délégation de conduite sur les régimes de responsabilité*, LexisNexis.

芦田 淳（2019）「【イギリス】2018 年自動運転車及び電気自動車法の成立」『外国の立法』 278-1 号，8 頁．

浦川道太郎（2018）「自動運転における民事責任のあり方」『法律のひろば』71 巻 7 号， 28 頁．

榎木貴之（2018）「自動車固有の危険と保険保護――イギリス法を比較対象として」『損害 保険研究』80 巻 2 号，89 頁．

金岡京子（2017）「自動運転と民事責任をめぐるドイツの状況」『ジュリスト』44 頁．

金岡京子（2020）「自動運転と対物賠償責任保険――ドイツ法との比較法的検討」『保険学 雑誌』651 号，25 頁．

金岡京子（2021）「無人自動運転のためのドイツ法改正――民事責任および保険の観点か らの検討」『保険学雑誌』655 号，55 頁．

肥塚肇雄（2021a）「日本版 MaaS における自動運転事故とサイバーセキュリティ」『損害 保険研究』82 巻 4 号，1 頁．

肥塚肇雄（2021b）「日本版 MaaS の促進と MaaS サイバー保険――自動運転に対するよ り高い社会的受容性を指向して」『保険学雑誌』653 号，89 頁．

小塚荘一郎（2019）『AI の時代の法』岩波書店．

小塚荘一郎（2020）「自動走行車のサイバーセキュリティと法律問題」『損害保険研究』 51 巻 4 号，53 頁．

後藤元（2017）「自動運転と民事責任をめぐるアメリカ法の状況」『ジュリスト』50 頁．

鈴沖陽子（2018）「自動走行に関するアメリカの議論状況」『交通法研究』46 号，111 頁．

中山幸二ほか編（2019）『自動運転と社会変革：法と保険』商事法務．

藤田友敬編（2018）『自動運転と法』有斐閣．

堀田一吉・山野嘉朗編著（2015）『高齢者の交通事故と補償問題』慶應義塾大学出版会．

山野嘉朗（2018）「フランス交通事故法改正の補足的分析・検討――2016 年草案と 2017 年法案の比較を中心に」『愛知学院大学宗教法制研究所紀要』58 号，149 頁．

山野嘉朗（2019）「フランス交通事故法に関する最新判例と自動運転関係法制の動向」『愛 知学院大学宗教法制研究所紀要』59 号，79 頁．

吉本篤人（2018）「ドイツにおける自動走行の民事責任と道路交通法（StVG）の改正動向」 『交通法研究』46 号，140 頁．

Draft Report with recommendations to the Commission on Civil Law Rules on Robots. （https://www.europarl.europa.eu/doceo/document/JURI-PR-582443_EN. pdf?redirect）［2020 年 3 月 25 日］

Report with recommendations to the Commission on Civil Law Rules on Robots.（https:// www.europarl.europa.eu/doceo/document/A-8-2017-0005_EN.html?redirec） ［2020 年 3 月 25 日］

Open Letter to the European Commission Artificial Intelligence and Robotics.（http: www. robotics-openletter.eu/）［2020 年 3 月 25 日］

第6章

テレマティクスと自動車保険

佐川　果奈英

はじめに [1]

　テレマティクス（Telematics）とは，通信（Telecommunication）と情報科学（Informatics）を組み合わせた造語であり，自動車などの移動体に通信システムを組み合わせて情報サービスを提供することである。テレマティクス技術の活用により，天気や渋滞情報などの車の周辺情報のほか，ドライバーが運転した際の走行距離や運転行動（運転速度，アクセル・ブレーキ操作など）に関するデータなどを収集することが可能となった。近年，テレマティクス技術により収集したデータを活用し，保険料の設定を行ったり，保険関連サービスの提供を行ったりする自動車保険（以下「テレマティクス自動車保険 [2]」）が登場してきた。

　テレマティクス自動車保険は，1990 年代にアメリカで試行され，2000 年代前半から保険商品が徐々に登場し，技術の進展とともに近年広がりを見せ

---

1)　本章は，個人の意見であり，所属する機関の見解とは必ずしも一致しない。
2)　テレマティクス自動車保険を指す用語は国により異なっており，例えばアメリカではテレマティクス自動車保険のほか「利用ベース保険（Usage Based Insurance: UBI）」という用語が一般的に使用されている。全米保険監督官協会（NAIC）のウェブサイトでは，「UBI とは，走行距離や運転行動を活用した保険であり，多くの場合，テレマティクス技術を活用している」，「UBI には『Pay-As-You-Drive（PAYD）』『Pay-How-You-Drive（PHYD）』『Pay-As-You-Go』や『距離ベースの保険（Distance-Based Insurance）』などがある」とされている。NAIC HP "Telematics/Usage-Based Insurance."

ている。2018 年 2 月に発表された富士経済の調査によれば，2017 年の世界のテレマティクス自動車保険（加入者累計ベース）は 3,170 万件と見込まれ，2035 年には 2 億 3,200 万件[3) になると予測されている。本章では，テレマティクス自動車保険の概要，諸外国やわが国における動向，わが国における意義や展望などを概観したい。

1　テレマティクス自動車保険とは

(1)　テレマティクス自動車保険の概要

　図表 6-1 はテレマティクス自動車保険のイメージ図である。テレマティクス自動車保険では，車に搭載されたテレマティクス装置により，走行距離や運転速度，アクセル操作，ブレーキ操作，走行時間帯，走行場所などの運転行動に関するデータを収集し，保険料の設定や保険関連サービスの提供を行う。

図表 6-1　テレマティクス自動車保険のイメージ

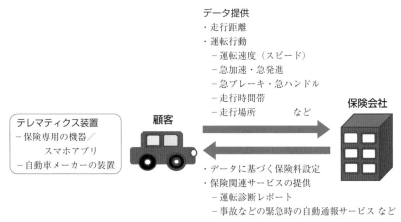

出所：筆者作成。

---

3)　富士経済「自動運転技術との融合が進みつつあるコネクテッドカーの世界市場を調査」
　　2018 年 2 月 27 日。

　保険料設定にあたり利用するデータは保険会社により異なるが，大きく分けて①走行距離を保険料に反映する「走行距離連動型保険料方式（Pay As You Drive：以下『PAYD型[4]』）」と②運転行動（運転速度やアクセル・ブレーキ操作など）を保険料に反映する「運転行動連動型保険料方式（Pay How You Drive：以下『PHYD型[5]』）」に分かれる。

　運転行動データを収集している場合には，保険に関連するサービスとして，運転速度やアクセル・ブレーキ操作などの分析結果や運転改善のアドバイスを運転診断レポートなどとして顧客に提供しているケースが多い。

　データを収集するテレマティクス装置には，①保険専用の装置を利用するケースと②自動車メーカーの装置を利用するケースがある。①保険専用装置にはさまざまな形態があり，通信機能がある機器を車に設置するケースもあれば，スマートフォン（以下「スマホ」）のアプリケーションソフトウェア（以下「アプリ」）を装置として利用しているケースもある。近年はドライブレコーダー（以下「ドラレコ」）型の装置も登場してきており，ドラレコで収集した事故時の映像を保険金支払いに活用している事例もある。装置のGPS機能の有無は保険会社により異なるが，GPS機能付きの場合は取得した位置情報を活用し，車両盗難の際の追跡サービスを提供している事例もある。

　保険に関連するサービスとしては，運転診断レポートや盗難車追跡サービスのほか，スピードの出し過ぎなどの危険な行動を検知した際にアラートを出して注意喚起を行うサービスや，事故の衝撃を感知した際などの緊急時に保険会社に自動的に通報するサービスなどを提供している事例もある。

(2)　テレマティクス自動車保険により期待される効果

　テレマティクス自動車保険は，走行距離や運転行動などに基づく詳細な保険料設定だけでなく，安全運転の促進，事故の削減，保険金支払いの低減などの効果が期待されている。

---

4)　"Pay As You Drive"という言葉を最初に使用したのはオーストラリアの保険会社であるリアル・インシュアランス（Real Insurance）と言われており，オーストラリアにおける同名称の商標権を有している。イギリスにおいては，ノリッジ・ユニオン（現アビバ），アメリカにおいては，プログレッシブが商標権を有している（佐藤 2009, 36-37頁）。

5)　PHYD型であっても，走行距離を利用しているケースもある。

1)　詳細なリスクに基づく保険料設定

　従来の自動車保険では，運転者の年齢，免許の種類，過去の事故歴（わが国であれば自動車保険のノンフリート等級），車種，車の使用目的などの情報を利用し，過去の統計による集団的リスク分析に基づいて保険料設定を行ってきた。テレマティクス装置により，ドライバー個々人の走行距離や運転行動などのデータの収集が可能となり，顧客のリスクに応じてより詳細な保険料設定が可能となることが期待されている。

2)　安全運転の促進・事故の削減

　テレマティクス自動車保険では，運転行動の分析結果や運転改善のアドバイスなどを運転診断レポートとして提供するケースが多く，安全運転を促す効果が期待される。とくに運転行動を保険料に反映する PHYD 型では，運転が改善されれば保険料が軽減される可能性があるため，顧客が自身の運転を見直すインセンティブとなる。

　また，運転診断レポートのほか，スピード出し過ぎの際などにアラートにより注意喚起を行うサービスなども，安全運転促進の効果が期待される。テレマティクス自動車保険が普及し，安全運転を心がける運転者が増えれば，結果として社会全体の事故の削減につながることが期待される。

3)　保険金支払いの低減・保険金不正請求の削減

　テレマティクス自動車保険の普及により，安全運転が促進され，交通事故が減少すれば，結果として保険金支払いが低減される。

　また，保険会社の中には，事故の衝撃を感知した際など，緊急時に保険会社に自動的に通報するサービスや，GPS 機能を活用した盗難車追跡サービスなどを提供しているケースもある。これらのサービスにより事故発生時の迅速な初期対応や盗難車の発見などがなされれば，その分の保険金支払いを抑制する効果が期待される。

　さらに，テレマティクス自動車保険では，収集した事故時の走行場所や運転速度などの情報を分析することにより，保険金の請求が保険金詐欺目的のものでないかを検証する効果も期待されている。

4)　保険料割引による加入促進（無保険車対策）

　走行距離や運転行動などのデータにより，顧客のリスクに応じてより詳細な保険料設定が可能となることで，従来はリスクが高いとされていた層に運転の実態に応じて割安な保険料を提供することが期待される。例えば，イギリス（わが国のノンフリート等級別料率制度のような制度はなく，保険料算出要素として運転者の年齢，免許の保有期間，過去の事故歴，車種，使用目的などが利用されている）では，若年層はリスクが高いとされ，保険料の高騰が深刻であり，若年層の保険料を低減する1つの手段としてテレマティクス自動車保険への関心が高まった。

　また，テレマティクス自動車保険により安全運転が促進され，社会全体の交通事故が減少し，保険金支払いが減少すれば，全体として保険料水準が低減される効果が期待される。保険料の負担が軽減されれば，保険加入を促し，無保険車対策にもつながる。

5)　環境への配慮

　走行距離を保険料に反映するPAYD型では，走行距離が少なければ保険料が安くなるため，顧客が保険料を抑制しようと不要不急の車の利用を控えたり，公共の交通機関の利用を行ったりすることが考えられる。その結果，燃料の消費が抑制され，排気ガスによる環境汚染や温室効果ガスによる温暖化を抑制する効果も期待される。例えば，アメリカにおいては，環境保護推進の観点からPAYDを推進している州も一部であり，とくにオレゴン州では一定の条件を満たすPAYDを提供する保険会社に対し，税額控除が設けられている[6]。

(3)　懸念される事項

　テレマティクス自動車保険でとくに懸念されるのは顧客のプライバシーである。テレマティクス自動車保険では，詳細な保険料設定や安全運転の促進，事故の削減などのさまざまな効果が期待されるが，多くの効果を得ようとす

---

[6]　保険料の少なくとも70％が走行距離または運転時間数により変動する商品を提供している場合に税額控除が利用できる（NAIC 2015, p. 62）。

れば，より多くのデータを常に収集する必要がある。収集データの内容やデータ収集頻度などによっては，プライバシーの侵害を懸念する顧客には受け入れられない可能性がある。

　また，テレマティクス自動車保険では，走行距離が短い層や安全運転と判断される層は保険料が安くなる可能性がある一方で，リスクが高いと判断されると逆に保険料が高くなる可能性がある。保険料の恩恵を受ける層のみがテレマティクス自動車保険に移行し，リスクが高い層は従来型自動車保険に留まることが顕著になると，従来型自動車保険の収支が悪化する可能性もある。テレマティクス自動車保険が普及すると，提供していない保険会社はリスクの高い層を選別できない可能性があり，逆選択のリスクを被る可能性がある。

　さらに，運営方法の問題もある。多くのデータを収集すれば，より詳細な保険料設定が可能になるが，データの蓄積や分析にもコストが発生する。データを収集する装置もさまざまなものがあり，どのような装置を利用するかにより，それぞれメリットとデメリットがある（図表6-2）。保険会社は運営にかかるコストも踏まえ，自社にとって適切な運営方法を採用する必要がある。

図表6-2　装置の種類と主なメリットとデメリット

種類		メリット	デメリット
保険専用装置	**機器** **・車内組込型機器** ・Black Box[注1] など **・後付装置** ・OBD差込型装置[注2] ・ドラレコ型装置 など	・保険会社の戦略にかなった機器を利用することが可能	・導入費用が高くなる可能性がある
	スマホアプリ	・顧客のスマホを機器として使用するため，装置そのもののコストはかからない	・運転の際に常に設置されているのかが不明 ・常時車に接続されていないため，使用できる機能や提供可能なサービスなどに制限がある可能性がある
自動車メーカーの テレマティクス装置		・顧客の車に搭載されている装置を機器として使用するため，装置そのもののコストや設置費用などが発生しない	・メーカー，車種により仕組みが異なり，特定のメーカー，車種にしか保険を提供できない可能性がある

注1：イギリスなどで利用されている装置で専門業者により車内の見えない部分に取り付けられる。黒い箱状の装置が多いことから Black Box と呼ばれている。
　2：OBD ポートに差し込んで使用する装置。OBD ポートとは "On-Board Diagnostic Port" を略したもので，排ガス規制診断や故障診断を行う診断機を接続する接続ポートのことである。
出所：筆者作成。

2　諸外国における動向

　テレマティクス自動車保険はアメリカで始まり，わが国も含めその他の国にも広がっているが，各国市場を取り巻く環境などにより実施状況は異なる。本節では諸外国における動向として，アメリカおよびイギリスの概略を紹介する。なお，両国ともにわが国のようなノンフリート等級別料率制度や参考準率はなく，各保険会社が個別に保険料設定を行っている。

(1)　アメリカ

1)　変遷

　アメリカでは，リスクに応じたより正確な保険料設定を行うために，実際の走行距離や運転行動を活用する概念が1920年代から存在していたが，当時は情報の収集・伝達を可能とする装置がなかった[7]。その後，1980年代になると車にエンジン管理，サスペンションシステム，ブレーキなどの各種電子制御システムが搭載され，車のさまざまなデータの収集や分析が可能となった。1990年代になるとワイヤレス通信技術やGPSが登場し，これらの技術を活用することにより，時間や位置情報を含めた運転行動を遠隔で把握することが可能となった[8]。

　そして1998年に大手保険会社のプログレッシブ（Progressive）が，保険専用のテレマティクス装置を利用した自動車保険の試行サービスを世界で初めて実施した。その後，2004年にはGMACインシュアランス（現ナショナル・ゼネラル・インシュアランス）が，自動車メーカーのゼネラル・モーターズ（General Motors Corporation: GM）のテレマティクス装置利用者向け商品の提供を開始した。さらに，2009年には個人向け自動車保険で引受第1位のステート・ファーム（State Farm），2010年にはオールステート（Allstate）

---

7)　1929年のPaul Dorweilerの論文において，ドライバーの癖（driver habits），速度，天候，車の季節的・日々の用途，走行距離は事故の頻度と深刻さに直接つながる重要な要素となるが，情報収集・伝達を行う装置がないことが示されている，とされる（NAIC 2015, pp. 2-3）。

8)　NAIC（2015）pp. 2-3.

など，大手保険会社が相次ぎ参入[9]し，2010年代前半には中小の保険会社にも広がった。

2)　市場の特徴と取り巻く環境

　アメリカのテレマティクス自動車保険は，リスクが低いとされる走行距離の短い層や安全運転を心がける層が主なターゲットとなっており，他社と差別化し，優良顧客を囲い込むためのツールの1つとなっている。

　アメリカでは州別の規制・監督制度が採用されており，保険を販売するには州ごとに営業認可を取得し，州ごとの法規制に従う必要がある。例えばカリフォルニア州では走行距離に関するデータ収集は認められているが，プライバシー保護の観点から，いつ，どこで，どのように運転していたかに関するデータ収集は禁止されており，利用できるデータに制限がある。このためテレマティクス自動車保険を提供している保険会社であってもすべての州で提供しているわけではなく，提供している場合であっても州により運営方法が異なるケースがある[10]。

　図表6-3は世界で初めてテレマティクス自動車保険を実施したプログレッシブ社の商品の変遷およびその特徴である。同社の商品は装置にかかるコストや顧客ニーズの変化なども踏まえて変化している。1998年に試行した第1世代ではGPS機能付き装置によりデータを自動的に収集し，GPS連動の緊急通報などのサービスも提供していたが，運営コストの問題から終了している。第2世代は，顧客が自身で簡単に取り付けられるOBD差込型装置を活用し，従来よりも簡易な仕組みとした。また，顧客が一番懸念する事項はプライバシーであることも踏まえ，GPSがない仕組みとした。

　2021年現在の同社の商品は第4世代の『Snapshot』であるが，同商品が2010年に導入された当初もGPSがない仕組みとしていた。ただし，近年はスマホの普及などにより顧客のGPSへの抵抗感も薄れてきており，その後，

---

9)　大手保険会社では唯一，個人向け自動車保険で引受第2位のバークシャー・ハサウェイ（Berkshire Hathaway）がテレマティクス自動車保険を提供していなかったが，2019年に傘下のガイコ（GEICO）がスマホアプリを活用したテレマティクス自動車保険に参入した。
10)　佐川（2012）57頁。

図表 6-3 プログレッシブ社の個人向けテレマティクス自動車保険の変遷

世代	特徴
第 1 世代 Autograph (1998年〜)	・当初はヒューストン市内のみで試行→テキサス州全体に拡大 ・カーステレオほどの大きさの GPS 機能付きテレマティクス装置を利用（顧客自身で取り付けられない） ・走行距離，走行日時，走行地域などのデータを自動的に収集 ・GPS 連動の緊急通報システム，ロードアシスタンスサービス，ドライブナビゲーター，盗難車追跡，遠隔ドアロックなどのサービスも提供 ・利用者の満足度は高く，走行距離は平均 13％減，保険料は平均 25％安くなったが，運営コストの問題から終了
第 2 世代 TripSence (2004年〜)	・3 州で試行 ・OBD 差込型装置で顧客が簡単に取付可能 ・第 1 世代と異なり GPS 機能なし ・走行距離，走行時間，運転速度，急ブレーキ回数，急アクセル回数などのデータを収集。データは自動的に送信されず，顧客がパソコン経由で送信 ・試行テストへの参加で一律 5％割引。また，運転行動により最大 20％割引
第 3 世代 MyRate (2008年〜)	・7 州で販売開始し，その後 18 州に拡大 ・OBD 差込型装置（GPS 機能なし） ・携帯無線でデータを自動的に収集 ・運転行動に応じ最大 60％割引を行う一方で，9％の追加料金を課すケースも（割引率の上限や追加料金の有無は州により異なる）
第 4 世代 Snapshot (2010年〜)	・2021 年 7 月現在，カリフォルニア州およびノース・カロライナ州を除き販売 ・装置は OBD 差込型とスマホアプリの 2 種類あり，契約者が選択（一部の州では選択不可。販売当初は GPS 機能のない OBD 型のみであったが，2015 年より GPS 機能のあるスマホアプリ方式の試行を開始。現在は OBD 型も GPS 機能あり） ・州により収集データや保険料の設定方法などの運営方法の詳細は異なるが，以下のような運営となっている 　－収集データ：走行距離，運転速度，走行時間帯，アクセル・ブレーキ操作など 　－新規契約時：45 日以内にテレマ装置を導入することを条件に割引 　　（30 日分のデータに基づき新規契約の割引率を決定する州もある） 　－更新時：運転行動に応じ継続保険料を決定（販売当初は割引のみであったが，現在は割増もありうる。割引率や割増の有無などは州により異なる） 　－同社がこれ以上データの取得は必要ないと判断する場合，装置を外すことが可能（以降の割引率は一定となる）

出所：筆者作成。

　商品改定によりスマホアプリ方式（GPS 機能付き）を導入するなど，現在は GPS 機能が利用されている。同商品で保険料設定にあたり使用するデータなどは州により異なるが，使用するデータに制限があるカリフォルニア州では販売されていない。

　また，本章執筆の 2021 年 7 月現在，全世界に大きな影響を与える出来事

として，2020年以降の新型コロナウイルス感染症の世界的な流行が続いており，アメリカでは2020年に感染が拡大した際に多くの州が感染拡大防止を目的として外出規制を行った。外出規制や在宅勤務などにより車の利用（走行距離）も減少していることから，走行距離を利用したテレマティクス自動車保険のニーズが高まるとの予測もある。プログレッシブ社では顧客向けに同社のコロナ対応を説明するウェブサイト上のページ11)において，テレマティクス商品『Snapshot』により保険料が安くなる可能性があることを紹介している。

(2)　イギリス

1)　変遷

イギリスでは，2006年に大手保険会社のノリッジ・ユニオン（Norwich Union：現アビバ：Aviva）社が初めて個人向けテレマティクス自動車保険を販売した。同社の商品は，GPS機能付きの装置を利用して，走行距離だけでなく，走行時間帯や走行した道路が一般道路か高速道路かなどにより保険料を変える仕組みであった。同商品の契約の更改率は9割に達しており，契約者からは好評であったものの，プライバシーへの懸念から販売件数が振るわず2008年に販売を停止した。

しかし，その後，自動車保険料が高騰し，2011年には政府の公正取引局（OFT）が調査を実施するなど，大きな社会問題となると，保険料を低減する1つの手段としてテレマティクス自動車保険への関心が高まった。とくに若年層の保険料の高騰が深刻であり，この時期を前後として若年層を対象としたテレマティクス自動車保険が登場する。当初は保険ブローカー企画型12)のニッチ商品が多く，大手保険会社の商品はほとんどなかったが，2012年にはアビバ社が再び市場に参入し，2013年には大手保険会社のダイレクト・ライン・グループ（Direct Line Group）が参入するなど，他の大手保険会社にも広がった。

---

11)　Progressive HP "COVID-19: We're here for you."
12)　イギリスでは保険ブローカーが保険商品を企画し，それを引き受ける保険会社を探して販売するケースがある。

2)　市場の特徴・取り巻く環境

イギリスのテレマティクス自動車保険は，リスクが高い若年層が主なターゲットとなっているが，近年はその他の層にも徐々に拡大している。

若年層向けの商品では，専門業者による取付が必要な GPS 機能付きの装置 13) を利用しているケースが多く，走行時間帯や走行場所などの詳細なデータを取得し保険料設定が行われている。また，リスクが低減されるよう運転診断レポートの提供を行い，商品によっては安全運転による特典の提供 14)，夜間の運転などのリスクの高い行動をとった場合の追加料金の設定などの工夫も行われている。

また，イギリスでは近年，保険詐欺が自動車保険の収支を圧迫させる大きな要因の 1 つとなっていたことから，保険金支払時のデータ活用も試みられており，多くの商品で保険詐欺を検証するため事故時のデータを利用する，と説明されている。

一方で，市場が若年層以外の層にも拡大するにつれ，スマホアプリを活用し，データの収集を最小限にする試みを行うところも出てきている。

3　わが国における動向 15)

(1)　リスク細分型自動車保険の登場

わが国においては，1998 年 7 月の保険業法改正によりリスク細分型自動

---

13)　とくに若年層向けの商品では，専門業者による取付が必要な GPS 機能付きの装置を利用しているケースが多く，利用されている装置は黒い箱状の装置が多いことから，イギリスではテレマティクス自動車保険のことをブラック・ボックス保険（Black Box Insurance）と呼ぶことも多い。

14)　例えば，イギリスのテレマティクス自動車保険の大手 InsureTheBox（ITB）社の商品では，契約者は想定される年間走行距離（マイル）に応じたプランに加入し，実際の走行距離が加入したプランでは足りない場合には追加でマイルを購入できる仕組みとなっているが，リスクが良好な場合については，1 カ月ごとに最大で 100 マイルがボーナスマイルとして無料で上乗せされる。なお，同社の商品では夜間に運転した場合の追加料金の徴収は行っていない。

15)　本節におけるわが国の商品の発売・提供開始時期については，原則として契約始期ベースで記載を行っている。

車保険が認められ，年間走行距離などの車の使用状況を保険料の算出要素とすることが可能となった。1999 年にはウィンタートウル・スイス社 [16)] が年間走行距離を保険料算出に反映するリスク細分型自動車保険を発売し，その後，通信販売を主体とするダイレクト型保険会社を中心として走行距離の短い層の保険料を割り引く競争が行われた。ただし，年間走行距離は保険契約者の自己申告に基づく予想距離であり，テレマティクス技術を活用したものではなかった [17)]。

(2) テレマティクス自動車保険の登場

わが国初のテレマティクス自動車保険は，あいおい損保社（現あいおいニッセイ同和社）が 2004 年 4 月に発売した実走行距離連動型自動車保険『PAYD（ペイド）』である。同商品はトヨタ自動車のカーナビ型テレマティクス装置である「G-BOOK」を搭載した車を対象としたもので，G-BOOK で収集した実際の走行距離を基に保険料設定を行う商品であった。

同商品で特徴的なのは，年間走行距離を一括で保険料に反映させるのではなく，毎月反映させる点にある。保険料は①毎月必ず支払う「基本保険料」と，②毎月の実際の走行距離に応じて発生・変動する「走行分保険料」で構成されている。走行距離のデータは G-BOOK から自動的に送信されるため申告を行う必要はない。また毎月の保険料，走行距離については契約者にフィードバックされ，契約者は G-BOOK のコンテンツの中でそれらを確認することができた（図表 6-4）[18)]。

(3) テレマティクス自動車保険の拡大

2004 年にあいおい損保社がテレマティクス自動車保険を販売して以降，しばらくは他社から新たな商品などは販売されなかったが，アメリカやイギリスなどの諸外国で 2000 年代後半以降にテレマティクス自動車保険が広が

---

16)　同社は 2003 年に日本市場から撤退している。
17)　自動車保険研究プロジェクト A-646（2016）2-3 頁。
18)　あいおい損害保険「ニュースリリース 業界初！実走行距離連動型自動車保険『PAYD（ペイド）』新発売！」2004 年 3 月 4 日。

図表6-4　わが国初のテレマティクス自動車保険：あいおい損保のPAYD（2004年）

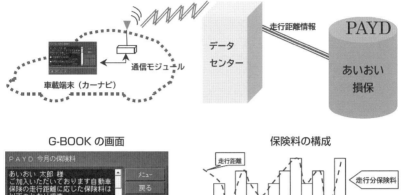

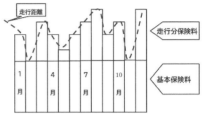

出所：あいおい損害保険「ニュースリリース　業界初！実走行距離連動型自動車保険『PAYD（ペイド）』新発売！」。2004年3月4日。

るにつれ，わが国における関心も高まっていった。

1)　保険関連サービスとしてのスマホアプリの登場

スマホの普及とともに，2012年頃からテレマティクスを活用した保険関連サービスとして，運転速度，急加速・急ブレーキなどの運転行動により安全運転かどうかを診断する機能などを備えたアプリの提供を行う保険会社が出てきた。

例えば三井住友海上社では，2012年8月から『スマ保』というアプリを提供しており，同アプリで安全運転診断機能やドラレコ機能などを提供している[19]。ドラレコ機能では事故などの衝撃を感知すると，その前後の映像を自動的に録画する[20]。

また，損保ジャパン社も2012年8月に『Safety Sight（セーフティサイト）』

---

19)　三井住友海上HP「スマートフォン利用者をサポートするアプリ「スマ保」品質にこだわる姿勢が実を結び，50万ダウンロード突破」2015年7月。

というアプリの提供を開始しており，同アプリでは，安全運転診断機能のほか，前方車両との車間距離をスマホで認識して前方車両の接近時にアラートで知らせる機能，走行履歴（走行コースの地図や距離，時間，速度，急ブレーキ地点など）の確認機能，ドラレコ機能（衝撃の前後の映像を自動的に録画・保存）などが備わっている[21]。

これらのアプリは保険商品ではなく，安全運転支援などを目的として保険契約者以外も利用できる無料のアプリとして提供されたが，テレマティクス自動車保険導入に向けたノウハウの獲得も意図していたものと考えられる。

2）　国土交通省の検討会

保険会社だけでなく，政府でもテレマティクス自動車保険への関心が一定高まった。わが国における自動車関連情報の利活用による新サービス展開の可能性や将来のあるべき姿などを取りまとめるため，2014 年 2 月に国土交通省において有識者からなる「自動車関連情報の利活用に関する将来ビジョン検討会」が設置されたが，その中の重点テーマの 1 つとしてテレマティクス自動車保険が取り上げられた。

同検討会では，「交通事故死者数の前年比減少率はわずかに止まっており，高齢者の死者数が増加するなど，交通情勢は依然厳しい状況」にあるなかで，「交通安全においては，自動車単体での安全技術の向上や道路の改良，交通法規の厳罰化といった面での取組みのほか，何よりもドライバーの安全運転を促すことが効果的である。こうした側面からは，米国，英国などにおいて既に展開されているテレマティクス保険は注目に値する」として，「交通安全対策をさらに一歩前進させる観点」から「テレマティクス等を活用した新たな保険サービスによる安全運転の促進・事故の削減」について検討がなされた[22]。

---

20)　Automotive media Response「三井住友海上，「スマ保」を 8 月提供開始…運転診断やドラレコ搭載のスマホアプリ」2012 年 5 月 2 日。
21)　損害保険ジャパン・日本興亜損害保険「ニュースリリース 自動車運転者向けスマートフォン用新アプリ（無料）の開発〜業界初「前方車両接近アラート」の提供開始〜」2012 年 7 月 20 日。
22)　自動車関連情報の利活用に関する将来ビジョン検討会（2015）16-17 頁。

　2015 年 1 月の同検討会の報告書では，テレマティクス保険の「目指すべき姿（効果）」として，「運転情報の取得による保険料への反映などを通じて，ドライバーの安全運転のための実践的行動を促すとともに，安全運転の結果により保険料の負担が軽減されるといったインセンティブがもたらされることが期待される。また，新たな保険サービスは最終的には保険会社の判断で実施されるべきものであるが，具体的な効果の発現に際しては，こうした新技術を活用した保険サービスの提供による保険金支払の管理の高度化や，保険料負担の軽減が行われる場合は自動車保有コストの低減への寄与といった視点も含めて考慮されるべき」としている[23]。

3)　テレマティクス自動車保険の広がり

　国土交通省の検討会の前後で，保険関連サービスの提供だけでなく，保険商品の提供や関連した動きも活発化する。2013 年 7 月には損保ジャパン社が日産自動車の電気自動車「リーフ」を対象としたテレマティクス自動車保険『ドラログ』を発売した。同商品では，「リーフ」のテレマティクス装置（EV 専用カーウイングス）により収集された走行データを利用し，保険関連サービスとして走行データの概要を契約者専用ウェブページに提供するほか，位置情報を活用して盗難追跡サービスの提供を行う。また，継続契約（2 年目）からは，収集した走行距離に応じ，保険料の割増引（従来型の商品の保険料と比べておよそ ± 10%の範囲で変動）が行われる[24]。

　2014 年 12 月には，あいおいニッセイ同和社がイギリスのテレマティクス自動車保険の大手 InsureTheBox（ITB）社を買収することを公表する。ITB 社は独自の専用車載器を利用した PHYD 型（運転行動型）商品を提供し，データの収集・分析や料率への反映，事故対応など，保険の提供から事故処理まで一貫したノウハウを有しており[25]，買収はノウハウの獲得やイギリ

23)　自動車関連情報の利活用に関する将来ビジョン検討会（2015）19 頁。
24)　損害保険ジャパン「ニュースリリース テレマティクスを活用した新自動車保険の開発～安全・安心な社会を目指す『ドラログ』の発売～」2012 年 12 月 21 日。
25)　データの収集・分析などについては外部業者に委託しているケースもあり，必ずしもテレマティクス自動車保険を提供しているすべての保険会社がノウハウを有しているわけではない。

スのテレマティクス自動車保険市場への参入などを目的としていた。また，同社では 2015 年 4 月に従来の『PAYD』をバージョンアップさせた商品として，トヨタのテレマティクス装置「T-Connect」向けの『つながる自動車保険』を発売する。同商品では，走行距離を 1km 単位で毎月の保険料に反映するほか，保険関連サービスとして運転行動の分析結果に基づく「安全運転アドバイス」の提供や事故・故障・トラブルの際に「T-Connect」やスマホからワンタッチで保険会社の窓口に通報できるサービスを提供している。

　個人向け商品だけでなく，企業のフリート契約向けのテレマティクスを活用した安全運転支援サービスなども登場した。2014 年 12 月には，損保ジャパン社が企業向け安全運転支援サービス『スマイリングロード』の提供を開始した 26)。同サービスでは，ドラレコ型のテレマティクス装置を使用し，収集データに基づき安全運転診断を提供するほか，管理者向けの支援として各ドライバーの運転状況，安全運転診断結果，危険運転などの情報提供を行い，事故時にはドラレコから取得する位置情報や画像を利用する 27)。また2015 年 5 月には，三井住友海上社がドラレコ機能も備えるスマホアプリを活用した安全運転支援サービス『スマ Navi』の提供を開始した 28)。同サービスでは，企業に対して運転行動の診断結果やアドバイスなどを提供し，診断データと事故防止取り組みなどに応じて次回契約の保険料を最大 6 ％割引する。東京海上日動社も 2015 年に法人向けサービス『ドライブエージェント』を開発した 29)。同サービスでは，ドラレコ機能や通信機能を有する「ミラー型テレマティクス端末」を活用し，安全運転診断や管理者向けレポート配信

26)　損害保険ジャパン日本興亜「ニュースリリース　企業向け安全運転支援サービス『スマイリングロード』の全国展開開始〜先行地域での評価を踏まえ，全国でのサービス提供を決定〜」2015 年 2 月 3 日。

27)　損害保険ジャパン日本興亜「ニュースリリース　企業向け新サービス『スマイリングロード』の提供〜ビッグデータ解析やテレマティクス技術等を活用した安全運転支援サービス〜」2014 年 9 月 1 日。

28)　三井住友海上「ニュースリリース　〜安全運転取組結果に応じて次回契約の保険料を最大 6％割引〜テレマティクス技術を活用した安全運転支援サービス「スマ Navi」を開始」2015 年 4 月 27 日。

29)　東京海上日動「ニュースリリース　先進的テレマティクスサービス「ドライブエージェント」の開発〜事故時の自動発報機能をはじめ，法人向けサービス分野でパイオニア株式会社と協業〜」2015 年 6 月 22 日。

のほか，車線逸脱などの際のアラートサービス，衝撃を検知した場合の自動通報サービス，映像データを活用した事故対応サービスなどを提供する。また，あいおいニッセイ同和社もドラレコ型装置を活用し，安全運転診断や安全運転コンサルティングサービスを提供する『ささえる NAVI』というサービスを 2016 年 4 月から企業向けに提供している 30)。

　このようにさまざまな商品・サービスが登場したが，2016 年 12 月の日交研レポートによれば，当時，「『保険料を安くする』という保険は少なく，それよりもテレマティクス機器を用いてさまざまなサービスを提供している保険会社が多い。とくに個人向け自動車保険では，保険料設定に積極的に利用している保険会社はあまり見られない」とされている 31)。

4)　運転行動連動型（PHYD 型）のテレマティクス自動車保険の登場

　2018 年 4 月には，あいおいニッセイ同和社が，わが国初の PHYD 型 32)のテレマティクス自動車保険である『タフ・つながるクルマの保険』を発売する。同商品はトヨタのテレマティクス装置「T-Connect」向けの商品であり，従来の走行距離連動型（PAYD 型）商品である『つながる自動車保険』を進化させたものである。

　同商品の保険料は，①毎月必ず支払う「基本保険料」と，②「運転分保険料」により構成されている。②「運転分保険料」については，毎月の走行距離（1km 単位）に応じた保険料に対し，毎月の運転行動による割引（最大80％）を適用して算出される。同商品では，保険関連のサービスとして，安全運転スコアや運転診断レポートを提供しているが，保険料は毎月変動する

---

30)　あいおいニッセイ同和社は企業向けの安全運転支援サービスとしてドラレコ型装置を活用した『ささえる NAVI』のほか，2017 年 7 月からはスマホと簡易車載器を活用した『Biz セイフティ』というサービスも提供している。

31)　自動車保険研究プロジェクト A-675（2016）7 頁。

32)　運転行動を保険料に反映する商品としては，2015 年にソニー損保が運転行動（急発進・急ブレーキの少ない「やさしい運転」）により最大 20％の保険料のキャッシュバックを行う『やさしい運転キャッシュバック型』を発売しているが，同商品は通信機能がない機器を使用しており，テレマティクスを活用した商品ではない。ソニー損保では，その後，スマホアプリを活用した PHYD 型テレマティクス商品として『GOOD DRIVE』を 2020 年 3 月から販売している。

ため，レポートなどにより運転行動の改善を行えば，保険料にすぐに反映される可能性があり，顧客にとって安全運転を促進するインセンティブとなりうる。

5)　あおり運転による顧客のニーズの高まり（ドラレコ型商品）

わが国の特徴として，2017 年 6 月に東名高速道路で発生した「あおり運転」による死亡事故を契機として，「あおり運転」対策としてドラレコへの関心が高まり，それに伴いドラレコ型テレマティクス保険への関心が高まったことが挙げられる。

ドラレコ型の個人向け商品としては東京海上日動社が 2017 年 4 月から『ドライブエージェントパーソナル』を提供している[33]。同商品では，事故対応サービスとして強い衝撃を検知した際に自動通報や事故映像の自動送信を行い，ドラレコを通じて通話を行うことができる。また，安全運転診断レポートの提供のほか，事故防止支援サービスとして片寄り走行，車線逸脱，危険運転（急ブレーキや急発進，急ハンドル）を検知した際に端末から注意喚起を行うサービスを提供している。同社が回答した記事[34]によれば，とくに東名高速道路で発生した「あおり運転」に関する一連の報道があった 2017 年 10 月以降に，飛躍的に契約件数が増加したとされる。

その他の保険会社では損保ジャパン社が個人向けのドラレコ型商品として 2018 年 1 月から『ドライビング！』を提供している[35]。同商品では，運転診断レポート，事故時の自動通報や映像の自動送信のほか，警備会社である ALSOK 社と連携した「事故現場駆けつけサービス」などを提供している。

また，MS&AD グループの三井住友海上社とあいおいニッセイ同和社[36]

---

33)　東京海上日動「ニュースリリース　自動車保険 新サービス「ドライブエージェントパーソナル」の開発〜テレマティクス技術を活用した先進的なサービスを，個人向けの自動車保険で実現〜」2016 年 11 月 25 日。

34)　くるまのニュース「社会問題となった「あおり運転」増加に伴い加入者が急増 ドラレコと“テレマティクス”を活用した自動車保険とは」2019 年 2 月 25 日。

35)　損害保険ジャパン日本興亜「ニュースリリース 個人向け安全運転支援サービス『ドライビング！』の本格展開〜事故現場駆けつけなどの新サービス提供〜」2017 年 9 月 25 日。

も 2019 年 1 月から『見守るクルマの保険（ドラレコ型）[37]』を提供しており，運転診断レポート，事故の際の自動通報や映像の自動送信のほか，安全運転支援として，各種アラート（急加速・急減速・急なハンドル操作・ふらつきなどの事故につながりやすい状況，高速道路の逆走，あらかじめ指定する区域外の走行を検知した際のアラート，前方衝突アラート，車線逸脱アラートなど）を提供している。さらにあいおいニッセイ同和社では，2020 年 1 月からドラレコ型装置を利用した PHYD 型商品として，安全運転の場合は継続契約の保険料の割引を行う『タフ・見守るクルマの保険プラス』を発売している。

　なお，ドラレコ型の商品に関しては，保険専用のドラレコ機器が使用されているが，各社は商品の提供にあたり，ドラレコを保険契約者に貸与しており，保険契約者は特約保険料として月額数百円を支払うのが一般的である。

(4)　損害サービスにおける活用

　テレマティクス自動車保険では，衝撃を感知した際の自動通報サービスやドラレコ映像の活用など，損害サービスにおいてもさまざまな活用が行われているが，単に映像などをそのまま利用するのではなく，AI などにより事故情報を分析し，損害サービスを高度化する動きが広がっている。

　例えばあいおいニッセイ同和社では，2019 年 4 月からテレマティクス装置などで収集した「運転軌跡」，「標識」，「速度」，「天候」などの情報を地図上にビジュアル化し，事故状況を瞬時に把握できる「テレマティクス損害サービスシステム」を導入している。2020 年 9 月には同システムの新たな機能として AI を活用した「相手車両・周辺環境を含む事故状況の把握」機能および「過失割合の判定サポート」機能を導入している[38]。「相手車両・周辺環境を含む事故状況の把握」機能では，ドラレコなどの装置で収集した情報

---

36)　三井住友海上社とあいおいニッセイ同和社は MS&AD グループの共同開発商品と，個社独自商品の双方を販売している。

37)　MS&AD グループでは，本ドラレコ型商品を発売する前の 2018 年 1 月から高齢者とその家族に安心を届ける商品として，スマホと簡易車載器を活用した『見守るクルマの保険（スマホ型）』をグループの共同開発商品として提供しており，同商品でも運転診断レポート，事故の際の自動通報，高速道路逆走注意アラート，指定区域外走行アラートなどの提供を行っている。

を AI で分析して事故の状況図を自動で作成するほか，相手車両の状況を AI で解析し，人の目では確認することができない相手車両の速度を推定することが可能となり，これによりこれまで困難であった相手車両の速度超過による過失割合修正の主張が可能となる[39]。

　また，三井住友海上社では，AI 技術の活用により，ドラレコの映像から事故状況を自動かつ正確に文章や図で説明するシステムを 2019 年 5 月から試行的に開始し[40]，2020 年 11 月にドラレコ型 AI 事故状況説明システム『Ai's（アイズ）』を導入しているが，2021 年 2 月には同システムの新たな機能として相手車両の進行方向やスピードなどの挙動を分析する機能を追加している[41]。同社では，期待される効果として，AI 分析により，顧客が事故状況を説明する手間や時間を大幅に短縮し，事故当事者の主張が異なる場合にも過失交渉が円滑に進むなど，迅速な解決につながる，としている[42]。

　東京海上日動社では，ドラレコで取得した映像などから，AI が事故状況を再現し，自動車事故の責任割合を自動算出する新機能を 2020 年 3 月から導入している。同社では，現状，事故現場の調査が必要な場合などは，事故状況の確認に 1 週間程度を要しているが，本サービスにより，事故のデータを受信後 5 分程度で AI が事故状況や責任割合などを算出し，迅速な事故状況の把握，解決につなげることができる，としている[43]。

---

38)　同社では，トヨタのテレマティクス装置向けには，2020 年 3 月から「運行軌跡マッピング」や「運転挙動可視化」を提供している。これはトヨタ車のテレマ装置からの取得情報を基に，事故に至るまでの走行軌跡のほか，アクセル・ブレーキ，シフトポジション，ステアリングの操作状況，指示器，安全装置といった各種装備の作動状況に関する車両データを可視化するものである。

39)　あいおいニッセイ同和「ニュースリリース　テレマティクス損害サービスシステムに新たな機能を実装～業界初 の AI による相手車両の速度解析などを導入，より一層お客さまに寄り添った事故対応を可能に～」2020 年 9 月 25 日。

40)　三井住友海上「ニュースリリース　～先進デジタル技術の活用による事故対応の高度化を実現～ AI がドライブレコーダー映像から事故状況を自動で説明するシステムの導入について」2019 年 5 月 10 日。

41)　三井住友海上「ニュースリリース　～デジタル技術を活用して一歩先を行く事故対応サービスの実現～ドラレコ型 AI 事故状況説明システム「Ai's（アイズ）」に新機能を追加」2021 年 2 月 22 日。

42)　同上。

4　テレマティクス自動車保険の意義や展望

　本節では，わが国におけるテレマティクス自動車保険の意義や展望について，課題にも触れながら概観したい。

(1)　保険料計算におけるリスク情報の質的変化

　従来の自動車保険では，運転者の年齢，免許の種類，過去の事故歴（自動車保険のノンフリート等級），車種，車の使用目的などの静的リスク情報を利用し，過去の統計による集団的リスク分析に基づいて保険料設定を行ってきたが，テレマティクス自動車保険では走行距離や運転行動などの動的データをリアルタイムで収集することも可能となり，顧客のリスクに応じてより詳細な保険料設定が可能となる。この点に関しては，わが国における意義として，過去に蓄積された静的リスク情報に基づく集団的リスク処理から，リアルタイムな動的リスク情報により将来予測リスクを把握する個別的リスク管理へと大きな質的転換を図るものであり，これは保険理論におけるパラダイム転換を意味することが指摘されている[44]。

　一方で，2021年7月現在，わが国で収集データを保険料に反映する保険会社はいまだ限られている[45]。この点に関しては，わが国において保険料に反映する際の課題として，既存制度との整合性を図る必要性（安全運転はノンフリート等級別料率制度ですでに一定割引がなされているほか，走行距離も「使用目的」において例えば「日常レジャー」であれば走行距離が短いなどにより間接的に反映されているなど）が指摘されている[46]。また，リスク評価上の課題（わが国は認可制であり，取得したデータを保険料率に反映するためには，データから得られた事実とリスクとの間の因果性・相関関係について理論確立が必要

---

43)　東京海上日動「ニュースリリース　AI 技術とドライブレコーダー映像を活用した「事故状況再現システム」の導入」2020年3月17日。

44)　自動車保険研究プロジェクト A-729（2018）8-9 頁。

45)　2021年7月現在，個人向け商品に関しては，あいおいニッセイ同和のほか，損保ジャパンやソニー損保が保険料の割引を行う商品を提供している。

46)　金子（2019）53 頁。

であることなど）も指摘されており 47），保険料の反映にあたってはこれらの
課題をクリアする必要がある。

　運転行動によるリスク評価や収集するデータに関しても課題がある。現状，
運転行動は収集しているものの「ドライバー」単位ではなく，「車」単位でデー
タを取得しているケースが多く，必ずしも個々人のリスクを正確に評価でき
ているわけではない。また収集データは，現状，運転速度，アクセル，ブレー
キ操作などを収集するケースが多く，安全運転診断においては急操作を抽出
し安全度を評価する場合が多いが，実際の事故原因の 60％はドライバーの
安全不確認となっており，現状で収集しているデータでは急操作を伴わない
危険な運転行動を見逃す可能性があることなども指摘されている 48）。

　ただし，ドライバーの状況に関しては，近年，車内カメラにより把握する
動きが出てきている。例えば，三井住友海上社が 2020 年 1 月から企業向け
に提供しているドラレコ型テレマティクスサービス『F－ドラ』では，車内
カメラによる「顔認証」機能を搭載しており，これにより「車」単位ではな
く，「ドライバー」単位の運転傾向などを把握することができる 49）。また，
東京海上日動社も，2021 年 4 月から個人向け商品としては業界で初めて車
内カメラによる「顔識別機能」を活用して，ドライバー別の安全運転診断レ
ポートを提供するほか，わき見警告機能を提供している 50）。

　現状，これらのデータは保険料の反映には活用されていないが，このよう
な取り組みや今後の技術の進展などにより，活用されるデータやリスク評価
の高度化も期待される。わが国ではノンフリート等級別料率制度により割引
の余地が限られている，と見る意見もあるが，ノンフリート等級が 20 等級
で従来の自動車保険ではこれ以上の保険料の割引が望めない層や，新規に自

47）　金子（2019）53 頁。
48）　自動車保険研究プロジェクト A-646（2016）16-23 頁。
49）　三井住友海上「ニュースリリース ～事故のない快適なモビリティ社会の実現に向け
て～ドライブレコーダー・テレマティクスサービス『F-ドラ』の開発について」2019
年 10 月 7 日。
50）　東京海上日動「ニュースリリース【業界初】通信機能付きドライブレコーダー（2 カ
メラ一体型）の提供開始～車内カメラにより「後方撮影」や「わき見運転」にも対応～」
2020 年 12 月 10 日。

動車保険に加入する層にとっては，テレマティクス自動車保険による保険料割引は魅力となりうる。保険料に反映する保険会社が増えれば，導入していない保険会社にとっては競争上のリスクとなりうる。

(2)　事故対応などのあり方の変化

　従来の自動車保険では，事故が起きた後に顧客から通知を受けて初めて事故対応を行っていたが，わが国のテレマティクス自動車保険では，事故の際の衝撃を感知して保険会社に自動通報を行い，必要に応じてレッカー車の手配を行うなどのサービスを提供している事例が多い。これは，従来の受動的な対応から能動的な対応へと事故対応や顧客との接点のあり方を大きく変化させるものである。

　また近年は，テレマティクスにより取得した事故時のデータを AI などで分析して事故状況の把握や過失割合の判定を行うなど，テレマティクス自動車保険による事故対応の高度化の動きが広がっている。顧客にとっては保険会社へ説明する手間が省かれるほか，保険金支払いに要する時間が短くなるなどのメリットがあり，顧客体験を大きく変えるものである。とくに事故状況の説明は顧客にとって精神的な負担が大きく，テレマティクス自動車保険で得られるデータなどを活用した事故対応は顧客にとって大きなアピールポイントとなる可能性が高いと考えられる。

(3)　安全運転支援による事故の減少

　わが国のテレマティクス自動車保険では，安全運転支援サービスとして運転診断レポートの提供や，危険な運転行動検知時のアラート発信などのサービスを提供している商品が多い。安全運転支援サービスは，事故を未然に防ぎ，結果として社会全体の事故を減少させる効果などが期待されており，保険会社が商品の提供を通じて社会的な貢献を行うことができる分野である。

　事故を減少させる効果は一定程度出ており，例えばあいおいニッセイ同和社の 2021 年 5 月のニュースリリースによれば（同社では運転診断レポートやアラートだけでなく，安全運転による保険料割引も実施しているが），同社のテレマティクス自動車保険の加入契約は事故発生頻度が 14％低減している[51]。

一方で，顧客が運転診断レポートなどを確認せず，自身の運転行動の振り返りを行わない場合，事故を減少させる効果が発揮されない可能性がある。同社では顧客のインセンティブとなるよう，運転診断レポートの閲覧や同社が提供する運転技能トレーニングゲームアプリを利用した場合などにポイントが貯まる「AD テレマイレージ」というポイントサービスを 2021 年 1 月から提供している。

　わが国で提供されている安全運転支援のためのアラート機能としては，急ハンドル，急ブレーキ，車間距離が短い場合などのアラートがあるが，技術の進展とともにアラートの仕組みも高度化している。例えば三井住友海上社とあいおいニッセイ同和社では，AI を活用し，過去の交通事故データと，道路，店舗，人口などの情報から「事故の危険が高い地点」を分析して登録し，アラートを発する機能を 2021 年 4 月から提供する。また，車内カメラを活用したわき見警告機能も 2021 年 4 月に東京海上日動社が，2021 年 10 月には三井住友海上社 [52] が，それぞれ個人向け商品において提供する。技術の進展とともに，今後も提供されるサービスのさらなる高度化とそれによる事故の減少が期待される。

(4)　類似分野などへの応用

　テレマティクス自動車保険で収集されるデータは，流通業や交通分野においても共通性が高く，新しいビジネスを展開できる可能性が指摘されており [53]，実際に活用する動きも出てきている。例えば三井住友海上社では，2020 年 10 月に道路インフラのメンテナンス支援を目的として，同社のドラレコを活用し，AI 分析により道路の損傷箇所を検知する実証実験を行うことを公表した [54]。報道 [55] によれば，危険な箇所や修繕が必要な場所を地図上で示し，自治体など向けに 2021 年度中に販売を始める。

---

51)　あいおいニッセイ同和「ニュースリリース　テレマティクス自動車保険のお客さま満足度が 99.3 ％を獲得！〜事故発生頻度の低減や事故の早期解決など，テレマティクス技術による効果が高評価〜」2021 年 5 月 21 日。

52)　三井住友海上「ニュースリリース　〜 DX value シリーズ第 1 弾に追加〜「見守るクルマの保険（プレミアム ドラレコ型）」の開発について」2021 年 6 月 17 日。

53)　自動車保険研究プロジェクト A-729（2018）13-14 頁。

　損保ジャパン社では，2020 年 10 月から物流現場における事故防止を目的として，フォークリフトを対象とした実証実験を行っている。同実証実験では，ネットワークカメラを活用し，フォークリフトの速度超過，逆走，一時不停止などの危険挙動の分析などを行っており，実験から得た内容と既存のドラレコなどの車載器のデータと合わせたより効果的な事故防止プログラムの開発や，危険挙動の際に管理者にリアルタイムでアラートを発するサービスの開発などが目指されている[56]。

　また，その他，自動車類似分野でも応用する動きがあり，例えば，あいおいニッセイ同和社では，2021 年 3 月からオートバイ保険契約者向けに，バイク用ドラレコおよびスマホアプリを活用し，事故の際に事故映像を簡単に保険会社に送信できる機能や，万が一の際にはアプリからワンタッチでオペレーターとつながり，「救急車の要請」「警察への通報」「ロードサービスの要請」をワンストップで代行・取次するサービスを提供している[57]。

(5)　MaaS や自動運転などへの活用

　テレマティクス自動車保険で得た知見などは MaaS や自動運転などでも活用されている。例えば，あいおいニッセイ同和社では，京都府舞鶴市で実施されている「住民同士の送迎やバス・タクシーなどを組み合わせた日本初の MaaS」において，ドライバーの安全運転を促進するため，スマホアプリを活用し「安全運転スコアリング」を提供する実証実験を 2020 年 7 月に実施している[58]。

　自動運転に関連する取り組みとしては，あいおいニッセイ同和社が，

54）　三井住友海上「ニュースリリース　ドライブレコーダーを活用した社会インフラメンテナンス支援に向けた実証実験の開始」2020 年 10 月 27 日。

55）　『日本経済新聞』2020 年 10 月 26 日。

56）　損害保険ジャパン「ニュースリリース　キヤノン・日本通運と協業し映像解析技術を活用した物流事業者向け「事故防止に資する」ソリューションサービスの実証を開始」2020 年 12 月 1 日。

57）　あいおいニッセイ同和「ニュースリリース　〜レッドバロン，JVC ケンウッド，あいおいニッセイ同和損保が共同開発〜【業界初※】保険連動対応バイク用ドライブレコーダーを提供開始　専用スマートフォンアプリで事故映像を保険会社へかんたん送信」2020 年 12 月 22 日。

2021年1月からトヨタのテレマ装置搭載車向けの「タフ・つながるクルマの保険」において，システムが運転主体となる「自動運転レベル3」以上の「自動運転モード」で走行中の運転分保険料を無料としている。同商品ではトヨタのテレマ装置から取得する走行情報を基に「自動運転モード」の利用状況を正確に把握でき，これにより自動運転モード利用時の運転分保険料の無料化を実現している[59]。

　また，前記（1）のとおり，近年，車内カメラによりドライバーを識別する動きが出てきているが，ドライバーの識別が可能になれば「車」単位ではなく「ドライバー」単位でリスク実態に応じ，より詳細な保険料設定が可能となる。このような保険料設定はさまざまな人が利用するカーシェアの保険料設定においても応用できると考えられる。将来，自動運転車の普及が見込まれるが，自動運転車は価格が高額となり，その結果カーシェアが増加するという予測もある。完全な自動運転が実現した場合には，保険に関しては製造物責任（PL）保険が主体になるとの見方もあるが，自動運転社会へは徐々に移行することが想定されており，今後もテレマティクス自動車保険で得た知見は自動運転での活用も期待される。

(6)　海外展開

　わが国では，長期的な人口減少などによる国内保険市場の縮小の可能性もあり，大手保険会社を中心に，新たな収益の確保などを目的として，海外事業展開が進んでいるが，テレマティクス自動車保険や関連サービスについても海外展開している保険会社がある。

　例えば，損保ジャパン社では，わが国で展開する無料スマホアプリ『Safety Sight』を2013年6月からタイでも展開している[60]。また，あいおいニッセイ同和社は，2018年3月にタイで同国初の走行距離連動（PAYD）型商品

---

58)　あいおいニッセイ同和「ニュースリリース「舞鶴市共生型MaaS」に　あいおいニッセイ同和損保，MS&ADインターリスク総研が参画—さらなる「安全・安心」な共生型MaaSを目指して—」2020年6月29日。
59)　あいおいニッセイ同和「ニュースリリース【国内初】自動運転車の安全性を保険料に反映するテレマティクス自動車保険を開発〜自動運転中の運転分保険料を無料化！自動運転を使うほど安全・安心・お得に〜」2020年7月31日。

を，2020年6月には同国初の運転行動連動（PHYD）型商品をトヨタ車向けにそれぞれ販売している。さらに，あいおいニッセイ同和社は2014年にイギリスのテレマティクス保険大手ITB社を買収しているほか，2016年4月にはアメリカに，2017年10月にはシンガポールにテレマティクス関連の事業拠点をそれぞれ設立しており，アメリカに設立した拠点に関しては，2019年にはアメリカのテレマティクス大手のプログレッシブ社とも協業している[61]。

　今後もこのようにテレマティクス自動車保険や関連サービスを海外展開に活かすことが考えられる。とくに，わが国においては前記3（4）のとおり近年，AIなどにより事故情報を分析し，損害サービスを高度化する動きが広がっているが，このような取り組みによりわが国で得た知見は海外展開などにも活かせる可能性があるのではないか。

　また，わが国では高齢化が進展しているが，テレマティクス自動車保険でも高齢者向けの保険関連サービスなどを提供している事例がある。例えば，三井住友海上社およびあいおいニッセイ同和社では，高齢者の高速道路の逆走などによる事故増加を踏まえ，高齢者に主眼を置いたサービスとして高速道路逆走やあらかじめ指定した区域外の走行を検知した際にアラートを行うサービスのほか，見守りサービスとしてあらかじめ指定した家族などに対し運転診断レポートやアラートの発信状況などを共有するサービスを提供している。また，あいおいニッセイ同和社では，東北大学加齢医学研究所などと連携し，テレマティクス自動車保険契約者向けのスマホアプリとして，日常的な認知トレーニングにより運転技能の維持・向上を目指す「運転技能向上トレーニング・アプリ」を2020年1月から提供している。高齢化は，先進国だけでなく開発途上地域においても今後急速に進展すると見込まれており，高齢者向けの取り組みについても海外展開に活かすことが期待される。

---

60)　損害保険ジャパン・日本興亜損害保険「ニュースリリース　自動車運転者向けスマートフォン用アプリ（無料）「Safety Sight」の海外展開」2013年6月3日。

61)　あいおいニッセイ同和「ニュースリリース Toyota Insurance Management Solutions USA, LLC が米国テレマティクス保険大手 Progressive 社と協業を開始」2019年4月26日。

(7) 普及上の課題

テレマティクス自動車保険では安全運転の促進機能により社会全体の事故を削減する効果などが期待されるが，プライバシー侵害への懸念や，機器やサービス提供にコストがかかることもあり，あくまで自動車保険の1つとして提供されている。社会全体でそのメリットを享受するには，いかに顧客のニーズを捉え，加入者を増加させるかが最大の課題である。

わが国においては「あおり運転」の社会問題化を契機としてドラレコ型テレマティクス自動車保険への関心が高まったが，ドラレコ型商品は特約保険料として月々数百円支払うのが一般的であり，すでに市販のドラレコを利用している消費者にとっては，必ずしもニーズに合致するとは限らない[62]。また保険会社が提供するテレマティクス関連サービスについては，例えば自動車メーカーなどが自社のテレマ装置を活用して同様のサービスを提供しているケースもある。使用する機器，提供するサービス，データの分析などにかかるコストとのバランスをとり，いかに保険会社として提供する商品・サービスの付加価値を高めていくかが重要である。

近年わが国においては，テレマティクスにより取得した事故時のデータをAIなどで分析して事故状況の把握や過失割合の判定などを行うなど，テレマティクス自動車保険による事故対応の高度化が進展している。顧客にとっては保険会社へ説明する手間が省かれるほか，保険金支払いに要する時間が短縮されるなどのメリットがあり，また事故対応は保険会社ならではのサービスとして顧客にとって魅力となる可能性が高いと考えられる。

一方で，顧客のプライバシーに対する懸念は引き続きテレマティクス自動車保険の普及における課題であり，保険会社はメリットだけでなく，どのようなデータを利用するのかなどの情報を顧客に提供するとともに，収集したデータを適切に管理していく必要がある。

---

62) あいおいニッセイ同和社ではさまざまな顧客ニーズがあることを踏まえ，トヨタ車向けの商品，ドラレコ型商品，簡易車載器を利用した商品など，複数のラインナップを設けている。

おわりに

　テレマティクス自動車保険は，その登場により，損害保険業界のビッグデータの活用が進展し，事故対応のあり方が変化するなど，損害保険業界に大きな影響を与えた。また，安全運転の促進機能により社会全体の事故を減少させる効果なども期待され，保険会社が商品の提供を通じ社会的な貢献を行うことが期待される分野である。

　テレマティクス自動車保険を実施するにあたっては，顧客のプライバシー，利用・収集するデータ，使用する機器，提供するサービス，運営コストなどを検討する必要があり，どのような商品・サービスを提供するかは保険会社の戦略による。現状，さまざまな取り組みが行われているが，わが国においては近年，AI を活用した事故対応の高度化や他分野での応用などの取り組みも始まっている。今後も技術の進展に伴い，商品・サービスのさらなる高度化や，それによる保険会社の社会への貢献が期待される。

＜参考文献＞　［　］内は最終閲覧日

牛窪賢一（2014）「価格比較サイトとテレマティクス自動車保険——イギリスの個人自動車保険市場における動向」『損保総研レポート』第 108 号，1-50 頁.

金子敬行（2019）「テレマティクスを活用した自動車保険」『IATSS Review』Vol. 43, No. 3, 49-58 頁.

佐川果奈英（2012）「テレマティクス自動車保険——イギリスにおける動向を中心として」『損保総研レポート』第 101 号，29-69 頁.

佐川果奈英（2014）「テレマティクス自動車保険——米国・イギリスにおける状況を中心として」『保険研究』第 66 集，125-144 頁.

佐藤智行（2009）「PAYD（実走行距離連動型自動車保険）——米国カリフォルニア州の導入を巡る議論を中心として」『損保総研レポート』第 87 号，35-68 頁.

自動車保険研究プロジェクト（代表：堀田一吉）（2014）「高齢者の交通事故と高齢者福祉——高齢者の自動車事故と補償対策」『日交研シリーズ』A-614.

自動車保険研究プロジェクト（代表：堀田一吉）（2016）「テレマティクス自動車保険の現状課題と将来展望」『日交研シリーズ』A-646.

自動車保険研究プロジェクト（代表：堀田一吉）（2016）「テレマティクス自動車保険の導入可能性と課題」『日交研シリーズ』A-675.

自動車保険研究プロジェクト（代表：堀田一吉）（2018）「保険情報のデジタル化と自動車
　　保険──ビッグデータ時代と自動車保険」『日交研シリーズ』A-729.
田中博之（2005）「PAYD について──実走行距離連動型自動車保険の海外での事例を中
　　心として」『損保総研レポート』第 73 号, 1-21 頁.
古橋喜三郎（2015）「米国のテレマティクス自動車保険」『損保総研レポート』第 111 号,
　　21-43 頁.

NAIC（2015）"CIPR Study, Usage-Based Insurance and Vehicle Telematics: Insurance
　　Market and Regulatory Implications."（https://www.naic.org/documents/cipr_
　　study_150324_usage_based_insurance_and_vehicle_telematics_study_series.
　　pdf）［2021 年 5 月 30 日］
NAIC（2021）"Telematics/Usage-Based Insurance."（https://content.naic.org/cipr_topics/
　　topic_telematicsusage_based_insurance.htm）［2021 年 2 月 18 日］
Progressive HP "COVID-19: We're here for you."（https://www.progressive.com/support/
　　covid19/）［2021 年 5 月 18 日］
あいおい損害保険「ニュースリリース　業界初！実走行距離連動型自動車保険『PAYD（ペ
　　イド）』新発売！」2004 年 3 月 4 日.（https://www.aioinissaydowa.co.jp/corporate/
　　about/news/aioi/pdf/2004/T20040304PAIDHP.PDF）［2021 年 2 月 18 日］
あいおいニッセイ同和「ニュースリリース　Toyota Insurance Management Solutions
　　USA, LLC が米国テレマティクス保険大手 Progressive 社と協業を開始」2019 年
　　4 月 26 日.（https://www.aioinissaydowa.co.jp/corporate/about/news/pdf/2019/
　　news_2019042600575.pdf）［2021 年 5 月 18 日］
あいおいニッセイ同和「ニュースリリース　「舞鶴市共生型 MaaS」に　あいおいニッセ
　　イ同和損保，MS&AD インターリスク総研が参画─さらなる「安全・安心」な
　　共生型 MaaS を目指して─」2020 年 6 月 29 日.（https://www.aioinissaydowa.
　　co.jp/corporate/about/news/pdf/2020/news_2020062600700.pdf）［2021 年 4 月
　　17 日］
あいおいニッセイ同和「ニュースリリース　【国内初】自動運転車の安全性を保険料に反
　　映するテレマティクス自動車保険を開発～自動運転中の運転分保険料を無料化！
　　自動運転を使うほど安全・安心・お得に～」2020 年 7 月 31 日.（https://www.
　　aioinissaydowa.co.jp/corporate/about/news/pdf/2020/news_2020073000716.pdf）
　　［2021 年 4 月 17 日］
あいおいニッセイ同和「ニュースリリース　テレマティクス損害サービスシステムに新た
　　な機能を実装～業界初 のＡＩによる相手車両の速度解析などを導入，より一層
　　お客さまに寄り添った事故対応を可能に～」2020 年 9 月 25 日.（https://www.
　　aioinissaydowa.co.jp/corporate/about/news/pdf/2020/news_2020092500746.pdf）
　　［2021 年 7 月 25 日］
あいおいニッセイ同和「ニュースリリース　～レッドバロン，JVC ケンウッド，あいお
　　いニッセイ同和損保が共同開発～【業界初※】保険連動対応バイク用ドライブ
　　レコーダーを提供開始専用スマートフォンアプリで事故映像を保険会社へかんた
　　ん送信」2020 年 12 月 22 日.（https://www.aioinissaydowa.co.jp/corporate/about/
　　news/pdf/2020/news_2020122100787.pdf）［2021 年 4 月 17 日］

あいおいニッセイ同和「ニュースリリース　テレマティクス自動車保険のお客さま満足度
　　　が 99.3 ％を獲得！〜事故発生頻度の低減や事故の早期解決など，テレマティク
　　　ス技術による効果が高評価〜」2021 年 5 月 21 日．（https://www.aioinissaydowa.
　　　co.jp/corporate/about/news/pdf/2021/news_2021052000855.pdf）［2021 年 5 月
　　　23 日］
Automotive media Response「三井住友海上，『スマ保』を 8 月提供開始…運転診断やド
　　　ラレコ搭載のスマホアプリ」2012 年 5 月 2 日．（https://response.jp/article/2012/
　　　05/02/173841.html）［2021 年 2 月 18 日］
くるまのニュース「社会問題となった「あおり運転」増加に伴い加入者が急増　ドラレコ
　　　と"テレマティクス"を活用した自動車保険とは」2019 年 2 月 25 日．（https://kuruma-
　　　news.jp/post/131985）［2021 年 3 月 20 日］
自動車関連情報の利活用に関する将来ビジョン検討会（2015）「自動車関連情報の利活用
　　　に関する将来ビジョン」．（https://www.mlit.go.jp/common/001066883.pdf）［2021
　　　年 5 月 30 日］
損害保険ジャパン「ニュースリリース　テレマティクスを活用した新自動車保険の開発〜
　　　安全・安心な社会を目指す『ドラログ』の発売〜」2012 年 12 月 21 日．（https://
　　　www.sompo-japan.co.jp/~/media/SJNK/files/news/sj/2012/20121221_1.pdf）
　　　［2021 年 5 月 18 日］
損害保険ジャパン「ニュースリリース　キヤノン・日本通運と協業し映像解析技術を活用
　　　した物流事業者向け「事故防止に資する」ソリューションサービスの実証を開始」
　　　2020 年 12 月 1 日．（https://www.sompo-japan.co.jp/-/media/SJNK/files/news/
　　　2020/20201201_2.pdf?la=ja-JP）［2021 年 4 月 16 日］
損害保険ジャパン・日本興亜損害保険「ニュースリリース　自動車運転者向けスマートフォ
　　　ン用新アプリ（無料）の開発〜 業界初「前方車両接近アラート」の提供開始 〜」
　　　2012 年 7 月 20 日．（https://www.sompo-japan.co.jp/~/media/SJNK/files/news/
　　　nk/2012/news2012_07_20_app.pdf）［2021 年 2 月 18 日］
損害保険ジャパン・日本興亜損害保険「ニュースリリース　自動車運転者向けスマートフォ
　　　ン用アプリ（無料）「Safety Sight」の海外展開」2013 年 6 月 3 日．（https://
　　　www.sompo-japan.co.jp/~/media/SJNK/files/news/sj/2013/20130603_1.pdf）
　　　［2021 年 5 月 18 日］
損害保険ジャパン日本興亜「ニュースリリース　個人向け安全運転支援サービス『ドライ
　　　ビング！』の本格展開〜事故現場駆けつけなどの新サービス提供〜」2017 年 9
　　　月 25 日．（https://www.sompo-japan.co.jp/~/media/SJNK/files/news/2017/
　　　20170925_2.pdf）［2021 年 5 月 30 日］
損害保険ジャパン日本興亜「ニュースリリース　企業向け新サービス『スマイリングロー
　　　ド』の提供〜ビッグデータ解析やテレマティクス技術等を活用した安全運転支援
　　　サービス〜」2014 年 9 月 1 日．（https://www.sompo-japan.co.jp/~/media/SJNK/
　　　files/news/2014/20140901_2.pdf）［2021 年 4 月 16 日］
損害保険ジャパン日本興亜「ニュースリリース　企業向け安全運転支援サービス『スマイ
　　　リングロード』の全国展開開始〜先行地域での評価を踏まえ，全国でのサービス
　　　提供を決定〜」2015 年 2 月 3 日．（https://www.sompo-japan.co.jp/~/media/SJNK/
　　　files/news/2014/20150203_1.pdf）［2021 年 4 月 16 日］

東京海上日動「ニュースリリース　自動車保険 新サービス「ドライブエージェント パーソナル」の開発〜テレマティクス技術を活用した先進的なサービスを，個人向けの自動車保険で実現〜」2016 年 11 月 25 日．（https://www.tokiomarine-nichido.co.jp/company/release/pdf/161125_01.pdf）〔2021 年 5 月 18 日〕

東京海上日動「ニュースリリース　AI 技術とドライブレコーダー映像を活用した「事故状況再現システム」の導入」2020 年 3 月 17 日．（https://www.tokiomarine-nichido.co.jp/company/release/pdf/200317_01.pdf）〔2021 年 4 月 16 日〕

東京海上日動「ニュースリリース　【業界初】通信機能付きドライブレコーダー（2 カメラ一体型）の提供開始〜車内カメラにより「後方撮影」や「わき見運転」にも対応〜」2020 年 12 月 10 日．（https://www.tokiomarine-nichido.co.jp/company/release/pdf/201210_01.pdf）〔2021 年 5 月 18 日〕

東京海上日動「ニュースリリース　先進的テレマティクスサービス「ドライブエージェント」の開発〜事故時の自動発報機能をはじめ，法人向けサービス分野でパイオニア 株式会社と協業〜」2015 年 6 月 22 日．（https://www.tokiomarine-nichido.co.jp/company/release/pdf/150622_01.pdf）〔2021 年 5 月 18 日〕

富士経済「プレスリリース　自動運転技術との融合が進みつつあるコネクテッドカーの世界市場を調査」2018 年 2 月 27 日．（https://www.fuji-keizai.co.jp/press/detail.html?cid=18018&view_type=1）〔2021 年 2 月 18 日〕

三井住友海上「スマートフォン利用者をサポートするアプリ「スマ保」 品質にこだわる姿勢が実を結び，50 万ダウンロード突破（ADVANCING STORY 〜挑戦する社員のインタビュー〜）」2015 年 7 月．（https://www.ms-ins.com/special/interview/story03.html）〔2021 年 2 月 18 日〕

三井住友海上「ニュースリリース　〜先進デジタル技術の活用による事故対応の高度化を実現〜A I がドライブレコーダー映像から事故状況を自動で説明するシステムの導入について」2019 年 5 月 10 日．（https://www.ms-ins.com/news/fy2019/pdf/0510_1.pdf）〔2021 年 4 月 16 日〕

三井住友海上「ニュースリリース　〜事故のない快適なモビリティ社会の実現に向けて〜ドライブレコーダー・テレマティクスサービス『F－ドラ』の開発について」2019 年 10 月 7 日．（https://www.ms-ins.com/news/fy2019/pdf/1007_1.pdf）〔2021 年 5 月 18 日〕

三井住友海上「ニュースリリース　ドライブレコーダーを活用した社会インフラメンテナンス支援に向けた実証実験の開始」2020 年 10 月 27 日．（https://www.ms-ins.com/news/fy2020/pdf/1027_1.pdf）〔2021 年 4 月 16 日〕

三井住友海上「ニュースリリース　〜デジタル技術を活用して一歩先を行く事故対応サービスの実現〜ドラレコ型A I 事故状況説明システム「Ai's（アイズ）」に新機能を追加」2021 年 2 月 22 日．（https://www.ms-ins.com/news/fy2020/pdf/0222_1.pdf）〔2021 年 7 月 25 日〕

三井住友海上「ニュースリリース　〜 DX value シリーズ第 1 弾に追加〜「見守るクルマの保険（プレミアム ドラレコ型）」の開発について」2021 年 6 月 17 日．（https://www.ms-ins.com/news/fy2021/pdf/0617_1.pdf）〔2021 年 7 月 25 日〕

三井住友海上「ニュースリリース　〜安全運転取組結果に応じて次回契約の保険料を最大6％割引〜テレマティクス技術を活用した安全運転支援サービス「スマ Navi」を

開 始」2015 年 4 月 27 日．（https://www.ms-ins.com/news/fy2015/pdf/0427_1.pdf）［2021 年 5 月 18 日］

第7章

シェアリングエコノミーと自動車保険

内藤　和美

はじめに

　近年，シェアリングエコノミー[1]と呼ばれる新たな経済システムが，世界的に進展している。シェアリングエコノミーは，2010年頃からエアビーアンドビー（Airbnb）やウーバー（Uber）などの躍進によって注目を集めることになった。Airbnbは空き部屋の民泊をネットで仲介する空間のシェア，Uberはライドシェアによる自動車の配車サービスを提供する移動のシェアなどを提供している。シェアリングエコノミーは今や，空間や移動のシェアのほかに，モノのシェア，スキルのシェアそしてお金のシェアへと広がりを見せており，急速に進展する情報技術（IT）を駆使した新しいビジネスモデルとして捉えられている。

　日本では，内閣官房シェアリングエコノミー促進室がシェアリングエコノミーを「個人等が保有する活用可能な資産等（スキルや時間等の無形のものを含む）を，インターネット上のマッチングプラットフォームを介して他の個

1）　シェアリングエコノミーに統一された定義はなく，「協働経済」と呼ばれるほか，「ギグエコノミー」，「ピアエコノミー」，「レンティングエコノミー」，「オンデマンドエコノミー」などと呼ばれることもある。主に5つの特徴（①市場に基づくこと，②資本の影響力が大きいこと，③中央集権的組織やヒエラルキーよりも大衆のネットワークが力を持つこと，④パーソナルとプロフェッショナルの線引きが曖昧であること，⑤フルタイム労働と臨時労働，自営と雇用，仕事と余暇の線引きが曖昧であること）を備えた経済システムを指すと指摘される（アルン・スンドララジャン　2016，51-53頁）。

人等も利用可能とする経済活性化活動をいう。」と説明しており，IT の普及・高度化に伴い多様な分野で登場しつつあるシェアリングエコノミーが，超少子高齢化を迎えるわが国のさまざまな社会的課題の解決に貢献することが期待されている[2]。

　一方，シェアリングエコノミーは，保険業界にも影響を及ぼしており，シェアリングエコノミーに対応する保険商品の開発やサービスの提供を通して，シェアリングエコノミーの普及を後押しするのみならず，自動車保険を中心とする既存の保険に対して質的な転換をもたらしつつあると言える。

　本章では，まずシェアリグエコノミーが成長している要因をその市場規模と認知度の観点から明らかにし，シェアリングエコノミーが保険業に与えるインパクトを考察する。そのうえで，シェアリングエコノミーの中でも移動のシェアに焦点を当てて，カーシェアやライドシェアなどのシェアリングエコノミーの進展が自動車保険に対してどのような質的転換をもたらしているのかを検証する。そして最後に，消費者志向の変化やデジタル化の進展などシェアリングエコノミーを取り巻く環境変化を踏まえつつ，今後の自動車保険における意義と役割を考察する。

1　シェアリングエコノミーの成長要因

(1)　シェアリングエコノミーが成長している要因

　シェアリングエコノミーが急成長している背景として，5つの要因が挙げられる。第1に，インターネットを中心とした IT の普及・進歩という技術的要因，第2に，利用されない資源を有効活用する仕組みを通して環境負荷の軽減を図るという環境的要因，第3に，シェアリングエコノミー自体が新たなビジネスモデルを生み出して成長産業に発展する可能性を有しているという経済的要因，第4に，都市部への人口集中などの社会的要因，そして第5に，「所有」から「消費」への価値観の変化に見られる心理的要因

---

2)　政府 CIO ポータル シェアリングエコノミー促進室「シェアリングエコノミーとは」。

である。

　また，これら 5 つの成長要因に加えて，後述するように，世界的な新型
コロナウイルス感染症拡大による社会・経済の変化や国連が提唱する持続可
能な開発目標（SDGs）への貢献という観点が，シェアリングエコノミーの
成長に大きく影響している点も見逃せない。

(2)　シェアリングエコノミーの市場規模と認知度

1)　シェアリングエコノミーの市場規模[3]

　情報通信総合研究所がシェアリングエコノミー協会と共同で調査を行った
結果（「シェアリングエコノミー関連調査結果」2020 年 12 月 10 日）によれば，シェ
アリングエコノミーの市場規模は，2018 年度の 1 兆 8,874 億円から増大傾
向にある。2020 年度は，新型コロナの感染拡大によりインバウンドの利用
が多い民泊などスペースのシェアや対面型のスキルのシェアに対してマイナ
ス面の影響がもたらされた結果，予測値を下回る 2 兆 1,004 億円に留まった
ものの，2030 年度には新型コロナによるプラス面の影響（オンライン完結型
サービスや外出回避につながる食事宅配などの移動のシェアへの需要の高まり）
から 14 兆 1,526 億円へと拡大することが見込まれている。

　カテゴリー別の市場規模を見ると，2030 年度予測ではスペースのシェア
が最も大きく，次いでモノのシェア，スキルのシェアの順に市場規模が大き
いことが分かる。また，2018 年度から 2030 年度の成長率（ベースシナリオ）
では，スキルのシェアが最も高く（6.17 倍），2 番目に移動のシェア（5.50 倍），
3 番目にスペースのシェア（4.67 倍），と続いている（図表 7-1）。将来的に
はシェアリングエコノミーがもたらす既存産業（製造業やサービス業）への
経済波及効果や SDGs への貢献効果による市場拡大も期待されている。

　日本のシェアリングエコノミー市場の特徴として，規制緩和によって駐車
場や宿泊に関するサービス市場が拡大していることを反映してスペースの
シェアが拡大しているのに対し，ライドシェアやシェアサイクルなどの移動

---

[3]　情報通信総合研究所（2020）2-3 頁。同調査結果における市場規模とは，「資産・サー
　　ビス提供者と利用者の間の取引金額」と定義されており，プラットフォーマーの売上を
　　表すものではない。

図表 7-1　シェアリングエコノミーの市場規模（合計・カテゴリー別）

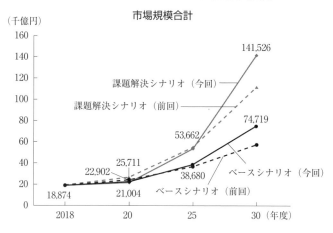

市場規模合計

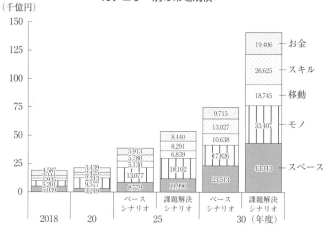

カテゴリー別の市場規模

出所：情報通信総合研究所「シェアリングエコノミー関連調査結果」2020 年 12 月 10 日。

　のシェアは，依然として規制が厳しいことから，他のカテゴリーに比べて市場規模が小さい。このうちライドシェアについては，後述するように徐々に規制緩和が図られているところであり，規制緩和の進展に伴って市場規模も拡大していくものと考えられる。

　また，移動分野におけるシェアリングエコノミーは，国際的に普及しつつある Mobility as a Service（MaaS）[4] という概念とともに広がりを見せてい

る ⁵⁾。日本でも，MaaS は自動運転とともに次世代交通の柱と位置づけられ
ており，MaaS の導入・実装を通して，現行では過疎地での運送や福祉目的
の運送など限定的にしか認められていない自家用車によるライドシェアサー
ビスの拡充が図られるものと期待されている ⁶⁾。

2)　シェアリングエコノミーの認知度（各国比較）

　シェアリングエコノミーの認知度について，アンケート調査に基づき国別
に比較した結果によれば ⁷⁾，日本は，駐車場のシェアに関する認知度が他の
国よりも若干高いものの，全般的には，アメリカ，ドイツおよびイギリスの
ほうがシェアリングエコノミーに関する認知度が高く，とりわけライドシェ
アについては，3 国が日本を大きく上回っている（図表 7-2）。

　また，上記のアンケート調査において，シェアリングサービスを知ってい
る人に利用状況を聞いたところ，日本では欧米諸国と比較して，全般的にシェ
アリングサービスの利用経験のある人が少ないことが明らかとなった（図表
7-3）。

　さらに，シェアリングサービスを利用する際に確保されているべきものと

図表 7-2　シェアリングサービスの認知度（国際比較）

(%)

	駐車場のシェアリング	ライドシェア	民泊サービス	個人の家事などの仕事・労働のシェアサービス	個人所有のモノのシェアサービス	当てはまるものはない
日本 (n＝1,000)	24.2	15.6	32.9	8.5	10.5	57.2
アメリカ (n＝1,000)	15.1	50.8	35.1	15.4	9.7	34.7
ドイツ (n＝1,000)	18.2	47.4	33.6	7.2	13.2	38.0
イギリス (n＝1,000)	20.0	40.2	36.8	11.5	7.0	41.3

出所：総務省「ICT によるインクルージョンの実現に関する調査研究」『平成 30 年版　情報通信白
　　　書』より。

---

4)　わが国では，国土交通省が「地域住民や旅行者一人一人のトリップ単位での移動ニー
　　ズに対応して，複数の公共交通やそれ以外の移動サービスを最適に組み合わせて検索・
　　予約・決済等を一括で行うサービスであり，観光や医療等の目的地における交通以外の
　　サービス等との連携により，移動の利便性向上や地域の課題解決にも資する重要な手段
　　となるもの」と定義している。国土交通省「MaaS とは」。
5)　総務省（2018）72 頁。
6)　日高ほか（2020）77-78 頁。
7)　総務省（2018）73-74 頁。

図表 7-3 シェアリングサービスの利用経験（国際比較）

(%)

	駐車場のシェアリング	ライドシェア	民泊サービス	個人の家事などの仕事・労働のシェアサービス	個人所有のモノのシェアサービス	当てはまるものはない
日本 (n=1,000)	9.1	4.9	4.9	2.8	1.6	81.1
アメリカ (n=1,000)	16.7	36.9	16.2	7.2	7.4	38.7
ドイツ (n=1,000)	12.3	27.4	17.4	5.2	3.7	48.4
イギリス (n=1,000)	14.0	22.5	18.2	4.6	2.7	48.7

出所：総務省「ICT によるインクルージョンの実現に関する調査研究」『平成 30 年版　情報通信白書』より。

　して，サービス利用者の側では，「トラブルが発生した場合に備えたサービス事業者による保証や介入の仕組みがあること」という回答が最も多く（63.9％），サービス提供者の側でも同様の回答の割合が最も高くなった（66.1％）（図表 7-4）。

　したがって，日本においてシェアリングサービスをより普及させるためには，前述した法規制の緩和のみならず，サービスの利用者および提供者の双方が有している「不安」を解消し，シェアリングエコノミーに対する信頼度を向上させることが重要である。

　シェアリングエコノミーを利用するうえでの不安を解消する 1 つの手段として保険があり，トラブルが生じた際に，保険によって補償されることが分かっていれば消費者に安心感を与えて，サービスの利用が促進される可能性がある。また，シェアサービスの提供によって収益を得ているシェアワーカーに対しても，より安心して仕事ができる環境を整備することができると考えられる。

2　シェアリングエコノミーと保険業

(1)　シェアリングエコノミーの普及と保険業へのインパクト

　シェアリングエコノミーの普及は，さまざまな業界に影響を及ぼすと考えられるが，最も大きな影響を受ける業界の 1 つとして保険業界が挙げられ，なかでもシェアリングエコノミー向け保険と自動車保険に対するインパクト

図表 7-4　シェアリングエコノミーを信頼して利用するための条件 (複数回答, 日本)

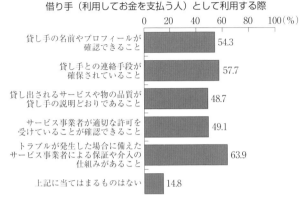

借り手 (利用してお金を支払う人) として利用する際

貸し手の名前やプロフィールが確認できること　54.3

貸し手との連絡手段が確保されていること　57.7

貸し出されるサービスや物の品質が貸し手の説明どおりであること　48.7

サービス事業者が適切な許可を受けていることが確認できること　49.1

トラブルが発生した場合に備えたサービス事業者による保証や介入の仕組みがあること　63.9

上記に当てはまるものはない　14.8

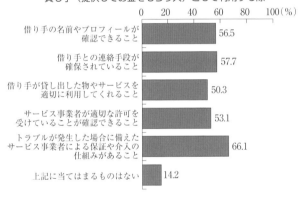

貸し手 (提供してお金をもらう人) として利用する際

借り手の名前やプロフィールが確認できること　56.5

借り手との連絡手段が確保されていること　57.7

借り手が貸し出した物やサービスを適切に利用してくれること　50.3

サービス事業者が適切な許可を受けていることが確認できること　53.1

トラブルが発生した場合に備えたサービス事業者による保証や介入の仕組みがあること　66.1

上記に当てはまるものはない　14.2

出所：総務省「ICT によるインクルージョンの実現に関する調査研究」『平成 30 年版　情報通信白書』より。

が大きい (シェアリングエコノミー向け保険と自動車保険については後述する)。

　また, シェアリングエコノミーの普及は IT の普及・発展に大きく依存することから, 保険業界におけるインシュアテック (保険 (Insurance) とテクノロジー (Technology) を掛け合わせた造語) の進展とも大いに関わるものである。とりわけ, シェアリングエコノミーとの親和性が高い分野として, オンデマンド (On demand) 保険 (保険が必要な期間に必要な補償だけを受けられ

る保険）や利用ベース（Usage based）保険（利用状況などのデータを提出することにより，リスクに見合う保険料で加入する保険）がある [8]。オンデマンド保険は，日本では，事業者向けのカーシェア保険や個人向けの 1 日単位型の自動車保険としてすでに実現しており，一方，利用ベース保険は，テレマティクス自動車保険（詳細は第 6 章を参照）が販売されて普及しつつある。

　さらに，近年注目を集めている Peer to Peer 保険（P2P 保険） [9] も，プラットフォーム企業を仲介してサービスが提供される点では，シェアリングエコノミーと類似の構造を有している。P2P ビジネスモデルは，世界的には，さまざまな業界（宿泊，自動車，クレジット業界など）において，伝統的な市場参加者の脅威になりつつあるとの指摘があるが [10]，保険業界との関係では，P2P ビジネスモデルの形態の多様性や自由度の高さから，その形態や国によっては，監督規制上「保険」とは認められないケースが存在する [11]。日本では，国内初の P2P 保険が，政府の規制緩和の枠組みであるサンドボックス制度を使って，少額短期保険業者であるジャストインケース社によって実現したが，既存の保険会社にとって脅威になるというよりも，市場の棲み分けやパートナーシップを結ぶことなどを通して，共存共栄していくべきものと考えられる。

(2)　シェアリングエコノミー向け保険の開発

1)　シェアリングエコノミー専用保険

　シェアリングエコノミー専用保険は，東京海上日動社とシェアリングエコノミー協会との共同により，同協会に加盟している事業者を対象とする「シェアリングエコノミー専用保険」として業界で初めて開発された [12]。その後，大手損害保険各社も，シェアリングエコノミー協会と連携してシェアリングエコノミー専用保険を開発・販売しており，それぞれ対象とするシェアサー

---

8)　河合（2019）237 頁以下。
9)　似たようなリスク性向（profile）を持った個人が集団を作って（友人同士や同じ組織に属する知人など）保険料を事前に支払い，保険事故が発生するとその集められた保険料のプールから保険金が支払われる仕組みである（河合 2019，249 頁）。
10)　Zwack（2017）S. 46-49.
11)　中国の「相互宝」は保険商品には分類されていないという（片山 2020，1 頁）。

ビスの分野や補償内容に相違が見られるものの，おおむねプラットフォーム
事業者を保険契約者とする法人向けの賠償責任保険であり，プラットフォー
ム事業者・サービス提供者・サービス利用者が負う賠償責任を総合的に補償
する保険商品であり，かつシェアリングエコノミー協会の認証制度を取得し
たプラットフォーム事業者に対して，保険料を割り引く保険商品となってい
る [13]。

　伝統的な自動車保険や火災保険は，モノ（車や住宅）を所有することによ
り生じるリスクに対応する保険商品であり，一般に「モノ保険」と呼ばれて
いる。一方，シェアリングエコノミー専用保険は，モノを所有するのではな
く，モノなどをシェアするサービスの提供と利用に伴うリスクを対象とする
保険である。すなわち，消費傾向が「モノ」から「コト」へと変化すること
に伴って，新しい枠組みの保険商品が必要とされるようになり，物的な損害
に起因して経済的損失を被るリスクを対象とする保険商品から，サービスの
提供・利用により相手方や第三者に損害を与えることに起因して損害賠償責
任を負うリスクを対象とする保険商品へとシフトしているのである。

　2）　多様化するシェアリングエコノミー向け保険（自動車保険以外）

　近年，各保険会社から多様なシェアリングエコノミー向け保険が開発・販
売されている。

　例えば，三井住友海上社は，シェアリングエコノミーの急速な普及に伴い，
シェアサービスを「利用している本人だけ」に「利用している間だけ」個人
賠償責任保険を提供したいとする事業者のニーズに対応した業界初のオンデ

12）　東京海上日動の「シェアリングエコノミー専用保険」は，子育て，家事代行，ペッ
　　トシッター，料理教室などのスキルシェアサービスのプラットフォームを運営する事業
　　者（シェアリングエコノミー協会会員企業）と実際にサービスを提供する個人の両方を
　　補償の対象とし，サービス提供に伴う対人・対物事故が生じた際に負担する賠償責任を
　　補償する商品である（自動車保険研究プロジェクト 2019，14-15 頁）。
13）　例えば，あいおいニッセイ同和損保の「シェアビジネス総合補償プラン」（2016 年
　　12 月販売開始），損害保険ジャパンの「オールインワンパッケージ（認証制度対応型）」
　　（2017 年 7 月販売開始），三井住友海上の「シェアエコプロテクター（認証制度対応型）」
　　（2017 年 8 月販売開始）がある。

マンド型「事業者向け個人賠償責任保険」を開発している[14]。同社は，シェアワーカー個人会員制度（シェアリングネイバーズ）の有料会員向けに，シェアサービス業務に関わるさまざまなリスクを補償する保険商品や生活サポートサービスを提供する「シェアワーカーのもしもに備える　シェアって安心プラン」も開発・提供している[15]。

　また，大手生命保険会社の住友生命社は，シェアワーカーの健康増進をサポートする取り組みとして，同社が販売する健康増進型保険である「Vitality」と連携し，シェアリングネイバーズの会員向けに小口で加入しやすい価格設定の「Vitality」を提供している[16]。

　さらに，損害保険ジャパン社は，スペースシェア事業者向けの保険として，スペースシェアサービスの利用者がトラブルによって被るモノの修理費やケガの治療費などの費用を幅広く補償するスペースシェアリングプラットフォーマー専用保険[17]および駐車場シェアリングサービス最大手のakippaと共同開発した保険商品で，駐車場シェアリングサービス向けに補償をカスタマイズして駐車場オーナーを守る保険として，業界初の「駐車場シェア専用保険」を開発している[18]。

　このように，シェアリングエコノミー向けの保険は，対象とするシェア分野の拡大を図るとともに，シェアサービスに関わるすべての当事者（シェア

---

14)　シェアサイクル事業者や民泊事業者など事業者のニーズに応じて設計されるオーダーメイド型の保険商品である。三井住友海上「ニュースリリース　～示談交渉サービス付！オーダーメイドで設計可能な賠償責任保険～【業界初】「事業者向け個人賠償責任保険」の販売開始について」2018年4月27日。

15)　シェアリングエコノミー協会が運営するシェアワーカー個人会員制度のベネフィット会員（有料会員）向けの保険である。三井住友海上「シェアワーカー個人会員制度向け「シェアワーカーのもしもに備える シェアって安心プラン」の提供を開始」2019年3月19日。

16)　住友生命のVitalityは，リスクに「備える」だけでなく，「健康増進」に取り組むモチベーションを高めて，リスクを「減らす」新しい保険の仕組みである。住友生命「シェアワーカーに様々な健康特典を提供できる"住友生命「Vitality」"の会員向けお手頃プランを共同企画」2019年4月19日。

17)　本保険ではLINEを活用した保険金請求サービスが提供される。損保ジャパン「【業界初】スペースシェアリングプラットフォーマー専用保険の共同開発～安心・安全なシェアリングエコノミーの実現に向けて～」2020年4月23日。

サービス事業者・サービス提供者・サービス利用者）に安全と安心を提供することを通して，シェアリングエコノミーの普及と発展に資する保険商品として進化している。

3　シェアリングエコノミーと自動車保険

　自動車に関わるシェアリングサービスは，自動車産業に 100 年に一度の大変革をもたらすという「CASE 革命」の一画を占めている。CASE 革命のもとでデジタル化された自動車（クルマ）は，通信技術やクラウド基盤の発展とともに，ネットワークにインターネットで常時接続されるコネクティッドカーとなり，IoT 端末となる。この結果，人間の移動（モビリティ）は，個人が自動車を所有し運転の主導権を持って移動する伝統的な姿から，MaaS と呼ばれるサービスとしてのモビリティへと進化していくとの指摘がある[19]。

　以下では，自動車に関わるシェアリングサービスとそれに対応する自動車保険の概要を述べた後，モビリティサービスとしてのシェアリングエコノミーと保険の役割について検討する。

(1)　自動車に関わるシェアリングサービスの概要

　自動車に関わるシェアリングサービスは，ライドシェアリング（ライドシェア）とカーシェアリング（カーシェア）に分類される。両者の違いは，ライドシェアが車に乗ることをシェアする「移動のシェア」であるのに対し，カーシェアは車体を貸し借りする「モノのシェア」である点である。

---

18)　駐車場貸し出し中に生じたユーザーの事故によるオーナー自身の物的損害，ユーザーの行為によってオーナー自身がケガをした場合の治療費およびオーナーの過失による損害賠償責任を補償する保険である。損害保険ジャパン「【業界初】「駐車場シェア専用保険」を akippa と共同開発～より安心・安全なシェアリングを目指して～」2020 年 5 月 18 日。

19)　「移動革命」とも呼ばれる（中西 2018，9-10 頁）

1)　ライドシェア

ライドシェアとは，運転手のいるクルマに希望者を同乗させるサービスであり，営利目的のライドシェア（配車サービス型ライドシェア）と非営利目的のライドシェアに分類される。営利目的のライドシェアの代表的な事業者はUberやリフト（Lyft）であり，非営利目的のライドシェアには，アメリカのカープール（Carpool）や欧州のブラブラカー（BlaBlaCar）がある[20]。

日本では，配車サービス型ライドシェアは，道路運送法で禁止されている「白タク行為」に当たるため，原則として認められていないが，非営利目的のライドシェアである相乗り（カープール）型ライドシェアは，配車サービス型ライドシェアとは異なり道路運送法に違反しないため，容認されている。

2)　カーシェア

カーシェアとは，自動車の所有者から車を借りて利用する形態で，レンタカーの利用や親・友人などの自動車を一時的に借用するものとして広く普及している形態である。近年は，マイカーを積極的に保有しようとしない人々が増えているなかで，カーシェアビジネスが大きく成長している。

公益財団法人交通エコロジー・モビリティ財団によれば，カーシェアビジネスは，「1台の自動車を複数の会員が共同で利用する自動車の新しい利用形態で，当初は仲間同士等で自発的に行われていたものが，組織的に運営されるようになったもの」とされる[21]。同財団の調査（2021年3月）によれば，カーシェアリング車両ステーション数，車両台数および会員数はいずれも増加傾向にある（図表7-5）[22]。

---

20)　中西（2018）169頁。
21)　組織的なカーシェアリングは，1980年代後半に欧州で始まり，1990年代には北米などにも広がったとされる。交通エコロジー・モビリティ財団HP「交通環境対策事業カーシェアリング」。
22)　2021年3月の調査では，車両ステーション数は19,346カ所，車両台数は43,460台，会員数は2,245,156人である。交通エコロジー・モビリティ財団HP「わが国のカーシェアリング車両台数と会員数の推移」。

図表 7-5　わが国のカーシェアリング車両台数と会員数の推移

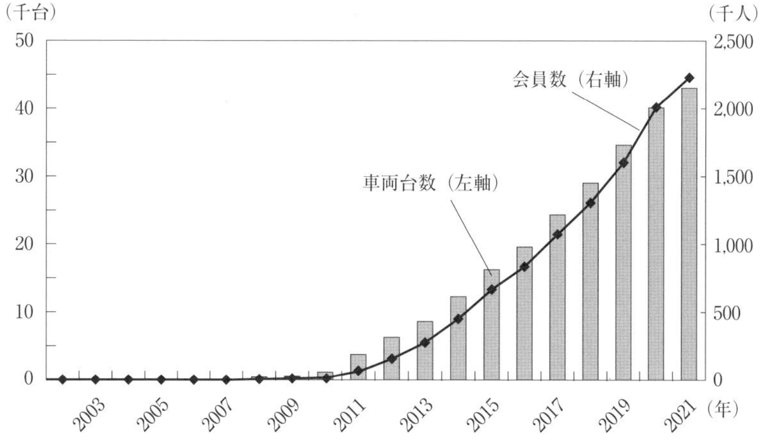

出所：交通エコロジー・モビリティ財団 HP より。

(2)　カーシェアと自動車保険

1)　諸外国におけるカーシェアと自動車保険

　経済産業省の報告書 [23] によれば，欧米を中心とする諸外国では，事業者が個人にカーシェアサービスを提供する BtoC カーシェア（ワンウェイ型）が多くの都市で展開されており，ドイツなどでは決められたエリア内で自由に乗り捨てが可能なフリーフロート型が普及している。このフリーフロート型のカーシェアで世界最大規模を誇るのが，ドイツのダイムラーが 2008 年に開始した Car2go である。また，所有する自動車を個人間で貸し借りする CtoC カーシェアも世界各地で普及しており，この代表例が 2009 年にアメリカのカリフォルニア州で創業した Getaround である。

　ドイツの Car2go は，2019 年に BMW グループ傘下の Drive Now と合弁会社 Share Now を設立したが，Share Now は 2021 年現在，欧州 8 カ国 16 都市でカーシェアビジネスを展開している [24]。Share Now の車両はすべて賠償責任保険に加入し，その保険料はカーシェア料金（1 分当たり 0.09 ユーロ）に含まれている。同保険は，利用者（被保険者）が事故の加害者となった場

---

23)　経済産業省（2018）32-33 頁を参照。
24)　Share Now HP "FAQ; About Share Now."

合に，第三者の人的損害・物的損害について，あらかじめ決められた免責金額を自動的に控除して保険金を支払う。また，利用者（被保険者）自身による車両損害については，免責金額（最大 750 ユーロ）に相当する額に被保険者の支払責任が制限される[25]。

　一方，アメリカの Getaround は世界最大規模のカーシェア市場を提供するプラットフォームであり，On demand 型のモビリティとしてカーシェアを利用するゲスト（ドライバー）とカーシェアビジネスの運営者を含めて同プラットフォーム上で自動者を共有するホストから構成されるコミュニティを形成している[26]。Getaround のカーシェアを利用する際に，ゲストおよび自動車は，同社が提供する保険プログラム（賠償責任補償および車両の火災・盗難・衝突などによる損害に対する包括的補償を含む）により自動的にカバーされ，かつ同社のカーシェアを利用するために，ゲストおよび自動車はさまざまな資格要件や条件をクリアする必要がある。したがって，こうした保険プログラムの提供や資格要件などを通して，同社の利用者であるゲストや車の所有者であるホストに安心を提供していると言える[27]。

2)　日本におけるカーシェア向けの自動車保険

　日本では，事業者が個人にサービスを提供する BtoC カーシェアは，元の場所（ステーション）に戻す往復を前提とするステーション型が中心であり[28]，長時間駐車可能な道路スペースがほとんど存在しないため，ドイツのようなフリーフロート型は成立しにくいとされる。一方，個人間で自動車を貸与する CtoC カーシェアは，レンタカー業にあたらない形での CtoC カーシェア・プラットフォームが台頭することで日本でも普及しつつある[29]。

　BtoC カーシェアの場合は，レンタカーと同様，カーシェア事業者がカー

---

25)　Share Now HP "FAQ; About the cars."
26)　Getaround は 2009 年に設立され，現在では CtoC カーシェアを世界中の 800 都市以上で展開している。Getaround HP "About Getaround."
27)　例えば，ゲストは 19 歳以上で，最低 2 年間免許を保有していること（21 歳未満のゲストは違反歴がないこと）などが資格要件とされる。Getaround HP "Trust & safety."
28)　中西（2018）169 頁。
29)　経済産業省（2018）33 頁。

シェア保険に加入する。これに対して，CtoC カーシェアでは一般に，個人向け自動車保険に付帯される他車運転特約や On demand 保険である「1 日型自動車保険」が対応する。このうち 1 日型自動車保険は，近年深刻化している若い世代を中心とした車離れやマイカーを持たない人の増加を背景に誕生し普及した比較的新しい保険であり，一時的な自動車利用者に対して補償を提供する保険である [30]。

　なお，シェアリングエコノミーの普及により，CtoC カーシェアや企業・従業員間のカーシェアなどが新たな自動車の利用形態として注目されていることを受けて，カーシェア利用中（車両の受け渡しから返却までの間）の事故を包括的に補償する業界初の「カーシェアプラットフォーマー専用の自動車保険」が三井住友海上社によって開発・販売されており [31]，カーシェア向けの自動車保険は進化している。

(3)　ライドシェアと自動車保険

1)　諸外国におけるライドシェアと自動車保険

　2010 年にアメリカのサンフランシスコでライドシェア・プラットフォームを生み出した Uber は，個人ドライバーが自家用車による配車サービスを提供する事業として配車サービス型ライドシェアを開始した [32]。Uber の配車サービスは今や，スマートフォンにアプリがダウンロードされていれば，世界各国のおよそ 10,000 都市または 600 の空港で利用することが可能である [33]。この Uber の成長を支えた直接的要因の 1 つがシェアリングエコノミー

---

30)　1 日型自動車保険は，①無保険車を減らせる可能性があること，②「若者の車離れ」とともに「若者の保険離れ」が危惧されている状況で，保険会社にとって若者との接点の機会となること，③将来の保険契約獲得のためのオープンドア商品として戦略的に位置づけられること，といった意義を有する保険である。これまで十分な補償を提供することができていなかった層をターゲットとすることで，付保対象を拡大する自動車保険商品と捉えられる（自動車保険研究プロジェクト　2019，22-23 頁）。

31)　従来の自動車保険では補償対象外であった車両の「持ち逃げ」リスクも補償する。三井住友海上「ニュースリリース 〜安心・安全なモビリティ社会の実現に向けて〜【業界初】「カーシェアプラットフォーマー専用自動車保険」の開発について」2020 年 4 月 15 日。

32)　中西（2018）170 頁。

33)　Uber HP "Everywhere that you travel."

の普及であり，このほかにもスマートフォンの普及と GPS 機能の進化，AI
を活用した独自のアルゴリズムによる利用者とドライバーのマッチング・相
互評価システムやダイナミック・プライシングの構築，キャッシュレス化の
進展が挙げられる[34]。

　一方で，自家用車によるライドシェア（配車サービス）については，世界
各国で利用者の安全確保上の問題（ドライバーによる犯罪，車両の整備不良，
交通事故時の対応などの問題）が発生し，ライドシェアの運営会社に対する営
業停止命令が出されるといった事態も生じたが，その後，アメリカでは自家
用車によるライドシェアの制度化に向けた検討がなされ，ライドシェアの運
営会社を交通ネットワーク企業（Transportation Network Company: TNC）と
して認めたうえで規制する方針が明らかにされた[35]。こうしたライドシェ
アを巡る規制動向を受けて，例えば Uber の運営会社であるウーバー・テク
ノロジーズ社（Uber Technologies Inc.）は，交通事故時の問題に対処するた
めに，アメリカの Uber X（自家用車ライドシェア）について，乗客輸送中の
事故だけでなく乗客を乗せていないときの事故もカバーする保険に加入して
いる[36]。

　Uber のライドシェアに関わる自動車保険について，ドライバーの状況に
応じて時系列的にまとめると，図表 7-6 のとおりである[37]。

2)　日本におけるライドシェアと自動車保険

　日本では，自家用車での配車サービス型ライドシェアは，いわゆる「白タ
ク行為」に当たる違法行為とみなされて原則禁止されている。白タク行為と

---

34)　ダイナミック・プライシングは，需要と供給の不均衡が起きたときに，それを調整
　するために価格を変動させて対応する考え方であるが，Uber はこれにより運転手側に
　インセンティブを与えてサービスの安定供給を維持しようとしている（立入 2018，66-
　103 頁）。
35)　山崎（2016）108-110 頁。なお，コロラド州が 2014 年に初めて TNC の運営を許可・
　規制する州法を制定し，2017 年 6 月時点では全米の 48 州とコロンビア特別区が TNC
　に 関 す る 法 規 制 を 行 っ て い る。The Texas A&M Transportation Institute (TTI)
　"Transportation Network Company (TNC) Legislation."
36)　山崎（2016）101 頁，105-106 頁。
37)　Uber HP "Auto insurance to help protect you."

図表 7-6　Uber のライドシェアに関わる自動車保険

ドライバーの状況	適用される保険	補償の概要
オフライン	ドライバー個人が加入する自動車保険	—
配車リクエスト待ち	Uber が加入する自動車保険	ドライバー個人の自動車保険では以下の金額以上は補償されない場合の第三者賠償責任補償 ・対人賠償（1 名につき 5 万ドル） ・対人賠償（1 事故につき 10 万ドル） ・対物賠償（1 事故につき 2.5 万ドル）
迎車中および乗車中	Uber が加入する自動車保険	・100 万ドルの第三者賠償責任補償 ・相手方が無保険または補償が不十分な場合の人身傷害補償 ・（ドライバーが車両損害を包括的に補償する個人保険に加入している場合）車両の時価を上限とする車両損害補償（免責金額 2500 ドル。ただし、特定車両の免責金額は 1000 ドル）

出所：Uber HP "Auto insurance to help protect you" および堀田一吉研究会（2018）229 頁掲載の
　　　図表に基づき筆者作成。

は，タクシー運転手の資格を持たない運転手が，自家用車を使って有償旅客運送サービスを提供することである [38]。したがって，前述したウーバー・テクノロジーズ社の日本法人であるウーバー・ジャパン（Uber Japan）は，2013 年から日本でサービスを開始しているが，タクシー・ハイヤー業者と提携してスマホのアプリを通じた配車サービスを行っているだけで，自家用車による配車サービス型ライドシェアは行っていない [39]。

　もっとも，日本でも，バスやタクシーによるサービスが提供されない地域（交通空白地域）などで限定的に自家用車による有償旅客運送を認める「自家用有償旅客運送制度」が存在し [40]，2020 年 6 月には市町村や NPO 法人などが運行主体となる自家用有償旅客運送の実施の円滑化を図るための法改正がなされている [41]。こうした規制緩和によって，地域の高齢者などの移動

---

38)　道路運送法上の「白タク禁止規定」は，最高裁判所により合憲であると判決が下されている（山崎 2016，99 頁）。
39)　山崎（2016）121 頁。
40)　自家用有償旅客運送は，市町村による住民の運送，NPO などによる交通空白地での運送，NPO などによる移動困難者の運送に制限されている（経済産業省 2018，37 頁）。

手段を確保する観点からライドシェアの活用が進展することが見込まれる。

東京海上日動社は，2016 年に「自家用有償旅客運送事業者向け自動車保険」を開発・販売しており，自家用車で旅客運送中に事故を起こして，運転手とともに事業者（市町村や NPO 法人）も損害賠償責任を負う場合に，運転手の自動車保険では補償が不十分で事業者も損害賠償責任額を負担せざるを得ない場合の補償を提供しており [42]，日本におけるライドシェアの活用を後押ししていると言える。

(4) モビリティサービスとしてのシェアリングエコノミーと保険

1) 日本版 MaaS の始動

近年，シェアリングエコノミーの普及を促す新たなモビリティサービスとして注目されているのが MaaS である。北欧の国フィンランドで発祥した MaaS という概念は，瞬く間に世界中へ広がり，わが国でも MaaS は「未来投資戦略 2018」において成長戦略の重点施策と位置づけられ，政府主導で「日本版 MaaS」プロジェクトが始動している [43]。

このうち，国土交通省が立ち上げた「都市と地方の新たなモビリティサービス懇談会」による中間とりまとめでは，MaaS の中心コンテンツである交通分野において，カーシェアやシェアサイクルなどのシェアリングサービスを普及させることや，AI の活用により効率的な配車を可能とするオンデマンド交通，超小型モビリティ，グリーンスローモビリティなどの新型輸送サービスを利用した新たなモビリティサービスの推進の必要性が述べられており [44]，モビリティサービスとしてのシェアリングサービスは今後，MaaS と一体となって推進されるものと考えられる。まさに，MaaS はシェアリン

---

41) 「持続可能な運送サービスの提供の確保に資する取組を推進するための地域公共交通の活性化及び再生に関する法律等の一部を改正する法律」（2020 年 6 月 3 日公布，同年11 月 27 日施行）。

42) 東京海上日動「「自家用有償旅客運送事業者向け自動車保険」の販売開始」2016 年3 月 7 日。

43) MaaS 概念の生みの親はフィンランドの MaaS グローバル社であり，月定額のサブスクリプションモデルを取り入れた世界初の MaaS アプリ「Whim」（ウィム）を開発した（日高ほか 2020，2-3 頁，132 頁以下）。

44) 国土交通省（2019）2-3 頁。

グエコノミーの実現と捉えられる。

2)　MaaS 保険の開発

MaaS は，自動車産業に大変革をもたらしている CASE との親和性が高い。自動車業界では，従来の自動車の製造・販売を中心とする「売り切り」のビジネスモデルから，自らモビリティサービスを提供するビジネスモデルへと転換を図っており，例えばトヨタ自動車は，同社が目指す新たなモビリティサービスを，自動運転と MaaS を融合させた造語である「Autono-MaaS（オートノマース）」と表現している [45]。

　一方，保険業界は，伝統的に自動車を中心としてさまざまな移動手段の利用に伴って生じる損害を塡補する保険を販売しており，また，近年はカーシェア・ライドシェアなどのモビリティサービスに対応する専用の保険も販売している。今後，MaaS の広がりとともに，自動車に加えて鉄道，バス，タクシー，オンデマンド型乗合いサービス，自転車シェアリングなどの多様な移動手段やモビリティサービスが MaaS の中に統合されるようになると，MaaS という新たなモビリティサービスが顧客（ユーザー）に提供されることになるため，MaaS サービスに対応する新たな保険（MaaS 保険）が必要になってくる。

　MaaS 保険は，従来の自動車保険やカーシェア・ライドシェア向けの保険と比べて，次の3つの特徴を有するものと考えられる。

　1つ目は，MaaS 保険はさまざまな移動手段やモビリティサービスの利用に伴うリスクを包括的に補償する保険であり，カバーする範囲はより広くなるということである。従来の自動車保険やカーシェア向け保険は，自動車事故による対人・対物賠償責任リスク，車両損害リスクおよび搭乗中のケガのリスクを主に補償する保険であるが，MaaS 保険はこうした自動車事故によるリスクに加えて，ユーザーの交通機関の乗継ぎ時などのケガのリスク，ユーザーの所有物の毀損・盗難リスク，交通機関や配車サービスの遅延リスク，アプリの利用に伴うサイバーリスク，提携事業者による各種サービス提供に

---

45)　日高ほか（2020）218 頁。

伴うリスク（例えば，飲食提供による食中毒リスク，予約キャンセルにより発生する費用リスク）など，ユーザーの MaaS サービス利用に伴うさまざまなリスクを補償の対象とすることが考えられる。

　2つ目は，MaaS 保険に加入する主体は MaaS サービスの提供者やプラットフォーマーなどの事業者であるという点である。これに対し，従来の自動車保険は主にマイカー保有者が加入する保険であり，カーシェア保険も BtoC 型は事業者向けの保険であるが，CtoC 型は個人向けの保険である。

　3つ目は，MaaS 保険の開発においては，自動車業界はもとより，鉄道・バス・タクシーなどの交通事業者や提携するホテル・飲食店といったサービス事業者など，業界の枠を越えた緊密な連携が必要になるということである[46]。こうした異業種間の連携のなかで，保険会社には，保険の提供はもとより，長年にわたり蓄積された豊富な事故データや事故対応の経験を活かして，事故時の迅速な対応やリスク予防・軽減サービスを提供することも期待される。

　わが国の保険業界では，モビリティサービスとしてのシェアリングエコノミーの普及や MaaS サービスの進展を踏まえて，MaaS 保険の研究・開発が急速に進展している。例えば，MaaS の発祥地であるフィンランドの MaaS グローバル社へ出資しているあいおいニッセイ同和損保社は，MaaS 保険の第1弾として「オンデマンド交通事業者向けプラン」，第2弾として「MaaS 運営者向けプラン」を開発・販売している。前者は，地方の公共交通において高齢化や過疎化の進展によりその路線維持が困難となっている「交通の空白化」や免許を返納した高齢者の移動が制限される「交通弱者」の問題が顕在化していることに対応し，オンデマンド公共交通事業にかかるリスクに対する補償をパッケージ化した保険商品であり[47]，後者は，MaaS アプリを利用して複数のモビリティサービスを組み合わせた経路検索・予約・決済な

---

46)　日高ほか（2020）340 頁以下。

47)　オンデマンド交通事業とは，定時・定路線ではなく，利用者の都合（予約時間・場所）に合わせて運行する公共交通機関である。あいおいニッセイ同和「ニュースリリース MaaS 保険第1弾オンデマンド交通事業者向けプランの発売について～「オンデマンド交通事業者のリスク」と「サービスの魅力増し」に対応したプランの発売～」2019 年 8 月 16 日。

どを可能にする MaaS サービスの普及を後押しするための包括的な MaaS
保険商品[48] である。

　今後も，日本における MaaS の普及・推進に寄与する新たな保険商品・サー
ビスの開発の動向が注目される。

4　シェアリングエコノミーを取り巻く環境変化と自動車保険の役割

　最後に，近年のシェアリングエコノミーを取り巻く 3 つの大きな環境変
化として，消費者志向の変化，デジタル化の進展および少子高齢化の進展を
取り上げ，こうした環境変化のもとでのシェアリングエコノミーに対応する
自動車保険のあり方と役割について検討する。

(1)　シェアリングエコノミーを取り巻く 3 つの環境変化
1)　消費者志向の変化
　1 つ目は，消費者志向の変化である。モノの「所有」から「利用」へと消
費者の行動がシフトし，シェアリングエコノミーが進展するなかで，モビリ
ティ分野でもカーシェアなどシェアリングサービスを利用する傾向が高まる
とともに，クルマのサブスクリプションサービス（月額定額サービス）への
需要も高まっている。伝統的な自動車保険では，クルマの所有に起因してそ
の所有者が負担する各種損害（対人・対物賠償責任損害，車両損害，人身傷害
損害）を塡補する個人向けの保険が中心であったが，クルマの所有からモビ
リティサービスの利用へと消費者の行動が変化することによって，求められ
る保険の形態も変化している。すなわち，モビリティサービスの提供者側が，
そのサービスに組み込む形でサービス提供に伴う多様なリスクを包括的に補
償する保険が求められるようになっている。保険がサービスに組み込まれる

---

48)　スマホアプリ利用に伴って発生する損害，利用者の交通機関に乗車中や乗継ぎ時の
　　ケガや賠償事故などにより発生する損害，MaaS 運営者のサービス提供に伴い発生する
　　費用損害などが補償される。あいおいニッセイ同和「ニュースリリース MaaS 保険第 2
　　弾 MaaS 運営者向けプランの発売について〜 MaaS の普及をサポートする保険プランの
　　発売〜」2019 年 12 月 25 日。

ことで，消費者は主体的に保険に加入することなく基本的な補償を得られることから，「補償の空白」が生じにくくなるというメリットがある反面，補償範囲や金額において消費者の選択の幅が狭まり，画一的な補償の提供に留まる可能性がある。

　一方，第3節で概観したとおり，諸外国やわが国で進展しているカーシェアサービスは，インターネット上でカーシェアプラットフォーマーを介して提供されることが主流となっており，サービスの利用時間（分・時間単位）に応じた補償の提供やプラットフォーマーごとにカスタマイズされた補償の設計を通して，オンデマンド保険を提供することが可能となっている。

　したがって，保険会社は，カーシェアサービスにおけるプラットフォーマーのように，モビリティサービスを提供する事業者との連携を一層強化し，サービス利用者である消費者志向や補償ニーズをより詳細に把握して，個別のリスクに応じてよりカスタマイズされた保険を提供していくことがますます重要となるであろう。

2)　デジタル化の進展

　2つ目は，デジタル化の進展である。「はじめに」で述べたとおり，シェアリングサービスそのものがIT を駆使した新しいビジネスモデルであり，シェアリングサービスの普及とデジタル化の進展は密接に関わっている。モビリティ分野では，消費者の IT 利活用の増大がカーシェアサービスやサブスクリプションサービスの利用および MaaS の普及を後押しするものと考えられる。

　一方，消費者の IT 利活用に伴う新たなリスクとして，個人情報の漏えいやサイバー攻撃によるハッキングなどのサイバーリスクが増大することが懸念される。とくに，MaaS においては，「複数の交通機関を対象とした検索・予約・決済のほか，生活・観光等のサービスと連携した検索・予約・決済，これらを統合したスマートフォンのアプリケーションの提供等が想定される」ほか，シェアサイクル・カーシェア・自動運転などの新たなモビリティサービスの提供も含まれ，こうした MaaS サービスの提供を通して利用者のデータが大量に収集・利用されることになる[49]。

そのため，保険会社は，MaaS サービスの提供者によるデータ収集・利用に伴うサイバーリスクに適切に対応する保険商品・サービスの提供を通して，消費者が安心してモビリティサービスを利用できる環境整備を行っていくことが重要である。また，保険会社は，MaaS サービス提供者との連携を深めることにより，MaaS 関連データを新たな保険商品・サービスの開発・提供に活かしていくことも重要である [50]。

3） 少子高齢化の進展

3 つ目は，少子高齢化の進展である。シェアリングエコノミーは SDGs の多くの項目に貢献するものであり，モビリティ分野では，移動手段の確保・移動費用の減少や買い物のための移動負担の軽減によって，SDGs の 11 番目の目標である「住み続けられる街づくりを」に貢献するとされる [51]。前述のとおり，過疎地などの「交通空白地域」における高齢者をはじめとする移動困難者の移動手段を確保する目的で，規制緩和によりライドシェアの活用が可能になるなど，シェアリングエコノミーは少子高齢化に伴う社会課題の解決にも資することが期待されている。

また，MaaS の実装により，交通手段の選択肢が拡大したり，出発地から目的地までワンストップでシームレスなサービスが提供されることで移動時の利便性が向上して高齢者などの移動手段が確保されたり，商業・観光や医療・福祉などのサービスとの連携が図られてモビリティサービスに高い付加価値が加えられることで，社会課題の解決策としてのシェアリングエコノミーは一層進展するものと考えられる。したがって，保険会社は，過疎地の地方自治体などと連携して，ライドシェアやオンデマンド交通をはじめとする新たなモビリティサービスの提供に伴うリスクに対応する保険の開発・提

49） 国土交通省（2020）17 頁。
50） 国土交通省（2020）17 頁。なお，MaaS 関連データとは，「公共交通等関連データ，MaaS 予約・決済データ，移動関連データ，関連分野データ，派生データ等，MaaS に関連する全てのデータの総称」と定義される（同 6 頁）。
51） 移動分野以外に SDGs へ貢献するシェアリングエコノミーの効果の例として，医療・サービスが受けられる人の増加，ニーズに合う教育を受けられる人の増加，労働参加できる女性の増加などが挙げられる（情報通信総合研究所 2020，15 頁）。

供を通して，地域の交通インフラの整備および MaaS の進展に貢献してい
くことが一層期待されている。

(2) 自動車保険のあり方と役割

　シェアリングエコノミーを取り巻く 3 つの環境変化により，今後，自動
車は多様なモビリティサービスの 1 つとしてシェアリングエコノミーに組
み込まれていく可能性があり，これに伴って自動車保険のあり方や役割も大
きく変わっていくと考えられる。

　すなわち，伝統的な自動車保険は，主に自動車のドライバーのヒューマン
エラーにより引き起こされる各種損害（対人・対物賠償責任損害，車両損害，
人身傷害損害）を 1 つの保険契約で補償する個人向けの保険が中心であった
ところ，シェアリングエコノミーの進展によって，カーシェア，ライドシェ
アおよび MaaS などのモビリティサービスが普及すると，こうしたサービ
スを提供する事業者のサービス提供に伴う多種多様なリスクを包括的に補償
する事業者向けの保険へとシフトしていく可能性がある。

　MaaS サービスを例とすれば，シェアリングサービスを提供する事業者向
けの保険として，ユーザーの各種交通手段（例えば，自動車，自転車，電動キッ
クボードなどの次世代モビリティ）の利用に伴う賠償責任リスクや車両・自転
車などの毀損・盗難リスク，ユーザーが目的地に到達するまでのケガのリス
クや感染症などの罹患リスク，ユーザーの所有物の盗難・紛失リスク，交通
機関の混雑などによる遅延リスク，スマホアプリの利用に伴う個人情報漏え
いや不正アクセスなどのサイバーリスク，その他各種サービスの提供に伴う
リスクを包括的にかつシームレスに補償する保険が考えられる。

　また，保険自体はモビリティサービスに組み込まれることで補償の空白を
防ぐ一方，その補償内容は，ユーザーに提供されるモビリティサービスの種
類，サービス提供の時間帯や期間，地域・範囲などに応じてカスタマイズさ
れることも有用である。さらに，ユーザーのスマホなどのデバイスを通じて
収集される移動データに基づき，移動の時間帯や混雑状況などに応じて価格
（保険料）が変動するダイナミック・プライシングとすることも考えられる。

　保険会社は，モビリティサービスを提供する事業者の多種多様なリスクを

分析し，より細分化されたリスク評価と価格設定を行うことで，リスク実態に応じた適切な保険商品を適切な保険料で提供するとともに，膨大な移動データなどのデータ収集・分析と長年の事故対応の経験から得られた知見を活かしリスク予防・軽減サービスを提供していくことで，事業者のリスク管理をトータルでサポートする役割が期待されるのである。

　保険業界は，モビリティサービス提供事業者との連携をより強化し，ユーザーのニーズに適合する安全・安心なモビリティサービスの提供を実現していくことで，その社会的使命を果たしていくことが重要である。

＜参考文献＞　［ウェブサイトの最終閲覧日は日付の記載があるものを除き 2022 年 1 月 18 日］

Puschmann, T. and Alt, R.（2016）"Sharing Economy," *Business & Information Systems Engineering*, vol.58, no.1, pp.93-99.

Zwack, T.（2017）*Peer-to-Peer-Geschäftsmodelle zur Absicherung privater Risiken Eine Exploration am Beispiel Wildschaden*, Springer.

アビームコンサルティング（2018）『EV・自動運転を超えて"日本流"で勝つ──2030 年の新たな競争軸とは』日経 BP 社.

アルン・スンドララジャン著／門脇弘典訳（2016）『シェアリングエコノミー』日経 BP 社.

石山アンジュ（2019）『シェアライフ』クロスメディア・パブリッシング.

片山ゆき（2020）「中国'P2P 互助'の進撃──「相互宝」加入者 1 億人，平安保険によるポイントで支払う「歩歩奪宝」の誕生」『ニッセイ基礎研レポート』2020-02-05，1-5 頁.

河合美宏（2019）「＜講演録＞ FinTech と保険──FinTech によって保険と規制がどのように変わるか？」『損害保険研究』81 巻 2 号，237-251 頁.

久我尚子（2020）「新型コロナで増えた消費，減った消費　巣ごもり・デジタルは増加，外出型は大幅減，シェアも明暗」『ニッセイ基礎研レター』2020-05-13, 1-4 頁.

自動車保険研究プロジェクト（代表：堀田一吉）（2018）「保険情報のデジタル化と自動車保険──ビッグデータ時代と自動車保険」『日交研シリーズ』A-729, 1-27 頁.

自動車保険研究プロジェクト（代表：堀田一吉）（2019）「シェアリングエコノミーと自動車保険──ビッグデータ時代と自動車保険」『日交研シリーズ』A-760, 1-32 頁.

自動車保険研究プロジェクト（代表：堀田一吉）（2020）「自動運転技術の進展が自動車保険に及ぼす影響──CASE 革命と保険業」『日交研シリーズ』A-795, 1-42 頁.

高田祐介（2019）「わが国のシェアリングエコノミー政策の狙いと今後──「個」を基軸とした経済圏の創出へ」『金融財政事情』30-34 頁.

立入勝義（2018）『ウーバー革命の真実』ディスカヴァー・トゥエンティワン.

鶴原吉郎（2018）『EV と自動運転　クルマをどう変えるか』岩波書店.

デロイトトーマツコンサルティング（2016）『モビリティ革命 2030——自動車産業の破壊
　　　と創造』日経 BP 社.
中西孝樹（2018）『CASE 革命　2030 年の自動車産業』日本経済新聞社.
野口功一（2017）『シェアリングエコノミーまるわかり』日本経済新聞社.
日高洋祐・牧村和彦・井上岳一・井上佳三（2020）『Beyond MaaS　日本から始まる新モ
　　　ビリティ革命——移動と都市の未来』日経 BP 社.
古橋喜三郎「米国のライドシェアリングの発展と損害保険——シェアリングエコノミーの
　　　広がりを踏まえて」『損保総研レポート』第 117 号，27-55 頁.
ボストンコンサルティンググループ・保険グループ（2018）『デジタル革命時代における
　　　保険会社経営』金融財政事情研究会.
堀田一吉（2019）「保険情報のデジタル化と保険業」『保険研究』第 71 集，1-32 頁.
堀田一吉研究会（第 23 期）三田祭論文研究班（2018）「シェアリングエコノミーの発展
　　　可能性と保険業界の対応」『保険研究』第 70 集，223-250 頁.
堀田一吉・山野嘉朗編著（2015）『高齢者の交通事故と補償問題』慶應義塾大学出版会.
松島聡（2016）『UX の時代——IoT とシェアリングは産業をどう変えるのか』英治出版.
山崎浩（2016）「ライドシェアを取り巻く状況」『国立国会図書館調査および立法考査局編
　　　集・レファレンス』787 号，97-126 頁.

Share Now HP "FAQ; Abouot Share Now." （https://www.share-now.com/de/en/faq/about-
　　　share-now）
Share Now HP "FAQ; About the cars." （https://www.share-now.com/de/en/faq/about-the-
　　　cars）
Getaround HP "About Getaround." （https://www.getaround.com/about）
Getaround HP "Trust & safety." （https://www.getaround.com/how-it-works/trust-safety）
The Texas A&M Transportation Institute (TTI) "Transportation Network Company (TNC)
　　　Legislation." （https://policy.tti.tamu.edu/technology/tnc-legislation/）
Uber HP "Everywhere that you travel." （https://www.uber.com/jp/en/ride/）
Uber HP "Auto insurance to help protect you." （https://www.uber.com/us/en/drive/
　　　insurance/）
あいおいニッセイ同和「ニュースリリース　MaaS 保険第 1 弾オンデマンド交通事業者向
　　　けプランの発売について～「オンデマンド交通事業者のリスク」と「サービスの
　　　魅力増し」に対応したプランの発売～」2019 年 8 月 16 日.（https://www.
　　　aioinissaydowa.co.jp/corporate/about/news/pdf/2019/news_2019081600608.pdf）
あいおいニッセイ同和「ニュースリリース　MaaS 保険第 2 弾 MaaS 運営者向けプランの
　　　発売について～ MaaS の普及をサポートする保険プランの発売～」2019 年 12 月
　　　25 日.（https://www.aioinissaydowa.co.jp/corporate/about/news/pdf/2019/
　　　news_2019122400641.pdf）
経済産業省（2018）「『IoT や AI が可能とする新しいモビリティサービスに関する研究会』
　　　中間整理（平成 30 年 10 月 17 日）」.（https://www.meti.go.jp/press/2018/10/20181017005/
　　　20181017005-2.pdf）
交通エコロジー・モビリティ財団 HP「交通環境対策事業　カーシェアリング」.（http://
　　　www.ecomo.or.jp/environment/carshare/carshare_top.html）

交通エコロジー・モビリティ財団「わが国のカーシェアリング車両台数と会員数の推
　　　移」.（http://www.ecomo.or.jp/environment/carshare/carshare_graph2021.3.html）
国土交通省（2019）「『都市と地方の新たなモビリティサービス懇談会』中間とりまとめ（平
　　　成 31 年 3 月 14 日）」.（https://www.mlit.go.jp/common/001279833.pdf）
国土交通省（2020）「MaaS 関連データの連携に関するガイドライン Ver.1.0（令和 2 年 3
　　　月 19 日）」.（https://www.mlit.go.jp/report/press/content/001334057.pdf）
国土交通省「MaaS とは」.（https://www.mlit.go.jp/sogoseisaku/japanmaas/promotion/index.
　　　html#home03）
シェアリングエコノミー協会.（https://sharing-economy.jp/ja/）
情報通信総合研究所「シェアリングエコノミー関連調査 2020 年度調査結果」.（https://
　　　sharing-economy.jp/ja/wp-content/uploads/2020/12/4b6ea3862b05a5b686be4dbc
　　　fd15298c.pdf）
住友生命「シェアワーカーに様々な健康特典を提供できる "住友生命「Vitality」" の会員
　　　向けお手頃プランを共同企画」2019 年 4 月 19 日.（https://www.sumitomolife.
　　　co.jp/about/newsrelease/pdf/2019/190419a.pdf）
政府 CIO ポータル　シェアリングエコノミー促進室「シェアリングエコノミーとは」.
　　　（https://cio.go.jp/share-eco-center/）
総務省『平成 30 年版　情報通信白書』.（https://www.soumu.go.jp/johotsusintokei/whitepaper/
　　　ja/h30/pdf/index.html）
損害保険ジャパン「【業界初】スペースシェアリングプラットフォーマー専用保険の共同
　　　開発〜安心・安全なシェアリングエコノミーの実現に向けて〜」2020 年 4 月 23
　　　日.（https://www.sompo-japan.co.jp/~/media/SJNK/files/news/2020/20200423_1.
　　　pdf#page=1）
損害保険ジャパン「【業界初】「駐車場シェア専用保険」を akippa と共同開発〜より安心・
　　　安全なシェアリングを目指して〜」2020 年 5 月 18 日.（https://www.sompo-japan.co.jp/
　　　~/media/SJNK/files/news/2020/20200518_1.pdf#page=1）
東京海上日動「「自家用有償旅客運送事業者向け自動車保険」の販売開始」.（https://www.
　　　tokiomarine-nichido.co.jp/company/release/pdf/160307_01.pdf）［2021 年 5 月 16 日］
PwC コンサルティング合同会社「国内シェアリングエコノミーに関する意識調査 2021」.
　　　（https://www.pwc.com/jp/ja/knowledge/thoughtleadership/2021/assets/pdf/
　　　sharing-economy2109.pdf）
三井住友海上「ニュースリリース　〜示談交渉サービス付！オーダーメイドで設計可能な
　　　賠償責任保険〜【業界初】「事業者向け個人賠償責任保険」の販売開始について」
　　　2018 年 4 月 27 日.（https://www.ms-ins.com/news/fy2018/pdf/0427_1.pdf）
三井住友海上「シェアワーカー個人会員制度向け「シェアワーカーのもしもに備える シェ
　　　アって安心プラン」の提供を開始」2019 年 3 月 19 日.（https://www.ms-ins.com/news/
　　　fy2018/pdf/0319_2.pdf）
三井住友海上「ニュースリリース　〜安心・安全なモビリティ社会の実現に向けて〜【業
　　　界初】「カーシェアプラットフォーマー専用自動車保険」の開発について」2020
　　　年 4 月 15 日.（https://www.ms-ins.com/news/fy2020/pdf/0415_1.pdf）

第 3 部

デジタル化時代と保険業の諸問題

第8章

モビリティリスクの変化と事故防止課題の展望

北村 憲康

はじめに

　国内の交通事故による死者数は減少傾向が続いている。2000年に9,000人余りであった死者数は，その後，着実に減少を続け，2009年には5,000人以下となり，それ以降はやや減少幅が鈍化するものの減少自体は継続し，ついに2020年には3,000人を下回る水準となった。また，国内交通を取り巻く社会環境も変化している。かつての高度成長期とは異なり，総人口はすでに減少基調に入り，総務省の統計によれば，2021年の国内総人口の概算値は1億2,547万人程度だが，10年前の総人口と比べると230万人程度減少しており，1年当たりでは20万人以上の人口が減少していることになる。例えば，20万人規模の国内都市を挙げれば，松江市（島根県），西東京市（東京都），熊谷市（埼玉県）などがある。

　ここ10年の人口の推移を平均して見ると，こうした都市1つ分が毎年消失していることに匹敵する。さらに，最近では1年当たりのこの人口の減少幅が大きくなっていることも特徴である。運転免許人口は，2020年の統計を見ると8,200万人をわずかに割り込み，前年比でも17万人程度減少した。ただ，ここ10年で見ると，免許人口はほぼ同規模と言える。また，自動車保有台数でも，2020年の統計によれば，免許人口と同じくらいで8,200万台をわずかに下回る程度であり，前年比でわずかに6万台ほど増加した。

　一方で，社会全体の高齢化も顕著である。国連の定義では，総人口に対し

て 65 歳以上の高齢者人口が占める割合を高齢化率と定義しているが，その高齢化率が 7％を超えた社会を「高齢化社会」，14％を超えた社会を「高齢社会」，21％を超えた社会を「超高齢社会」としている。日本はすでに 2010年に，高齢化率が 23％を超え，世界に類を見ないペースで超高齢社会となっている。運転免許人口の高齢化率では全体で約 21％弱であるが，男性だけで見るとすでに 24％を超えており，女性の 16％余りを大きく上回っている。

このように交通事故全体は減少傾向を維持しており，社会全体は成長から低成長となり，そのなかで高齢化は一層進む状況にある。交通事故対策においても，これまでの対策を見直し，交通インフラの整備や規制の強化から，交通事故による死者が多い高齢者などの顕在化したリスクへの具体的な安全対策が求められる時代となった。交通安全対策はインフラや規制作り，強化などの対策だけではなく，実際に起きている交通事故をよく分析し，リスクを整理したうえで対策を強化しなければならない局面に来ている。本章では，まずこれまでの自動車を中心とするモビリティを取り巻く社会環境と交通事故対策の推移について整理し，そのリスクの変化と対策すべき課題を示し，対策の展望までをまとめることとする。

1　社会環境の変化と交通事故の特徴

モビリティを取り巻く社会環境の変化について，第 2 次世界大戦後から今日までを 3 つの期間に分けて俯瞰する。そのうえで，各期間の交通事故の特徴や，執り行われてきた交通事故対策の概要を整理する。

(1)　モビリティを取り巻く社会環境の変化

1964 年の東京オリンピック以降から始まったと言われるモータリゼーション時代から今日までを俯瞰する。まずは，図表 8-1 に 1964 年から2018 年までの交通事故発生件数，交通事故負傷者数および死者数を示す。

さらに，この期間を国内の自動車の普及状況に合わせて 3 つに分け，モータリゼーションが本格化する 1964 年から 1979 年までを普及期，次に 1980

図表 8-1　交通事故の発生件数，負傷者数，死者数の推移

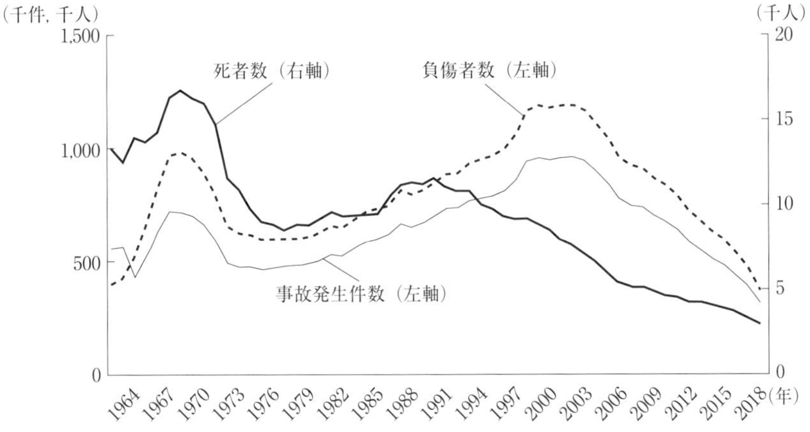

出所：警察庁統計。

年から 2000 年までを拡大期，2001 年以降を成熟期とした。以下はそれぞ
れの期間について，自動車を中心とするモビリティを取り巻く社会環境の変
化について述べる。

1)　普及期

　モータリゼーションは 1964 年の東京オリンピック直後から本格化した。
まさに車社会の本格到来であり自動車が国民レベルで普及した。これは道路
特定財源制度などを使った高速道路の拡張や，舗装道路の増加などによる道
路整備に加え，一般庶民にも購入可能な価格の大衆車が販売され，オイル
ショック後には自動車燃料となる石油の価格が下がり，インフラ，自動車，
燃料の 3 要素が国民レベルで利用できる環境となったことが要因と言える。

2)　拡大期

　1955 年から 1973 年までの 18 年間は，年平均の経済成長率が 10％以上
となり，高度経済成長期であった。経済成長により国民所得は増え，この期
間の後半からモータリゼーションが本格化し，急速に自動車が国民社会に普
及し始め，普及期に入り，さらに浸透した。

　普及期の次に位置づけた拡大期（1980年から2000年まで）は，高度成長を踏まえ安定成長を続けながら国民生活も多様化し，かつ豊かになった時代と言える。総人口はこの期間で1,000万人程度増えており，自動車保有台数は1980年の3,700万台余りから7,400万台余りとほぼ2倍に増え，免許人口も1980年では4,300万人程度であったものが，2000年では7,500万人近くまで増加している。

　この期間の前半はバブルによる経済の急成長があり，後半にはその崩壊による経済の大失速も経験するが，免許人口や自動車の登録台数そのものは増え続けた。これは，普及期に生まれた人々が成人し，それ以降も人口が増え続けたことが背景にある。この期間は生活が多様化し，車の保有は豊かさの象徴だけではなく，当時のファッション，文化にも大きな影響を与えるようになり，経済が失速しても，車社会は拡大し続けた時期と言える。

3）　成熟期

　この期間は2001年から今日までを指す。経済環境では，一進一退を続けており，例えばIT事業を中心とした好況期があったが，2001年には，そのITバブルがはじけて不況になった。その後，好況期もあったが，2008年にはリーマンショックを経験し，大不況となった。これらの大きな経済的なショックにより，企業活動は縮小する場面が増え，交通量に関係する物流なども伸び悩むことになる。

　総人口は冒頭でも触れたが，2000年で1億2,690万人余りであったものは，2010年には1億2,805万人余りまで増加するが，その後は減少となり，2020年には1億2,500万人程度となった。また，運転免許人口も同様に冒頭で触れたが，2000年に7,468万人余りであったものが，2020年の統計では8,200万人をわずかに下回り，小幅な増加に留まった。さらに，車両登録台数においても，2000年に7,458万台余りであったものは，2020年の統計では8,200万台をわずかに下回り，免許人口と同様の傾向と言える。

　社会を取り巻く環境において特筆すべきことは，高齢化の進行である。高齢化率は，2000年時点では17.4％であったものが，2020年には28.9％となり大幅に進行していることもすでに述べた。このことは交通事故死者数に

も大きく影響し，2020 年の交通事故死者数のうち，65 歳以上の高齢者が占める割合は 56.2％となり，全体の死者数の半数を超えるようになった。

(2)　交通事故の特徴と対策の推移

　前項の期間区分をそのまま用いて，各期間における国内の交通事故の特徴と対策の推移を概観する。

1)　普及期

　普及期の前半では事故防止のための標識，信号機などの交通安全施設は不十分な状態にあり，あわせて国民の交通ルールの理解や安全意識なども不十分であった。このため交通死亡事故は，1960 年代半ば頃までは右肩上がりの著しい増加傾向となり，1970 年には 16,765 人と過去最高の交通事故死者数となった。普及期の前半は車社会の急速な進展に対して，道路整備，信号機，道路標識などの交通安全施設が不足していたことが事故の増大に影響したと考えられ，交通安全対策においても施設を中心とするハード面の対策が重視された。さらに，こうした交通社会の変化に合わせた法整備，国民への意識づけもあわせて行われるようになった。

　その後，交通安全対策基本法により，1970 年度に第 1 次交通安全基本計画（1970 年〜 1975 年まで）が策定され，これまで述べたような課題への対応が行われるようになると，1979 年には交通事故死者数 8,466 人まで減少し，過去最悪となった 16,765 人の半数近くまで減少させることができた。

2)　拡大期

　交通事故死者数は，この期間の前年にあたる 1979 年の 8,466 人が結果的には底となり，以降は再び増加基調となる。1988 年には 10,344 人までになり，再び 10,000 人を超える状況となった。その後は減少に向かうも，死者数で 9,000 人を下回ることはできなかった。また，この期間の交通死亡事故は若年層によるものが多く，対策も交通安全教育から規制や暴走行為などへの取り締まりが行われたが，結果的には交通事故死者数の削減に大きく反映させることはできなかった。

図表 8-2　交通事故の死傷者数と保有台数の推移

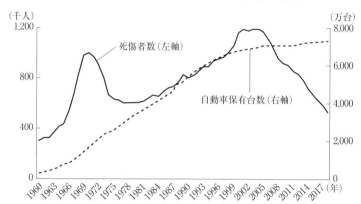

出所：死傷者数は警察庁，自動車保有台数は国土交通省統計。

3）　成熟期

　交通事故による死者数は，2000 年に 9,073 人であったが，ここから減少
傾向を継続させ，2020 年には 2,839 人まで減少した。この期間に事故が減
少した要因は，景気の停滞により，車両の保有台数の増加が鈍化したことや
走行キロ数も伸び悩んだことが挙げられる。図表 8-2 にあるように，車両
台数そのものは，この期間もわずかに増加を続けているものの，それ以前の
ような増加カーブではなくなった。走行距離についても，この期間に入って
初めて減少傾向となり，一時，回復をするものの再び減少する状況となって
いる（図表 8-3）。これらの状況は，高度成長期に見る車両の急速な増加と旺
盛な活動量から転じて，交通環境自体も車両台数はそれほど変わらず，走行
距離の規模も縮小傾向となったものと言える。

2　成熟期のリスク分析

　今日を含む成熟期のリスクについては，今後の課題の検討に直結するため，
詳しく述べることとする。

図表 8-3　交通事故死傷者数と走行距離の推移

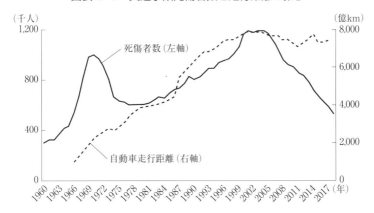

出所：死傷者数は警察庁，自動車走行距離は国土交通省統計。

(1)　危険運転致死傷罪の新設

　成熟期の事故減少は，前出のような交通環境の変化によるものだけではない。大きな要因として，飲酒運転などの危険運転に対する厳罰化がなされたことが考えられる。また，さらに重要なことは，厳罰化を受けて飲酒運転や無謀運転による死亡事故などに対して，マスコミも加害者を厳しく糾弾するようになり，やがて世論も危険運転者への厳しい制裁を求めることに同調するようになった。これにより，飲酒運転や無謀運転をするドライバーが減少し，「飲酒運転や無謀運転は，絶対にしてはいけないこと」という社会的なコンセンサスが築き上げられるようになった。こうした新たな動きは，この期間の事故減少に大きな影響を及ぼしたことは間違いないだろう。なお，飲酒運転や無謀運転などの危険運転への制裁は，危険運転致死傷罪が制定されたが，その経緯や概要は次のとおりである。

1)　危険運転致死傷罪の新設の経緯

　1999 年 11 月，東名高速の世田谷付近の上り車線において，飲酒運転のトラックが乗用車に追突し，乗用車に乗っていた幼児 2 人が焼死するという大惨事が起きた。さらに，2000 年 4 月，神奈川県座間市において，飲酒運転・無免許運転で検問から猛スピードで逃亡中の乗用車が歩道に乗り上げて，歩

行中の大学生2人に衝突し死亡させるという大事故が起きた。これらを受け，交通事故の犠牲者の遺族が，街頭における加害者への厳罰化に関する署名運動を行った。また，マスコミは，これらの事故の惨状，悪質なドライバーの実態，被害者の苦しみを長期間にわたり大きく取り上げ，これに世論も呼応し，危険・悪質な運転への厳罰化に対するコンセンサスが出来上がった。その後，2001年には，悪質・危険運転への厳罰化を盛り込んだ危険運転致死傷罪が国会で可決し，同年12月に施行された。

2)　危険運転致死傷罪の概要

【対象】

　自動車と原付を含む自動二輪車による，次のような運転行為によって死傷事故を起こした場合に適用される。

【主な運転行為】

- ・アルコールまたは薬物の影響により，正常な運転が困難な状況での走行をした場合。
- ・進行を制御することが困難な高速度で走行した場合。
- ・進行を制御する技能を有しないで走行した場合。
- ・人または車の通行を妨害する目的で，走行中の自動車の直前に進入し，その他通行中の人または車に著しく接近し，かつ，重大な交通の危険を生じさせる速度で運転した場合。
- ・赤信号をことさらに無視し，かつ，重大な交通の危険を生じさせる速度で運転した場合。

【罰則】

- ・人を負傷させた場合　15年以下の懲役
- ・人を死亡させた場合　1年以上の懲役

　以上のような内容だが，これまで交通事故に対応する法律は業務上過失致傷罪によるものが主で，負傷時，死亡時ともに比較的軽い罰則に留まってい

たため，この法律改正は，車を運転する者へ大きなインパクトを与えた。

(2)　高齢化のリスク

　2000 年から 2003 年にわたり交通事故死者数が減少し続けた一方で，その後半になると減少幅が徐々に縮小するようになった。2000 年から 2009 年までは，その期間の交通事故死者数は 9,073 人から 4,914 人まで大幅な減少を果たし，初めて 5,000 人を下回ることができた。一方で，2010 年から 2014 年までは減少を続けるも，その減少幅は縮小し，2015 年には 15 年ぶりに増加するものの，その後は再び減少傾向となり，2020 年には 2,839 人となった。2000 年から 2009 年までの 5,000 人を下回るまでのペースと，2010 年から現状までのペースを比べると，後者ではでやや鈍化していることが分かる。

　この鈍化の要因は高齢化が影響していると考えられる。この期間の高齢化は大幅に進行しているが，交通事故死者の割合でも高齢者の割合は大きく上昇した。現状では全体の 50％を超える状況であり，本格的な対策が必要な段階となった。また，交通死亡事故において，年齢層と事故時の状態別を見ると，とくに 65 歳以上の高齢者の歩行中（とくに横断中），次いで自動車乗用中の交通死亡事故の比率が高い。一方で，拡大期に多かった若年層の二輪車事故（原付を含む）などは継続して減少傾向にある。

　このように事故全体は減少傾向となるものの，高齢者の死亡事故の割合は上がり，全体事故の減少傾向も鈍化するようになったことは，高齢化による交通事故リスクの増大として捉える必要がある。また，この期間の前半では，危険運転致死傷罪が制定され，国民レベルで飲酒や危険運転者への厳しい制裁を求めるようになり，交通事故死者数を減少させることに一定の効果があったと考えられるが，高齢者の死亡事故対策ではあまり効き目がなかったとも言える。一般的に 65 歳以上の高齢者は人生経験が豊富で，分別があり，常識的な行動をする人の割合が他の年齢層に比べても高い層と考えれば，高齢ドライバーは悪質な運転や違反をすることがもともと少なく，悪質な運転への厳罰化を中心とした対策では十分に減らすことはできなかったと言える。また，高齢歩行者については，ドライバーとは異なり，車の免許制度のよう

なものはないため，規制強化や厳罰化だけではなく，交通安全教育なども行き届きにくい現状がある。高齢化による交通事故リスクへの対策は，悪質運転への規制強化や厳罰化を中心としたドライバーのモラルや安全意識を引き上げるものだけではなく，高齢ドライバー，高齢歩行者それぞれの特性を洗い出し，それらに合った交通安全教育や社会のサポートを中心に据えることが必要で，これまでの規制強化や警察中心の取締りに加え，地域レベルでの交通安全対策も重要となるだろう。

3 モビリティリスクの概念と対策

(1) モビリティリスクの概念

　戦後の国内のモビリティ環境は，高度経済成長に支えられ，自動車の普及に合わせて整備されてきた。具体的には，道路整備，交通ルールの制定などによりモビリティ環境を整備し，一定の秩序を維持するために規制の強化やルールを守らないドライバーへの厳罰化も行われてきた。こうした環境整備は，自動車交通の量的拡大に対応するためのものであり，また，環境整備の中で行われてきた規制強化やドライバーへの厳罰化は，一定の秩序を維持するために，悪質なドライバーをモビリティ環境から排除する働きを担ってきた。

　しかし，経済成長が停滞し，自動車の量的拡大も鈍化するようになると，それに合わせて事故も減少するが，高齢化の進展とともに，モビリティ環境に質的な変化が起こるようになる。高齢ドライバーや歩行者の事故は，悪質な運転や違反行為によるものは少なく，むしろ高齢者自身の身体的機能の低下によるものが多いと考えられるからである。しかも，機能低下は一様に起こるわけではなく，個人差が大きいことも踏まえなければならない。

　このように考えると，図表8-4に示したように，自動車の量的拡大への対応であった道路整備，交通ルールの制定，さらには，秩序の維持のための規制強化や厳罰化は，経済の停滞と高齢化により質的変化を起こしている状況には適合しにくく，高齢化社会に合わせたドライバー，歩行者のモビリティ

図表8-4　モビリティリスクの概念

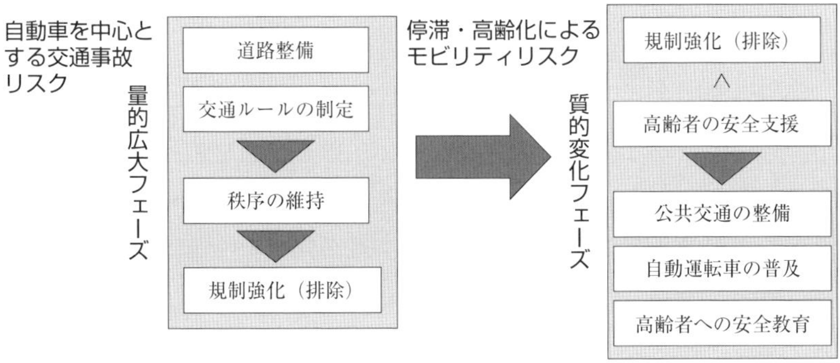

出所：筆者作成の概念図。

全体を安全に維持するための対策が必要となる。具体的には，高齢ドライバー，歩行者への安全教育，運転や歩行が困難になった高齢者への自動車に限らないモビリティの確保，公共交通の整備，自動運転車の導入などで，高齢者のモビリティの安全を支援することである。

(2)　対策の現状

　高齢者の交通事故対策では，高齢ドライバーへの免許返納制度が挙げられる。制度自体は高齢者に限定していないが，主に高齢者を想定して制定されたものである。これはリスクの高い高齢ドライバーからの自主返納により交通環境から排除することでリスクを引き下げようとするもので，悪質運転者を制裁により排除することとは内容的に異なるものの，ハイリスク層を排除しようとする考え方には共通するものがある。しかし，悪質運転者への排除にはマスコミや世論も協調したが，高齢ドライバーの排除には反対も多く，十分な効果が得られていない。運転免許統計によれば，たしかに高齢者の免許返納数は増加しており，2019年には自主返納したドライバーは1998年に制度が導入されて以降，最多の60万人を超え，とくに75歳以上のドライバーが返納全体の6割近くを占め35万人を超えた。しかし，高齢者の返納率には都道府県間の格差が大きく，代替交通手段としての公共交通が充実している首都圏，大阪府で高く，地方部では低いままである。端的に言えば，

運転をする必要がない都市部のドライバーが免許を返納し，運転が必須の地方部のドライバーはあまり返納していないということであり，これでは交通事故リスク自体を大きく下げることはできないだろう。

　高齢化社会に合わせた安全なモビリティの確保では，オーナードライバー（自動車の保有者が運転をすること）による自動車の運転だけではなく，公共交通の充実など，他のモビリティ手段の活用も求められる。ここで注目されているのは，公共交通の自動化で，主に自動運転バスの開発である。すでに，政府が主体となった戦略的イノベーション創造プログラム（SIP）や民間の事業者が中心となり，自動運転バスの実証実験が行われている。実証実験により技術的な実現性については現実のものとなりつつあるが，実施までの費用，導入地域の範囲，開発期間などでは途に就いたばかりで，現実化までには時間を要するだろう。

　また，オーナードライバーが運転を継続するための自動運転技術の開発も進んでいるが，これも自動運転バスと同様に，技術的な目途は立ちつつあるが，導入費用や範囲，実現までの期間を考えると，やはり時間を要するだろう。また，自動運転は，その自動化の程度によりレベル分けされているが，自動化レベルによっては技術的な課題もあり，この点は次節で述べる。

（3）　対策の課題

　現状の対策は，高齢ドライバーへの免許の自主返納の促進と自動運転化への準備が中心である。しかし，自主返納は運転必須の高齢者には届きにくく，自動運転化へは費用と時間がかかる。現状は実質的な対策が空白に近い状況となっている。つまり，高齢化を中心としたモビリティリスクの質的変化への対策が十分にとれていないということである。とくに，現状で欠けていることは，リスクの高い高齢ドライバー・歩行者への安全教育支援である。リスクの排除や技術への期待を中心に据える前に，高齢者のリスクに合った安全教育支援の仕組みを構築する必要がある。

　この点にも課題はある。まず，高齢者のリスクに関する情報開示が，加齢による身体機能の低下を除くと具体的な内容に乏しい。高齢者のリスクについては，次節でドライバーと歩行者に分けて取り上げる。次に，教育の担い

手が不足している。現状では，警察官，自動車教習所の教官などの専門機関に役割が集中しているが，これを拡大し地域レベルで担い手を増やす必要があるだろう。さらに，仕組みとしての日常教育機会を創出することが難しい。ドライバーであれば免許更新時期などが想定されるものの，数年に 1 回という頻度となり，日常の安全教育機会というレベルには及ばない。また，歩行者に至っては，免許制度などがなく，更新機会などのような定期的なチェック機会すらない。高齢者の安全教育では，新たな知識や技能を吸収させるものではなく，自身の状況を振り返りながら，日常の行動を正すという内省を促す教育が求められ，継続的な教育機会の創出は不可欠である。

　このようにして，今後の高齢者を取り巻くモビリティリスクの対策は，ドライバー・歩行者それぞれへの継続的な安全教育の機会の創出をベースとして，ドライバーであれば自身の運転継続の見極め，歩行者であれば安全な横断の維持に努め，さらに代替交通手段の確保，自動運転への切り替えをバランスよく行う必要があるだろう。

4　高齢者のリスクと自動運転社会

(1)　高齢ドライバーのリスク

　運転を長く継続するためには，事故を起こさないことが前提となる。高齢ドライバーは 65 歳以上とするが，年齢層で区切ったとしても，安全運転度や身体的機能の低下のレベルは個人差が大きい。したがって，一様にリスクの特性を述べることは難しいが，全体を俯瞰したうえでリスクの傾向をつかむことは可能である。傾向のつかみ方はさまざまな考え方があるだろう。例えば，安全運転度では，一定期間，一定数の高齢ドライバーの運転ぶりをドライブレコーダーなどにより測定し，評価することができる。また，身体的機能低下では，一定数の高齢者を対象に，体力測定や身体検査を行い評価することができる。これらはいずれも有効な測定方法であるが，対象の高齢者を一定数に限定する必要があるため，高齢ドライバー全体の交通事故リスクを俯瞰することは難しい。ここでは，高齢ドライバーが起こした交通事故を

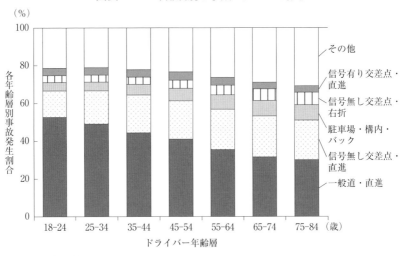

図表 8-5　年齢層別の事故パターンの推移

出所：北村（2013）71 頁。

分析することで，高齢ドライバーの交通事故につながるリスクを俯瞰することとする。

　図表 8-5 は特定の損害保険会社の自動車保険支払いデータから，年齢層別に事故パターンの推移を示したものである。対象となった事故は相手がある事故で，1 カ年分，48 万件余りとなり，事故パターンの作成については，判夕基準（『別冊判例タイムズ』16 号）の図番号を用いて分析したものである。判夕基準は民事交通訴訟における過失相殺率の認定・判定基準を詳細に示したものであり，この中で当事者の事故時の交通環境や位置関係をパターン化して図番号にして分類している。

　図表 8-5 を見ると，どの年齢層においても一般道・直進時の事故割合が最も高く，これは一般道・直進時が走行中で最も多い場面であるため，事故は前車などとの追突や接触事故によるものが大半となる。年齢層別に推移を見ると，どの年齢層でも一般道・直進時の事故が多いものの，年齢層が上がるにつれ，徐々にその割合が下がり，信号無し交差点・直進時，信号無し交差点・右折時，駐車場構内・バック時の事故割合が上がっているのが分かる。図表 8-6 は，これらの加齢に伴い増える事故パターン 3 つについて，

図表 8-6　加齢に伴い増える事故パターン

出所：筆者作成の事故パターン図。

事故時の交通環境の俯瞰図を示したものである。

　駐車場構内・バック事故は相手車を含む対物が多く，信号有り交差点・直進時は出合い頭事故であり，信号無し交差点・右折時は右直事故が典型的なものである。これらに共通することは，各事故パターンともに，複数の箇所を，短時間に連続して確認する必要のある場面ということである。高齢ドライバーは，一般道・直進時のように，前方にリスクが集中しているようなケースでは，他年齢増に比べ事故割合が少なく，交差点や駐車場構内のように，前方だけではなく，左右，後方など多方面にリスクが分散しているようなケースでは，他年齢層に比べ事故割合が大きくなっている。

　高齢ドライバーへの教育や支援では，交差点や駐車場構内など，複数の箇所を連続して確認しなければならない場面での強化が必要である。また，とくに交差点事故は人身事故に直結し，重大事故になりやすいことも念頭に置く必要がある。高齢ドライバーの事故リスクは，アクセルとブレーキの踏み間違い事故が注目され，また安全技術では自動ブレーキの普及が期待されている。

　これらのリスクや技術は重要であることには変わりないが，これまで述べた高齢ドライバーのリスクのすべてをカバーするものではなく，むしろ重要な交差点リスクへは十分とは言えない。目を引くニュースや出来上がった技術にリスクを当てはめるような考え方は，パッチワークのような対策となり望ましくなく，リスクに優先順位を付けて，重要なリスクへの対策を徹底させる考え方が求められる。

(2)　高齢歩行者のリスク

　交通事故による死者のうち，65歳以上の高齢者が占める割合は年々高まるばかりで，2010年に50.3％とすでに半数を超えた状態であったが，2020年にはさらに上がり56.2％までになっている。また，2020年の交通事故の状態別死者数では，歩行中の事故が最も多く35.3％を占める。さらに，歩行中の死者数のうち，約70％以上が高齢歩行者である。2020年の実数で言えば，全年齢層の歩行中の死者数が1,002人であり，このうち743人が高齢歩行者である。

　高齢歩行者の死亡事故にはいくつかの特徴がある。まず，歩行中の事故のうち道路横断中が80％近くを占める。この中でも，約50％は横断歩道以外の横断時に発生している。時間帯では17時〜19時台で全体の25％程度，とくに夜間が昼間の3倍近く多い。事故時の道路環境では，幅員5.5m〜9mの単路，言い換えれば片側1車線程度の道路で全体の40％程度が起きている。また，横断中の高齢歩行者側の違反の有無では，約60％近くに横断違反，信号無視などの違反がある。さらに，横断中の自動車との衝突時では，単路，交差点ともに横断後半が70％近くを占める。

　一方で，高齢者を含む歩行者事故対策では，全国の警察が中心となり，ドライバーに対して，横断歩道手前での一時停止の徹底を呼びかけ，さらに，その取締りを強化している。JAFの調べによれば，全国の横断歩道手前での一時停止率は，2020年は21.3％であり，4年前の7.6％に比べて大きく改善している。また，取締りによる検挙数も，2020年は29万件余りであり，4年前の11万件余りに比べて倍以上となっている。こうした対策により，歩行中の死亡事故は全体の交通事故と同様に減少傾向にはあるものの，全体に占める高齢歩行者の死亡事故割合の高止まり傾向は，むしろ上昇している。これは，そもそも事故の多くが横断歩道以外で起きていること，また，高齢歩行者側にも横断時に違反が多いことがあり，ドライバーに向けた横断歩道での注意喚起だけではリスクをカバーしきれていないということである。対策ではドライバーだけではなく，高齢歩行者への安全教育の支援が急務と言える。

(3)　自動運転への移行について

　高齢ドライバーや高齢歩行者のリスクは，現状の国内の交通事故リスクの中心と言える。こうした現状のもとで，高齢ドライバーには免許返納を呼びかけ，高齢歩行者には，相手となるドライバーへの横断歩道手前での一時停止の徹底を対策として実践している。しかし，その効果は十分とは言えず，結果としては，交通事故の当事者の中で，より高齢者の割合を高めることになっている。こうしたなかで期待と注目を集めているのが自動運転車の普及である。運転そのものを機械が代替することで，運転ミスを防止し事故をなくすというものである。

　図表 8-7 は NHTSA（National Highway Traffic Safety Administration：米国運輸省道路交通安全局）が 2016 年に示した自動運転のレベルの定義である。NHTSA は自動車交通の安全管理を所管する機関であり，自動車部品の安全性，交通事故の統計など自動車の安全に関することを担当している。一口に自動運転と言っても 5 段階あり，完全に自動化された状態はレベル 5 のみである。実用レベルでは，2021 年 3 月にホンダが，世界初の自動運転レベル 3 の機能である「ホンダ・センシング・エリート」を搭載した新型「レジェ

図表 8-7　NHTSA　自動運転のレベルの定義

レベル	自動運転の内容
SAE レベル 0	人間の運転者が，すべてを行う。
SAE レベル 1	車両の自動化システムが，人間の運転者をときどき支援し，いくつかの運転タスクを実施することができる。
SAE レベル 2	車両の自動化システムが，いくつかの運転タスクを事実上実施することができる一方，人間の運転者は，運転環境を監視し，また，残りの部分の運転タスクを実施し続ける。
SAE レベル 3	自動化システムは，いくつかの運転タスクを事実上実施するとともに，運転環境をある場合に監視する一方，人間の運転者は，自動化システムが要請した場合に，制御を取り戻す準備をしておかなければならない。
SAE レベル 4	自動化システムは，運転タスクを実施し，運転環境を監視することができる。人間は，制御を取り戻す必要はないが，自動化システムは，ある環境・条件下のみで運転することができる。
SAE レベル 5	自動化システムは，人間の運転者が運転できるすべての条件下において，すべての運転タスクを実施することができる。

出所：NHTSA（2016）より筆者翻訳。

ンド」を発表した。これは，主に高速道路上での自動運転機能として実用化が想定されている。逆に言えば，現状の自動運転は，ドライバーの運転の一部を請け負うことに限られていると考える必要があるだろう。レベル2では，ドライバーが運転環境を監視している必要があるし，レベル3では自動運転システムの要請によりドライバーが運転を代わる必要がある。さらに，レベル4でも一部の運転環境では，ドライバーが運転を行う必要がある。つまり，レベル5以外の自動運転では，ドライバーによる安全運転あるいはそのための準備が求められるということである。

　筆者らは，施設コースを図表8-8のように設定し，実験用の自動運転車を用いて走行実験を行った。施設コースはエリアにより制限速度5〜15kmに設定し，それぞれに標識を立て，カーブやシケインコーナーを含むようにした。また，コース内には歩行者が横断歩道の手前に立つ場面も作った。自動運転車の仕様は図表8-9のように設定した。自動運転車両には，あらかじめコース内にある停止線や制限速度ルールなどは記憶させている。実験は，被検者5名（運転歴3年以上）に対して，同一コースを自動運転と手動運転で運転してもらい，発進時，停止時，コーナー進入時およびコーナー中の安全確認，速度遵守，標識など道路環境の変化への対応について，それぞれの運転時の安全確認状況を測定したものである。

　なお，安全確認状況の測定は，図表8-10のように，ドライバーカメラ，視線計測カメラ，前方カメラ，ハンドル操作継続カメラを用いて，それぞれのデータを同期させた。安全確認は，視線計測装置により対象に0.2秒以上視線が停留しているかで判断した。

　測定の結果の詳細は紙幅の都合上で割愛するが，得られたことのうち最も重要なことは，5人の被験者のうち4人が，手動運転時の安全確認状況を自動運転時にも引き継いでいたことである。具体的には，手動時の安全確認レベルが高い被験者は自動時でも高く，とくに横断歩道手前に立つ歩行者への安全確認は非常に高かった。一方で，手動時の安全確認が低い被験者は自動時でも低かった。ただし，1人の被験者については，手動時の確認レベルが高く，自動時が低く，確認項目にもばらつきがあった。

　これらから，自動運転時の安全確認状況は，当該ドライバーの手動運転時

図表 8-8　施設コースの概要

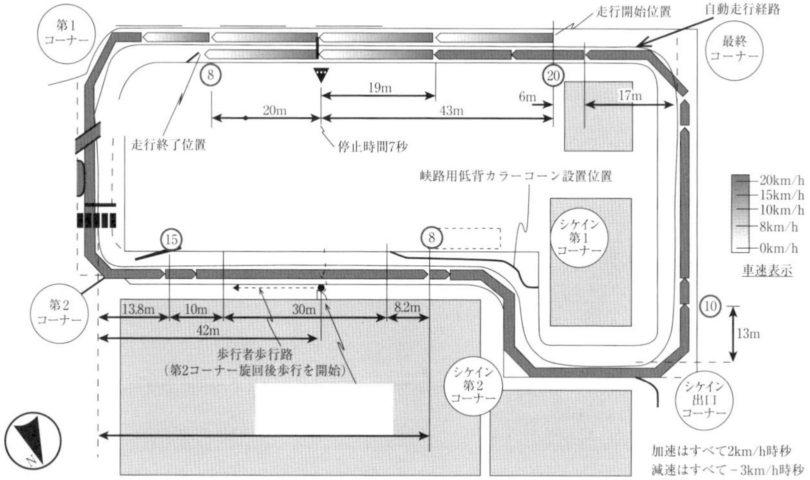

出所：北村ほか（2016）より。

図表 8-9　自動運転車両の諸元・車両走行データ仕様

No	項目	諸元
1	ベース車両	トヨタ プリウス NHW20 系
2	自動運転機能	自動走行機能，ほか
3	自動走行の方式	デジタルマップ＋ウェイポイント＋位置情報（RTK-GPS）による走行制御方法
4	走行パターン	あらかじめ記憶しておいた施設内の限定1コースを走行可能。
5	走行パターンに含まれる動作	記憶されているコース（ウェイポイント）に沿って移動停止位置での停止（デジタルマップを参照）
6	自動運転最高速度	20km/h
7	車両データインタフェース	CAN

出所：北村ほか（2016）より。

　の安全確認状況を引き継ぐ可能性を想定する必要があると考えられる。このことは，レベル 5 以外の自動運転車では，すべてのドライバーを手動から自動へ切り替えたとしても，手動時の安全運転度の低いドライバーの交通事故リスクは残ってしまうということを示唆する。このように考えれば，自動運転車は運転が困難になったすべてのドライバーの受け皿にはなりにくく，

図表8-10　安全確認状況の測定方法

出所：施設コースでの実験映像。

　むしろ一定以上の安全確認を安定的に実践できているドライバーの移行に留め，オーナードライバーの自動運転への移行は慎重に考える必要があるだろう。

　すでにアメリカでは，自動運転機能（レベル2相当）が搭載されていた車両が複数の死亡事故を起こしている。本来はドライバーが走行環境を監視する必要があったが，それをせず運転席が無人の状態で事故が発生し，ドライバーが死亡したものである。いずれもドライバーが自動運転機能の正確な理解と運用をできていなかったことが主たる事故原因と考えられる。

　このように，自動運転車の理解から走行中の安全確認まで，一定の安全運転タスクを安定して負えないドライバーは，自動運転への移行により，むしろリスクを引き上げる結果にもなっている。一方で，一定の安全運転タスクを負えるドライバーかどうかを評価するのは簡単ではない。運転免許は運転に必要なタスクを検定中のタイミングに確実にできれば取得できるが，安全運転タスクの安定的な実践状況は，一定期間以上にわたり，当該ドライバーの運転パフォーマンスをデータ化し，評価する必要があるからである。現状で言えば，一部のドライブレコーダー，またはテレマティクス型ドライブレ

コーダーなどの車載用の運転データ記録デバイスを用いて，一定の安全運転評価を行うことができる。こうしたデータにより，ドライバーの持つ安全運転パフォーマンスを評価し，一定以上の評価の安全運転ドライバーを自動運転に移行させることを検討する必要があるだろう。一方で，安全運転パフォーマンスが低いドライバーについては，一定期間の安全運転に関する観察期間を設け，一定水準に至るまではオーナードライバー向けの自動運転車には移行させないか，公共交通などの別モビリティの活用が求められる。

(4)　今後の課題

　自動運転はオーナードライバー向けだけではなく，物流を担うトラックなどの商用車，公共交通を担うバス，タクシーにも導入が進められている。これらについては，専用コースを設定して，レベル5の自動運転が検討されていることが多い。現状では，一部で実用化されているものも出ているが，多くは実証実験などの検証期間のものである。今後は，こうした生活インフラ型の完全自動運転車と，これまで述べたオーナードライバー向けの自動運転車が併存する形で開発が進められるだろう。これらの自動運転技術の開発は，ユーザーにとって，そのままモビリティ手段の選択肢を広げることにつながる。

　現状では，どのモビリティ手段を選択するかはユーザーの利便性や経済事情により決まることになるが，国内を取り巻く交通事故リスクの中心はすでに高齢者に移行しており，これまで述べたように，高齢ドライバー・高齢歩行者のリスクには特徴がある。高齢ドライバーでは，交差点，駐車場などの連続して複数の安全確認を要する環境下で事故が起きやすく，高齢歩行者では事故時の違反が多く，横断歩道以外での死亡事故が多いなどである。

　これに対して，自動運転車の多くは完全自動運転ではなく，ドライバー側の注意や安全確認を要するものである。横断歩道以外で不規則に飛び出してくる高齢歩行者の回避や安全運転タスクを負いきれない高齢ドライバーのリスクなどを，すべて自動運転車に負わせるのは無理があり，相当程度の期間は，高齢ドライバー・高齢歩行者のそれぞれの安全運転や安全行動を求めることを中心に据える対策が必要だろう。

おわりに

　終戦以降，国内の交通安全対策は，モータリゼーションと経済成長による自動車交通の量的拡大に適応させるための道路インフラ整備，秩序を維持するための交通ルールの制定と厳罰化による悪質ドライバーの排除を主としてきた。その後，経済の停滞と高齢化の進展により，自動車交通は質的変化を起こし，悪意のない高齢ドライバーや高齢歩行者の事故割合が多くを占めるようになると，高齢ドライバーへの免許返納を促進するものの，リスクの大きいドライバーの排除を中心とした従来型の対策では事故は大きく減らないようになった。こうしたなかで，さらなる交通事故削減に決め手を欠く状況が続くが，経済成長と事故削減を両立させるべく，自動運転を中心とする技術革新に期待が集まっているのが現状と言える。

　しかし，完全自動運転ではない自動運転レベルでは，ドライバーの手動運転時の安全確認レベルを自動運転時にも引き継ぐ可能性があり，手動時の安全運転度の低いドライバーの交通事故リスクは自動運転下でも残ることになる。これまでの国内の交通安全対策は，ルール制定とルールを守らないドライバーへの厳罰化と排除を中心にして取り組み，それが効かなくなると，今度は自動運転技術にリスクを丸投げしているように筆者には見える。もちろん，技術は日進月歩に進展し，技術がリスクを吸収してくれる時代が来るかもしれないが，少なくとも現状はその過渡期であり，しかも短い過渡期ではない可能性もある。

　現状の交通事故リスクの中心は高齢者であり，高齢ドライバー・高齢歩行者のリスクの特性とより向き合う必要があるだろう。対策では，技術を中心に据えながらも，高齢ドライバーや高齢歩行者への地道な安全教育も並行して行う必要がある。技術進展は車両安全に留まらず，安全教育にも起きている。すでにドライブレコーダーは普及しており，それらのデータを活用し，ドライバー・歩行者の両方に事故時の映像などを活用した実践的な安全教育ができるようになっている。今後は，事故リスクに合わせた安全教育と車両安全をセットにして取り組み，それぞれで最新の技術を活用して成果を出す

ことが求められるだろう。

＜参考文献＞　　［　］内は最終閲覧日

NHTSA（米国運輸省道路交通安全局）（2016）*Federal Automated Vehicle Policy.*
United Nations（1956）*The Aging of Population and Its Economic and Social Implications*,
　　　United Nations.

一般財団法人自動車検査登録情報協会（2020）「わが国の自動車保有動向」.
一般社団法人日本自動車連盟（JAF）（2020）「信号機のない横断歩道における歩行者優先
　　　についての実態調査」.
北村憲康（2013）「シニアドライバーのための安全運転習慣10」企業開発センター.
北村憲康ほか（2016）「自動運転時と手動運転時のドライバ安全確認行動の比較について」
　　　自動車技術会秋季大会学術講演集.
警察庁（2020）「運転免許統計」.
警察庁（2020）「交通事故統計」.
公益財団法人交通事故総合分析センター（2016）「イタルダインフォメーション　NO118
　　　高齢歩行者の道路横断中の事故」.
総務省（2020）「人口推計」.
東京地裁民事交通訴訟研究会編（2004）『別冊　判例タイムズ16　民事交通訴訟における
　　　過失相殺率の認定基準（全訂4版）』判例タイムズ社.
内閣府（2018）「道路交通事故の長期的推移」.

ロイター（2021）「テスラ車事故30件を米当局が調査，運転支援システム使用巡り」
　　　2021年6月18日.（https://jp.reuters.com/article/tesla-safety-idJPKCN2DU01J）
　　　［2021年6月18日］.

第 9 章

デジタル化時代の交通事故紛争解決の変容と展望
——ADR を中心に

竹井 直樹

はじめに

　大手の損害保険会社では，自動車保険（自賠責保険を含む）の保険料収入が 47 〜 64％のシェアを占め，その運営手腕が経営全般に与える影響は非常に大きい。とくに保険金支払いでは，交通事故を中心とした事故件数の多さから，顧客対応を徹底するために，要員の確保はもちろんのこと，組織編成や業務内容のモニタリングなど，さまざまな戦略が練られている。こうした業務運営のなかで，デジタル化の推進は当然の流れであり，各社各様に技術革新を競っているのが現状である。

　ところで，事故件数が非常に多い自動車保険の保険金支払いでは，対人事故と対物事故においては損害賠償額をめぐって交通事故被害者と保険会社で示談交渉が行われる[1]。当然，感情的な要素も絡んで双方の主張には大きな隔たりが生じるなど紛争に発展する例は少なくない[2]。この紛争を解決する

---

1)　交通事故被害者と損害保険会社の関係は保険契約の当事者ではない。しかし，自賠責保険と自動車保険では，制度上，交通事故被害者は加害者が付保している損害保険会社に対して損害賠償額の請求ができるので，当該保険会社は示談の当事者となる。
2)　交通事故に起因する損害賠償については，自賠法 3 条に定める運行供用者責任によって無過失責任に近い制度が確立しているので，責任の有無を争う事例は比較的少なく，損害賠償の額をめぐる争いが多数を占める。学術的には前者を「責任論」，後者を「損害論」といい，本章は主として「損害論」の分野を射程にしている。

手段として，もちろん裁判の利用が保障されているが[3]，コスト負担や迅速性に欠けることがハードルとなるため，ADR（Alternative Dispute Resolution：裁判外紛争解決手続（機関））の利活用が推奨されている。金融業界では，後述する金融 ADR 制度という金融共通ルールに基づく ADR が制度化されているが，損保業界では交通事故被害者との紛争が多いため，この制度の中で扱う苦情件数は他の金融業界を圧倒的に凌駕している。

　そこで，本章ではこうした問題を抱える損保業界にとって，デジタル化の進展が交通事故紛争の解決にどのような変容・変革をもたらすのか，その現状と課題・展望について ADR を中心にして考察したい。以下，第 1 節で金融 ADR 制度の概要を，第 2 節で ADR における交通事故紛争の現状を説明し，第 3 節で各社の自動車保険損害調査業務に関わるデジタル化の動きと事業環境，第 4 節で政府（首相官邸・日本経済再生本部）および法務省における ODR（Online Dispute Resolution）の促進に向けた検討とその影響，第 5 節で自動運転などの進展がもたらす交通事故とその紛争解決の変容の可能性をそれぞれ考察し，そして第 6 節でデジタル化時代の交通事故紛争解決の展望を述べ，最後にまとめることとしたい。

1　金融 ADR 制度の概要

　金融分野の ADR については，2010 年に金融の各業法が改正され，法定業務として事実上，各業界団体が担うこととなった。これを「金融 ADR」と総称している。金融庁が当該 ADR を監督する役割を担い，業務を適切に行えると判断した ADR を金融庁が指定する仕組みとなっている。これを「指定紛争解決機関」といい，保険業では保険業法にその手続きや業務が定められ，保険会社はいずれかの金融 ADR 機関とその ADR を利用するための手

---

3)　日本弁護士連合会（2021）126 頁によれば，2019 年おける地方裁判所と簡易裁判所の交通事故損害賠償請求事件の合計受付件数は約 38,000 件である。自動車保険の弁護士費用特約の普及によって一時期，訴訟件数が増加する傾向にあったが，現在は減少に転じている。

続実施基本契約を締結することが義務づけられている。

　損害保険の分野では日本損害保険協会（損保協会）が実施する「そんぽADRセンター」（以下「損保ADR」）が指定紛争解決機関となって主にその業務を担っている。現在，損保ADRと契約している損害保険会社は29社で，損保協会加盟会社と同じである。なお，外資系損害保険会社の一部は別途,「金融オンブズマン」という金融ADR機関を組織して，そこが指定紛争解決機関となっている。

　金融ADRの具体的な手続きとしては，ADRが仲介して当事者間の解決を支援する「苦情解決手続」とADRが任命した紛争解決委員が和解案を作成してこれをもとに解決を促す「紛争解決手続」がある。原則として，苦情解決手続が不調の場合に紛争解決手続へ移行するフローとなっている。なお，金融ADRの各機関では法定業務ではないが，一般的な相談業務も行っている。相談から苦情に発展する場合もあるので，実務上は相談業務も取り込んでいる。

　また，金融庁では各ADR機関の情報交換の場として「金融トラブル連絡調整協議会」（各金融業界団体のADR機関，消費者庁，国民生活センター，消費者団体，学識経験者および金融庁が構成メンバー）を設置し，年2回定期的な会合を開催している。その会合の配付資料によれば，2020年度の「苦情解決手続」の扱い件数は損保ADRが約3,600件で，総件数の50%を超えて群を抜いている。そして，この扱い件数の約8割が交通事故被害者からの苦情と推測される。

2　ADRにおける交通事故紛争の現状

(1)　損保ADRの活動概況

　損保ADRでは，一般的な相談・苦情と，損保ADRと利用契約を結んだ損害保険会社の保険契約をめぐる苦情・紛争を取り扱っている。2020年度では相談が約1.9万件，苦情が約0.9万件で合計2.8万件の実績がある。このなかで自動車保険を関するもの（保険金支払い事案に限らない）は相談では

42％，苦情では70％を占め，他の保険と比べても突出している。この自動車保険に関する苦情の一部が「苦情解決手続」として処理されることになる。損保ADRの体制については，常勤職員が約100名，弁護士などの非常勤職員が約60名おり，地方には10の拠点を設置している。損保協会の職員数はスタッフなどを含めて約300名なので，ADR組織の規模が非常に大きいことが分かる。

　ところで，このADRの仕組みについては，2010年に法改正するまでは，それぞれの金融業界が自主的にADRを組成し運営してきた経緯がある。損保協会も「損害保険調停委員会」という機関を設置して和解案の提示による紛争解決を実施してきたが，交通事故被害者と保険会社の間の和解案に基づく紛争解決については扱い対象外としてきた[4]。したがって，これから述べる交通事故紛争に関わる「紛争解決手続」については，損保協会にとっては保険業法の改正があった2010年から取り扱いを始めた新規事業である。

(2) 交通事故をめぐる苦情解決手続と紛争解決手続の統計的なトレンドと最近の特徴

1) 現状

　まず，交通事故をめぐる「苦情解決手続」については，公表された統計では自動車保険に関する苦情という区分でしか分からないため，詳細は不明である。全苦情解決手続件数と解決率の推移は図表9-1のとおりである。件数は減少傾向であること，そして解決率が高水準であることが分かる。そして別の統計によれば，この件数のうち約75％が自動車保険に関する苦情であり，自動車保険をめぐる苦情が圧倒的に多いことが分かる。さらに，この自動車保険をめぐる苦情の中でどの程度を交通事故紛争が占めるのかは前述したように公表統計がないため分からないが，大方の予想ではその8割程度を占めるのではないかと言われている。そうすると，後述する「紛争解決手続」の傾向も斟酌すると，解決率が高水準なのは交通事故紛争事案が牽引しているのではないかと推測される。

---

4)　竹井（2011）129-135頁参照。交通事故被害者と保険会社の間の和解案に基づく紛争解決を損保ADRへ取り込んだ経緯については，竹井（2012）196頁。

図表 9-1　苦情解決手続件数と解決率の推移

出所：日本損害保険協会「そんぽ ADR センター統計号」各年版から筆者作成。

　ここで留意すべきは，和解案を提示することなく紛争解決が図られる「苦情解決手続」事案が多数を占めることの意味である。「紛争解決手続」に至る前に紛争が解決すれば，申立人には時間を節約ができる大きなメリットがあり，保険会社側も時間的にもコスト的にも大きなメリットがある。紛争の当事者間に仲介者が入るというだけで解決が促されることが ADR の一番の価値であり，和解案や調停案の提示は不可欠ではない。このことは後述する海外の例ではより顕著である。

　一方，「紛争解決手続」については，交通事故紛争の内訳が公表されており，その件数と解決率の推移は図表 9-2 のとおりである。扱い件数は少ないが明らかに減少傾向が見られ，かつ解決率も高水準で推移している。交通事故に関わる紛争解決手続の対人・対物の内訳については，把握可能な 2010 年10 月から 2018 年 3 月までの累計件数 477 件で見ると，ほぼ半々である。また，争点としては，主に過失割合，治療費，休業損害，慰謝料，逸失利益，修理費，代車費用である。件数では，過失割合が若干多い傾向にあるものの，ほぼ拮抗している。

　実は，交通事故紛争以外を含めた「紛争解決手続」の総件数は直近では年間 400 件ほどあるが，その解決率は 40％程度である。いかに交通事故紛争

図表 9-2　交通事故の紛争解決手続件数と解決率の推移

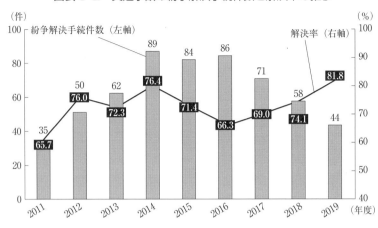

出所：図表 9-1 と同じ。

の解決率が高いかが分かる。この解決率が高い理由は，交通事故紛争につい
てはこれまでに多くの判例が蓄積され，紛争当事者の解決の落としどころが
見つけやすいからではないかと考えられる。目安を見つけやすいということ
は定型化しているということであり，今後の展望を考えるうえでは重要な視
点である。

　ところで，こうした交通事故紛争については，公益財団法人日弁連交通事
故相談センターや一般財団法人交通事故紛争処理センター[5)] という ADR
機関でも取り扱っている。これらの機関では相談業務も行っているが，金融
ADR のような「苦情解決手続」と「紛争解決手続」という区分はない。し
たがって，相談や苦情について精査な比較はできないが，おおよそは「紛争

---

5)　日弁連交通事故相談センターは 1967 年（あっ旋は 1976 年から開始）に，交通事故
　　紛争処理センターは 1974 年に発足し，それぞれ交通事故被害者の損害賠償請求に関し
　　て多くの紛争事案にコミットしてきた歴史がある。運営経費については，日弁連交通事
　　故相談センターは国土交通省からの補助金で一部賄われ，交通事故紛争処理センターは
　　自賠責保険（共済を含む）の保険料の運用益から拠出されていて，結果的には損害保険
　　各社の資金から賄われている。このほか，自賠責保険の保険金支払いの事案に特化した
　　紛争処理機関として，一般財団法人自賠責保険・共済紛争処理機構という機関があるが，
　　保険会社の認定結果を被害者などの申立てに基づいて再審査するもので，あっ旋は行わ
　　ないので ADR 機関とは性格を異にする。古笛（2020）86-91 頁参照。

解決手続」がこれら2つの機関のあっ旋（和解案を提示するもの）に該当すると考えられるので，それとの比較では両機関のほうが扱い件数は圧倒的に多いことが歴然としている[6]。これは歴史的な背景の差と言えよう。これらの機関でも紛争のあっ旋件数は明らかに減少傾向にある。

2)　最近の紛争解決手続における特徴

1つは，申立人（被害者側）が弁護士を代理人にする例が増えているようである。被害者側が弁護士委任するのは，自動車保険の弁護士費用特約が普及していることが影響しているのではないかと推察される。弁護士からすれば訴訟提起を奨める選択もあるが，同特約により ADR を利用しても訴訟と同水準の報酬が得られ，かつ争点整理の手間が省けるなどのメリットがある。一方，保険会社側から見ると，一定の専門的な知識を持った者を相手にしたほうがスムーズに交渉できるメリットがある。

もう1つは，デジタル技術を活用した変化である。オンライン化はその典型であり，申立とその後のやり取りについてオンライン手続きが制度化されているわけではないが，実務的には電子メールのやり取りが増える傾向にある。さらに意見聴取などの場面では当初からウェブ会議システムを導入しており，このコロナ禍でその利用が増えているようである。ただし，対面を省略することによる意思の行き違いも一部にあるようで，その点は新たな紛争にならないよう丁寧な対応が必要である。また，最新テクノロジーの活用では，保険会社側の答弁で加害自動車のドライブレコーダーの映像が提出されたり，AI がはじき出した過失割合が提示されたりするケースも出現し，被害者側自動車のドライブレコーダーの映像と突き合わせるようなこともあるようである。今後，こうした場面はテクノロジーの進展に伴って増加し，迅速な紛争解決に資するであろう。

---

6)　2019年度のあっ旋件数は，日弁連交通事故相談センターで約1,000件，交通事故紛争処理センターで約6,400件である。

3　自動車保険の損害調査におけるデジタル化の動きと保険会社の事業環境

(1)　各社のデジタル化事例

　ここで ADR を離れて，交通事故紛争を引き起こす要因となる保険会社の損害調査業務について，最近のデジタル化の動きを紹介する。各社ともさまざまな分野でデジタル化に精力的に取り組んでいて，マスメディアでも頻繁に取り上げられている。損害調査業務でも膨大な事務手続きを抱えていることもあって，大手保険会社を中心にその各業務ステージにおける省力化・効率化と保険金支払いの迅速化を目指してデジタル化が進んでいる。図表 9-3 はその事例を筆者が簡単にまとめたものである。

　こうして見ると，まさに各社がデジタル投資に注力していることがよく分

図表 9-3　自動車保険の損害調査業務のデジタル化事例

損害調査業務のステージ	デジタル化の事例	備考
1. 事故受付	①スマオのアプリを使って事故報告と損害調査依頼をする。 ②ドライブレコーダー機能により事故時の事故状況を自動通報する。合わせて事故状況報告書も作成する。 ③保険金サービス部門の電話応対をテキストデータ化して，感情，キーワードなどについて AI による解析を行い，電話応対における顧客対応の最適化を図る。	・ドライブレコーダー特約は大手損保のみ実施。
2. 損害見積・保険金請求手続き	①修理工場の修理見積書について，車両の損傷画像などをもとに AI が点検する。 ②顧客が，車両の損傷画像を送信し，AI が修理見積金額（概算）を算出する。 ③スマホのアプリを使って保険金請求手続きなどを行う。	・スタートアップ企業などとの提携が多い。
3. 事故状況可視化，過失割合算定など	①ドライブレコーダーの映像などセンサーから得られたデータをもとに AI が解析し，事故状況を可視化。さらに過去の判例データをもとに AI が解析し，過失割合を算定する。 ②AI が裁判例などのデータベースから最適な裁判例を導き出す。	・スタートアップ企業などとの提携が多い。
4. 事故報告から保険金支払いまで	スマホのアプリを使って事故報告，損害見積と保険金請求手続き・保険金支払いまでを完結。	・示談交渉のない事故が対象。

かる。この投資が顧客価値と会社価値に具体的にどう結び付くのかが注目されるところである。

　このほか，事故受付や保険金請求手続きのステージではチャットボットが活用されている。また，テレマティクス自動車保険では，車載器から得られた各種データを AI 解析して保険料の算出から保険金の支払いまでの各種サービスが提供されている。

(2)　デジタル化戦略の切り口

　ここで，損害調査業務におけるデジタル化事例について，いくつかの切り口で整理してみたい。

　1つ目はスマートフォン（以下「スマホ」）の活用である。スマホという情報端末モバイルの普及は保険会社と顧客のコミュニケーションツールとしても不可欠な存在になってきた。事務手続きにおいて，顧客にとっての手軽さはもちろんのこと，保険会社にとっても大幅な効率化が図られ，さらには情報収集のハブの役割も果たしている。スマホのアプリを使った手続きはその典型であり，事故報告から保険金支払いまでを完結できる仕組みも一部で始まっている。

　2つ目にペーパーレス化がある。オンライン化，IT 化と置き換えてもよい。自動車保険では事故をめぐる関係者が多いため，保険金請求にあたってさまざまな書類が必要になる。そうした書類を電子データに切り替え，ペーパーレス化することによって事務手続きを大幅に簡略化することができ，その意義はきわめて大きい。ただし，その一方では，医師の診断書など医療関係書類，車検関係書類，警察関係書類など，ペーパーレス化にあたって他の機関との調整が必要なものも多々あり，その推進にあたっては容易ならざるハードルがある。

　3つ目にはデジタル化の要となる AI の活用がある。前述の事例で言えば，事故報告や保険金請求手続きに関わる高度なチャットボット，事故状況把握，車両損害の自動見積，過失割合の判定などである。データの蓄積が進み，AI 技術がさらに進歩すれば，損害調査業務の効率化と保険金支払いの迅速化が一層図られるだろう。しかし，その一方で，感情要素が伴った被害者と

のデリケートな交渉のなかで，どこまでこうしたテクノロジーが受け入れら
れるのかという問題もある。この点については後述したい。

(3)　自動車保険の事業成績のトレンド

　ところで，こうしたデジタル化が加速するなかで，交通事故の減少，電気
自動車の普及，自動運転技術の進化，さらには損保業界の事業基盤を揺るが
している広域自然災害の増加といった損保をめぐるさまざまな環境変化がど
のように事業収益に影響しているのだろうか。そこで，現在の自動車保険の
事業成績について，そのトレンドを概観しておきたい。

　保険金支払いのフェーズではデジタル化が進展すれば，少なくとも事業費
のうちの人件費では大幅な効率化が期待できるはずである。業界全体のデー
タからそうした展望がマクロ的に推測できるだろうか。この6年間の自動
車保険の事業成績は図表 9-4 のとおりである。

　まず，全補償項目を合計した総支払保険金の実額が増える傾向にある。損
害保険料率算出機構（以下「損保料率機構」）の公表資料[7]では総支払保険金

図表 9-4　自動車保険の支払保険金，損害率・事業費率の推移

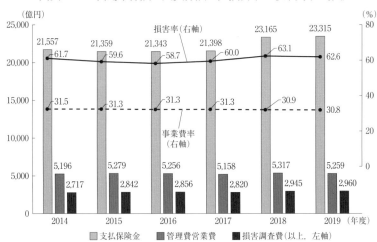

出所：保険研究所『インシュアランス損害保険統計号』各年版より筆者作成。

***

7)　損保料率機構が毎年発行している「自動車保険の概況」による。

に対して対物賠償保険と車両保険を合わせた物損の保険金が約 70% を占め，それが全体へ影響している⁸⁾。同資料では，両保険金とも増加していて，とくに車両保険金の増加が著しい。

　一方，支払件数で見ると好対照で，対物賠償保険は減少しているのに対して車両保険は増加している。これは洪水など自然災害の増加が寄与しているようである。いずれにしても，保険金の増加については，自動車の電気化・電子化など高パフォーマンスによる修理費の高額化が主因であろうと推測される。

　損害率は低下傾向から 2017 年度以降上昇に転じたが，2020 年 1 月に保険料の引き上げを行って上げ止まっている。さらにこのコロナ禍では事故頻度が激減し，2020 年度の損害率は大幅に低下しているようである。しかし，2021 年度以降は反転して損害率が大幅に上昇する予想もあるなかで 2022 年 1 月には保険料を引き下げる動きもあり，保険引受収支の先行きは不透明である。

　交通事故紛争の観点で見ると，被害者が存在する対人賠償保険と対物賠償保険の支払件数が減少しているので，好ましい傾向である。デジタル化の進展では，自動運転技術の普及などによって今後交通事故件数はもちろんのこと，対人賠償保険と対物賠償保険の支払件数はさらに減少していくので，保険引受収支よりは事業費部分でどう評価するかが焦点になるのではないかと思われる。その事業費の推移は図表 9-4 にあるとおり，トータルではやや漸減傾向である。この内訳を見てみると，代理店手数料などの「諸手数料および集金費」が減少し，「損害調査費」と「営業費および一般管理費」が漸増する傾向がある。

　これは主として，広域自然災害の増加とデジタル投資の増加による人・物件費増によるものではないかと推測される。デジタル化には，「損害調査費」と「営業費および一般管理費」という事業費を減少させる要因と増加させる要因があるが，デジタル化の追い風にもなっているコロナ禍の影響も踏まえたその効果・影響については，もうしばらくトレンドを見極める必要があろ

---

8)　自賠責保険の支払件数と保険金，そして自動車保険の対人賠償の支払件数と保険金は減少傾向である。

う。ただし，業界全体のデータだけでは分析に限界があり，その意味では，とりあえず今後の事故件数の減少度合いと「損害調査費」の動向が気になるところである。

4　政府を中心にした ODR 促進の検討状況と交通事故紛争に与える影響

(1)　ODR 促進に向けた動き

　2020 年 3 月，政府の日本経済再生本部に設置された「ODR 活性化検討会」が計 7 回の論議を踏まえて，「ODR 活性化に向けた取りまとめ」という報告書を公表した。ODR（Online Dispute Resolution）は紛争解決の手続きに ICT 技術を活用したアプローチのことを言い，ADR から派生した概念であるとされる[9]。政府の「成長戦略フォローアップ（2019 年 6 月 21 日閣議決定）」において，「裁判手続等の IT 化の推進」に関する施策の 1 つとして，「紛争の多様化に対応した我が国のビジネス環境整備として，オンラインでの紛争解決（ODR）など，IT・AI を活用した裁判外紛争解決手続などの民事紛争解決の利用拡充・機能強化に関する検討を行い，基本方針について 2019 年度中に結論を得る。」とされた。これを受けて，2019 年 9 月に「ODR 活性化検討会」が設置され，その検討結果がこの報告書として取りまとめられた。

　民事裁判手続きなどの IT 化については別途に法務省で検討されているが，この検討会のミッションは ODR について ADR に絞ってデジタル化を推進しようとするもので，AI の活用も含んだ概念のようである。この検討会の取りまとめはこれからの方向性をまとめたものであり，具体的な検討は今後に委ねられている。筆者なりにこの取りまとめを要約すると，次のとおりである。

　　●IT や AI を活用した ODR の整備・推進は ADR を活性化する有効な手
　　　段であり，利用者利便の一層の向上と機能強化に資する。

---

9)　渡邊（2020b）12 頁。

- ODR に適する分野として，①低額で定型的な紛争，②オンラインで行われた取引に関する紛争，③その他の定型的なものとして，交通事故紛争，離婚・相続など家庭問題の紛争などが挙げられる。
- 紛争解決の手続き段階を，「検討フェーズ」，「相談フェーズ」，「交渉フェーズ」（これらを総称して「プレ・ADR フェーズ」という），「ADR フェーズ」，「裁判フェーズ」に分類でき，「裁判フェーズ」を除いた各フェーズで検討が必要である。
- ODR については欧米などの先行事例があり，国内では損保会社など個別企業の IT・AI 活用例があり [10]，こうした内外の状況も参考にしつつ，ODR 推進による ADR の活性化を推し進め，利用者の権利利益が適正，迅速，実効的に実現される仕組の検討が望まれる。

　なお，ODR は前述したように AI の活用も含んだ概念であり，究極には AI による和解案の提示も想定されるが，この検討会の論議では，当面は手続きのオンライン化（書面の提出，意見陳述，調停など）を中心に検討することとなったようである。

(2)　現在の動き

　2020 年の政府の「成長戦略フォローアップ（2020 年 7 月 17 日閣議決定）」では，前述の検討会の取りまとめを踏まえ，「裁判手続等 IT 化の推進」に関する施策として，ODR の推進に向けてオンラインでの非対面・遠隔での相談や紛争解決手続の実施などについて，具体的な検討を 2020 年度中に進めることとなった。そこで法務省内に「ODR 推進検討会」が 2020 年 10 月に発足し，具体的な論議が始まった。検討項目としては，① ODR の推進に向けた「裁判外紛争解決手続の利用の促進に関する法律」（ADR 促進法）関連の法，法務省令，ガイドラインなどの見直し，②民間紛争解決手続における

---

10)　この検討会で紹介された損保会社の事例は，事故時の顧客との音声データの AI 解析とテレマティクス自動車保険における事故報告のオンライン化であって，ODR に直接関係するものではなかった。しかし，後述するが 2021 年 2 月に大手損保会社で ODR のシステム開発と運営を手掛けるスタートアップ企業との提携が発表され，保険と ODR の連携を模索する動きが始まっている。

和解合意への執行力の付与，および③ ODR における認証 ADR 事業者の守秘義務のあり方の 3 項目が掲げられている [11]。

　ADR 促進法は 2007 年に施行され，民間 ADR の利活用を促進するための制度整備を目指したもので，一定の条件を充足した ADR を法務省が認証する制度がある。これが認証 ADR 事業者であり，現在約 160 の機関がある。なお，同フォローアップ（2020 年）では金融 ADR 制度に基づく指定紛争解決機関も検討の射程に入っている [12]。

(3)　海外の ODR 事例

　前述の ODR 活性化検討会では，議論の過程でさまざまな海外の ODR 事例が紹介された。それを簡単にまとめてみたい。裁判手続きのオンライン化は欧米や中国では実装済み例が多数あり，ADR についても ODR の推進は至極当然の流れである。そして，沿革をたどればインターネットが一般的に普及し始めた頃からその萌芽はあったようである。

1）　ODR の領域

　もともと ADR は紛争を生じた後のアプローチとして捉えられているが，ODR については沿革的には紛争が生じる前の相談段階から紛争当事者間の交渉までを含めて，その領域に組み込まれているようである。これは ODRがオンラインなど IT 化を実現する一連のシステム開発とその提供を目指し，かつ裁判に代替するすべての紛争解決手続きを念頭に置く必要があり，システム上漏れのない仕組みを構築するために広く捉えているからであろう。このオンライン上に用意された紛争解決機関を従来の ADR と区別して「プラットフォーム」と呼んでいる。

---

11)　このうち②については，2021 年 3 月に「ADR において成立した和解合意に執行力を付与することの是非についての取りまとめ」が公表され，法整備が提言された。また，2021 年 11 月現在では，ODR の推進に関する基本方針の策定を検討中である。
12)　金融 ADR 制度は法務省の認証制度とは別の枠組みになっている。金融機関はもともと金融庁の監督下にあるので，前述したように 2010 年に金融 ADR 制度として金融業の ADR も金融庁が所管する仕組みを構築した。

2)　ODR の類型

　このプラットフォームはその運営主体で区分すると，司法型，行政型，そして民間型がある。司法型ではカナダのブリティッシュ・コロンビア州の Civil Resolution Tribunal（以下「CRT」）がよく知られている。ODR の先駆けとして紹介される例が多く，争いの額などの一定の範囲で利用義務が課されていることが特徴で，裁判と同等に位置づけられる有料（利用手数料を支払う）の紛争解決機関である。CRT は，オンライン手続きを原則とし，ODR の仕組みをいち早く導入したことと，その適用範囲を順次拡大しながら進化していることが注目されている[13]。交通事故紛争はまさにその典型例であり，詳細については後述する。

　行政型では，例えば EU ODR プラットフォームがある。越境取引が多く，多言語である実情を踏まえ，消費者向け e コマースについて，共通のプラットフォームを設けて，そこから各国の紛争解決機関へつなぐ役割を担っている[14]。

　民間型では既存の ADR が ODR を採用する ADR 機関型，例えば金融業界が設置している ADR がこれに該当する。そして，自社のサービスへの信頼性を高め，CX（Customer Experience）向上を目指す企業型，これは世界最大級のオークションサイトである eBay の問題解決センター（Resolution Center）[15] が嚆矢である。大量の越境 e コマースを抱えていることもあってオンライン手続きは必須であり，年間 6,000 万件を超える紛争を取り扱っている[16]。また，スタートアップ企業などが特定の紛争を解決するためのサービスを提供する独立型がある。この独立型については，欧米では多くの民間企業が参入しているようで，離婚紛争や集合住宅紛争の ODR はその典型である[17]。

---

13)　渡邊（2020b）14-15 頁。
14)　渡邊（2020a）66 頁。
15)　ADR は一般的には事業者外の第三者機関を意味するが，欧米では事業者内に組織する ADR を Internal Dispute Resolution（IDR）と称している。これは事業者内の苦情対応窓口とも言えるが，ODR の議論の中では IDR も ADR の一類型として位置づけられる。
16)　万代（2018）28 頁。
17)　渡邊（2020b）20 頁。

3)　CRT が取り扱う交通事故紛争

　交通事故紛争に関して独特のモデルを構築しているカナダのブリティッシュ・コロンビア州の CRT について若干説明したい。同州では日本の自賠責保険に相当する強制保険は州政府（州営保険会社）が運営し，保険給付は一定の限度で加害者の過失を問わない，いわゆるノーフォルト制度が導入されている[18]。そして前述したように交通事故をめぐる紛争については，申し立てをしようとする者（主として被害者）には一定の範囲で CRT を利用する義務が課されている。2021 年 3 月 1 日現在，その取扱い範囲は，強制保険の給付額に関わる争い，CRT が対象とする軽傷か否かの争い，そして50,000 カナダドル[19] 以下の損害賠償および責任に関する争いである[20]。

　同州の人口は約 460 万人であるが，自動車衝突・接触事故は 2019 年で約30 万件にのぼり[21]，交通事故の発生確率は非常に高いと言える。これに対し，CRT における交通事故紛争の処理状況については，まず利用者が紛争をCRT に申し立てるか否かを「ソリューション・エクスプローラー（Solution Explorer）」というオンラインアプリを使って自ら診断する仕組みがあり，その照会件数（人身事故）は 2019 年度では 6,700 件にのぼる。しかし，実際のCRT への申立の新規受付件数は 125 件であり，そのうちあっ旋が終了した件数は 62 件であった[22]。これは，ソリューション・エクスプローラーによって紛争が解決する事例がきわめて多く，逆に CRT が和解案を提示する例は非常に少ないことを示している。

　以上から，CRT の注目すべき特徴は「ソリューション・エクスプローラー」という診断ツールにあると考えられる。このツールが，紛争を分類し，論点を整理し，合わせて法律情報などを提供することを通じて，オンライン上で

---

18)　佐野（2016）43 頁以下。
19)　1 カナダドルは 2021 年 7 月 31 日時点で約 88 円である。
20)　Civil Resolution Tribunal HP "Motor Vehicle Accidents and Injuries." なお，2021 年4 月に CRT が管轄する紛争について裁判所への訴えも認める改正が行われたもようである。
21)　Insurance Corporation of British Columbia "Quick Statistics - Crash and casualty crashes."
22)　Civil Resolution Tribunal（2020）p. 21.

利用者自らが紛争解決へ向けた行動を起こす道筋を用意していることになる。CRT の効率的な運営を可能にするきわめて合理的な仕組みであると言える。日本の金融 ADR で言えば，「苦情解決手続」をオンライン上で処理すると考えれば分かりやすいだろう。なお，一定の範囲で交通事故紛争が CRT で集中的に処理されるので，デジタル技術を使ったさまざまな分析が可能になるから，交通事故紛争解決のデファクトスタンダードの構築も期待できる。

4)　AI を活用した ODR 事例

　民間型独立型 ODR でカナダを拠点にしてサービスを提供している Smartsettle という会社がある[23]。この会社はオンライン上でさまざまな紛争解決サービスを提供しているが，そのなかに，紛争当事者間で金額の争いがあり，それぞれが提示額（幅で用意する）を持っている場合に，AI のアルゴリズムを活用して折り合える解決額に導く手法が実装されている。デジタル化の進展は紛争解決の分野でも，テクノロジーを駆使してこうした民間会社の新たなサービスを誕生させているところが非常に興味深い。

(4)　ODR の意義（小括）

　デジタル化の流れのなかでオンライン化を中心にした ODR の普及は，e コマースに関連した紛争なら必然であり，それ以外の紛争類型でも紛争の額が高額でない定型的な紛争であれば，相応のニーズはあるだろう。また，人流の抑制が求められるコロナ禍で，さらにその流れを加速させている。この ODR の意義は，1 つは時間や場所の制約から解放される利便性の向上である。これは裁判外の紛争解決手続（ADR）の利用拡充をもたらし，司法にアクセスしやすくなる環境が整備されることになる。もう 1 つは紛争解決を支援する情報の選択と提供をシステマティックに，迅速に行えることである。電子データ化は適宜 AI も活用しながら，そもそも紛争なのか，お互いの主張がかみ合っているか，争点を明確にできるか，類似事例はないかなどの分析が容易になり，質の高いサービスを迅速に提供できるようになるだろう。

---

23)　Smartsettle HP（https://www.smartsettle.com/）.

5　自動運転などの進展に伴う交通事故紛争の変容

　これまでは交通事故紛争における ADR の現状，自動車保険の損害調査業務に関するデジタル化の動向，そして ODR という ADR のデジタル化の動向を考察してきた。次に，デジタル化を象徴する技術革新である自動運転技術の進展が交通事故紛争にもたらす変容について若干考えてみたい。

　デジタル化の進展のなかでも自動運転技術の進化は損保業界にとって最もインパクトのある事業環境の変化であろう。前述したように自動車保険は収益源のおよそ半分を占めており，この自動車保険をどう展望して事業変革を目指すのかがこれからの損保事業の行く末を決めると言っても過言ではない。

　自動運転技術の進化が交通事故紛争に与える影響については，量的な面では交通事故の減少が想定され，とくに人身事故の減少は顕著であろう。一方，物損事故については，前述したように現在は目立った減少はない。今後の推移を見守る必要はあるが，技術の進歩が人の注意力を減退させ，技術に頼りきってしまう傾向を生じさせる懸念はある。いずれにしても，人身・物損の賠償事故の減少に伴い，交通事故紛争が減少していくことは間違いない。

　一方，質的な面では，紛争が減少することを前提にして，2つの流れがあると考えられる。1つは，自動運転技術は多くの関係者，すなわち，運転者，運転補助者，利用者，運営・運送事業者，各種メーカー，IT業者，通信事業者，道路管理者などさまざまな者が存在することによって成り立つシステムであるから，事故が発生するとそれら多様な関係者が関わって原因究明が行われ，被害者との紛争の質を非常にややこしくすることである。すなわち，事故として想定されるのは，自動運転車同士の衝突，自動運転車と非自動運転車の衝突，自動運転車と歩行者の事故，自動運転車の異常走行による他人の財物の損害などであるが，その原因は多種多様なので当事者間で紛争になれば，その解決は困難を極めるかもしれない。原因究明には時間がかかることが多くなり，場合によっては科学的な立証が困難で原因不明というケースもありうる。紛争解決を仲介する ADR においても，争点が高度なテクノロジー上の問題になることも考慮して，これまでのような弁護士，消費者団体

幹部，法学者，医師に加え，さまざまな分野の事業者や技術者の知見が必要になるだろう。

　もう1つは被害者という概念の中に「利用者」という新たな紛争当事者が出現することである。まず，高価な自動運転車が普及すれば個人が所有するマイカーという価値はますます減退し，利用するという価値に置き換わっていく流れが加速する。まさにシェアリング・エコノミーへのシフトである。従来であればレンタカーかカーシェアリングというビジネスモデルであり，近年の流行はサブスクリプションという定額課金のビジネスモデルである。この流れは自動車保険の主たる契約者が個人から事業者へシフトしていき，同保険のマーケット構造を大きく変えることになる。事故が発生したときに被害者は事業者が付保している自動車保険の保険会社に損害賠償を請求することになろうが，その被害者には歩行者，他の車の搭乗者などの第三者のほか，当該自動運転車の「利用者」の場合もある。この「利用者」という「被害者」をどのような制度的枠組みで救済するのかは，実は非常に悩ましい問題である。すなわち，過失は問えないにしても一定の利益を享受している利用者を，事故による損害の分担についてまったくの埒外にしてよいのかということである。

　こうして考えてみると，自動運転車が一定程度普及すると事故の件数は減少するにしても，いったん事故が起こると，その被害者の救済が容易ではない場合がありうることが分かる。その法的課題と当面の方向性を整理したのが，2018年3月に国土交通省が公表した「自動運転における損害賠償責任に関する研究会」の報告書である。この報告書では，「責任論」について，自動運転技術の実装段階を表したレベル4（限定地域など特定条件下での無人自動運転）までは「過渡期」と位置づけ，原則として現行の自動車損害賠償保障法に基づく「運行供用者責任」で対応できるという考え方を示した。この考え方によれば，原因究明に時間がかかる案件はとりあえず保険会社が自賠責保険金を被害者に支払って，その後，保険会社が原因者へ必要に応じ求償することになる。なお，国土交通省は警察庁とも連携して，自動運転車の事故について原因究明を担う「自動運転車事故調査員会」を2020年度から非常設で立ち上げた。本章ではこの報告書の評価については深くは立ち入ら

ないが,「過渡期」の考え方とはいえ,現行の自賠責保険制度を基本的には維持するという考え方では被害者救済は不十分であろう[24]。

6 デジタル化時代の交通事故紛争解決の展望

前述したように,損害保険会社が交通事故の損害調査に多数の要員を確保しコストを負担するのは,保険金支払件数の圧倒的な多さと契約当事者ではない被害者とのセンシティブなコミュニケーションがあるからである。そして被害者との交渉は紛争を生じるケースが少なくないから,そこにADRという紛争解決機関を設ける意義があると言える。そこで次に,こうした現状をデジタル化がどう変容・変革できるかを考えたい。以下,いくつかの論点ごとに考察する。

(1) 損害調査業務に関わるデジタル化における保険会社側の意義

第3節では自動車保険の損害調査業務に関わるデジタル化について主に大手保険会社のデジタル化の現状を紹介してきたが,この技術革新を2つに分けてその意義を考えてみたい。

1つは,保険金請求の手続プロセスにおけるオンラインを中心にしたIT化の進展である。そして,もう1つはAIの活用など最先端技術を取り込んだデジタル化である。前者については,保険金請求に関わるさまざまな必要書類を見直して簡素化し電子データ化する,映像データを活用する,スマホのアプリや非対面コミュニケーションツールを活用するなどで,前述した行政や他業界との調整が必要な場合を除けば,新たなシステムコスト負担はあるがその実現は比較的容易である。そしてこのデジタル化は,主として単純

---

24) 現行の自賠責保険制度を維持するとした場合,自動運転車のシステム上のトラブルにより運転者が負傷した自損事故が補償の対象外になること,自動運転車の事故については原因究明などで迅速な保険金支払いに支障をきたす場合があることなどから,自賠責保険とはまったく異なった概念の,事故の原因者と被害者の過失を問わないノーフォルト自動車保険制度の創設を提唱する見解がある。佐野(2018)29頁以下。この見解では「運行供用者責任」は不要・不問である。

で定型的な業務が対象であるがゆえに保険会社の事務ロードとコストを大幅に削減することができ，大量事務処理会社と揶揄される損保業界にとってはまさに革命的な事務処理変革であると言える[25]。当然，保険金支払いの迅速化にも大いに資するから，紛争の削減も期待できる。

　一方，後者の AI を活用した例として，前述のドライブレコーダーを使った事故状況報告書の作成や過失割合の判定，被害自動車の修理見積書の点検などがあり，前者に比べると若干専門的な業務のデジタル化ではあるが，保険会社の事務ロードの削減という点では大きな意義がある。すなわち，事故状況であれば多くの関係者への情報の聞き取りとその記録の作成，過失割合であれば過去の膨大な判例や保険金支払事例の検索と分析，修理見積書の点検であれば写真による損傷部位，修理方法，修理金額などを確認する業務を大幅に削減できるからである。その結果，保険会社は交通事故被害者とのセンシティブな交渉に集中できる環境が整うことになる。

(2)　交通事故被害者との交渉とデジタル化

　保険会社が，被害者との損害賠償額をめぐる交渉プロセス，すなわち手続きについてどれだけデジタル化を推進できるかは，その後に発生するかもしれない紛争の解決にも直結する課題である。前述したように ODR が沿革的には紛争当事者間の交渉も含んでいるのは，こうした事情があるからである。この課題については，ODR の推進によって，紛争当事者間の交渉から ADR による解決までをオンライン手続きで完結するデジタル化を目指すということになる。もちろん，引き続き対面手続きや対面交渉が必要な場合もあるだろうが，被害者にとっては，オンラインの仕組みが用意され，そのなかでさまざまな情報が得られ，解決に向けた選択肢を模索できることは ADR の利便性を一層向上させることになる。

　次に，交渉内容についてのデジタル化であるが，これはすなわち損害賠償額の合意についてデジタル化はどのような役割を果たせるのかということである。前述の保険会社の実例で言えば，過失割合の判定や被害自動車の修理

---

25)　もちろん保険募集から契約締結手続き，そして計上までの業務でも同様にデジタル化が加速しているが，本章のテーマではないので触れない。

見積の点検がこれに関連したデジタル技術であり，いずれも AI を活用している。このうち過失割合の判定は，とくに人身事故では被害者と紛争になりやすい争点であるが，今のところ保険会社は被害者に対して AI 活用を前面に押し出すことはせずに，あくまで参考値として取り扱っている[26]。今後は，裁判例のビッグデータ化が整備されれば，過失割合を含めて損害賠償額自体を AI が算定する技術開発が誕生するであろう。さらに紛争になった場合は，損害賠償額の和解案自体を AI が作成することも技術的に可能になるだろう。そうした未来も想定しておく必要がある。

他方，被害自動車の修理見積については，これとは異なったアプローチが可能ではないか。現在は，自動車修理工場の修理見積を保険会社が点検するために AI による算定を行っているが，将来的には自動車修理市場で AI 見積が一般化する可能性を秘めている。それは物的損害だから人的損害に比べて人の感情要素に左右されにくいこと，修理データは個別要素が少なく，秘密性も総じて希薄なので大量に収集・蓄積できることから普遍的で信頼性の高いビッグデータを形成しやすいからである。まさにデジタル化によって修理費の標準化が実現する可能性がある。そうすると，自動車の物的損害の額についての紛争は，AI 活用の進展によって激減するかもしれない。

(3)　紛争解決データの実態とデジタル化の課題

交通事故のなかで人身事故，それも被害者が軽症ではない深刻な人身事故については，保険会社と被害者の間で高額の損害賠償額をめぐって紛争になることがとくに多い。その解決方法は，裁判によるか ADR を利用するかであるが，交通事故に関わる裁判例は一定の範囲で公表されているのに対し，ADR の和解内容は公表されないのが一般的である。この違いは ADR にはその理念として秘密性があるからであるが，とくに人身事故では被害者の感情要素も考慮しながら互譲をベースにぎりぎりの落としどころを探るので，

---

26)　AI を活用した過失割合の判定については，当該保険会社のニュースリリースではあくまで参考値であることを付言している。東京海上日動・ALBERT「AI 技術とドライブレコーダー映像を活用した「事故状況再現システム」の導入」2020 年 3 月 17 日，あいおいニッセイ同和損保「テレマティクス損害サービスシステムに新たな機能を実装」2020 年 9 月 25 日。

もともと公表には馴染じみにくいと言える。その代わりに法律だけにとらわれず柔軟に解決できるメリットがある。

　この点は，前述の物損事故と大きく異なるところである。物損被害に関わる ADR であれば，和解データを開示することについて，その紛争の性質から関係者にとって大きな抵抗はないのではないか。であれば物損被害については，裁判例のほか，さらに多くの紛争解決データを蓄積できる可能性がある。こうした点でも物損事故の大半を占める修理費については AI 解析が一般化しやすい環境が整うだろう。

　以上から，AI に学習させるデータという観点では，人身事故をめぐる紛争については ADR のデータを現段階では当てにできないのでもっぱら裁判例を活用することになり，物損事故をめぐる紛争では裁判例のほか，ADRによる紛争解決データも活用できる可能性があり，幅広いビッグデータを使った AI 解析が実現することになろう。そうすると，残る課題は裁判例のデータベース化の推進である。

(4)　裁判例のデータベース化の整備と AI 活用

　交通事故の紛争解決データについては，裁判例は現在，裁判所のウェブサイトにおいて一定の範囲で掲載されている。しかし，アメリカなどと比較すると公開状況は十分ではなく，さらなる電子データ化が推進され，ビッグデータとして整備されることが望ましいとの指摘がある [27] [28]。データが十分に整備されれば AI を活用した精度の高い解析が進み，紛争解決にあたって類似事故や類似被害を瞬時に検索できるようになり，損害賠償額の見積も格段に容易になる。これこそが交通事故紛争解決のデジタル化の一番の恩恵だろう。被害者側が裁判を提起せずとも争点とその相場感を的確に把握できれ

---

[27]　内閣官房（日本経済再生本部）（2020）25-26 頁。

[28]　2020 年 3 月，日弁連法務研究財団に「民事判決のオープンデータ化検討プロジェクトチーム（PT）」が設けられ，データベース化の議論が始まっている。メンバーは，弁護士，法学者，出版社，オブザーバーには内閣官房，法務省，最高裁判所が加わっている。この PT では，メンバーの町村泰貴成城大学法学部教授の資料が配付され，判例（交通事故判例に限らない）のデータベースの公表は，最高裁判所・高等裁判所・地方裁判所全体でウェブ掲載は 1％弱，民間専門会社でも 3％程度と報告されている。

ば紛争自体を減らすことができ，紛争に発展しても ODR を装備した ADR を活用することによって迅速な解決が図れる。こうして裁判とは異なる国民に身近で利用しやすい民事紛争解決の仕組みが構築されることになる。その結果，これまで交通事故紛争において損害賠償額の目安になってきた日弁連交通事故相談センターが作成した青本や赤い本[29] は必然的に不要になるかもしれない。

おわりに

　最後にこれまでの考察を踏まえて，デジタル化時代における交通事故紛争の変容・変革についてその本質的な部分に言及して本章のまとめとしたい。

　第1は，交通事故紛争解決のデジタル化による意義や評価についてである。損害保険会社にとっては保険金請求手続きや損害調査業務の効率化とそれによる事業費というコストの削減が一時的な目標である。そしてこの目標の達成が，保険金の迅速で公平な支払いを加速度的に実現する。デジタル化の進展によって前述したようにさまざまなテクノロジーが開発され，各社間で競っているが，このテクノロジーにはオンラインを中心にした手続き面の技術革新と交渉内容にコミットメントする技術革新がある。前者についてはこれからの進展に大きな障害はないと考えられるので，保険会社にとってはデジタル投資に見合った事業変革が実現しているかを検証することになる。後者については AI 活用が中心なので，前者のように簡単には進まない。そもそも AI 判定の信頼性の問題がある。保険会社がその判定や数値を示しても，被害者がそれをそのまま受け入れるとは考えにくい。前述したように，現時点ではあくまで参考値として利用していることは，そうした事情があるからである。

---

29)　日弁連交通事故相談センターが交通事故紛争に係る裁判例の争点を体系化したもので，青本は「交通事故損害額算定基準」（日弁連交通事故相談センター本部編），赤い本は「民事交通事故訴訟 損害賠償額算定基準」（日弁連交通事故相談センター東京支部編）をいい，適宜見直して毎年発行されている。

　一方，交通事故被害者にとっては，被害が迅速に救済されることが一番の価値だから，保険会社との間で紛争にならないこと，そして紛争になっても早期に解決できることに尽きる。デジタル化は手続き面ではオンラインを中心にしたODRの推進によって，また，交渉内容や和解内容では，少し時間がかかるであろうがAIを活用した保険会社側の損害調査，交渉方法などの業務効率の大幅な向上によって，被害者が求める価値の実現に大きく貢献できるはずである。とくにAIによるデータ解析は，将来は「相場観」の形成という紛争当事者双方の予見可能性を高めることが期待できるので，迅速な解決を促進する効果があると考えられる。そうすると，AI活用について残る課題は，すでに指摘しているようにAIが解析するデータベースの信頼性をいかに高めていくかである。

　第2は，デジタル化がもたらすそもそもの価値についてである。デジタル化の基本的な理念は，テクノロジーの活用を通じて社会問題を解決し，社会利益を実現することによって持続的発展につなげることであろう。テクノロジーの基盤は情報通信技術であり，それにロボットやAIの技術が上乗せされている。そしてこのテクノロジーには2つの視点がある。1つはシンプル化である。シンプル化とは時間と手間を最小化することによって利便性の劇的な向上を目指すことである。簡単に言えば使い勝手の良さであり，自動化である。もう1つはフラット化である。フラット化とは専門的な知識や技術，あるいは複雑で膨大な事象を誰でも使いこなせるようにすることである。フラット化においてはとくにAIの技術が欠かせないが，ここではさらに2つの方向があるだろう。1つはビッグデータの解析を通じた個々の価値へのきめ細かな対応，あるいはサービスの個別化・高度化で，換言するとパーソナライゼーションである。すでに商品やサービスを提供する場面ではさまざまな実例がある。もう1つはビッグデータの解析から導き出される最大公約数とも言うべきスタンダーディゼーション，すなわち「標準化」（「コモディティ化」と言ってもよい）である。この点は今回のデジタル化と交通事故紛争の考察を通して強く感じたところである。紛争の争点になる損害賠償責任や損害賠償額については，パーソナライゼーションは馴染まず，標準化が当てはまる。前述したように裁判例などの紛争解決に関するデータベースが整備さ

れれば精度の高い AI 解析が可能になり，誰が AI を活用しようがその解析結果に大きな差異はなくなるだろう。これがまさに標準化であり，とくに「損害論」の論議を大きく変容させ，将来的には損害賠償額をめぐる紛争が大幅に減少する可能性がある。

　なお，交通事故紛争の標準化については，被害者が抱える個別事情を十分には斟酌できないから，それを争うなら裁判所の判断に委ねるなど，別の手段を選択することになる。どんな案件が裁判に適するのかのメルクマールも変わるかもしれない。例えば，データ量が少なく標準化に当てはまらない特異な案件や判例変更などの政策案件については，AI 活用には限界がある。したがって，従来型の紛争解決手段がなくなることはない。

　第 3 は，デジタル化時代の損害賠償における「責任論」のあり方である。高度なテクノロジーを駆使するデジタル化社会では，いったん事故が発生するとその関係者が多種多様に存在し，いわば複合災害の様相を呈して，従来の損害賠償責任法では立ちいかなくなるのではないかと懸念される。前述した自動運転技術の進展を踏まえた国土交通省の損害賠償責任に関する報告書も，当面は自賠法の一部修正で対応できるとしているが，その後の見直しの必要性は否定していない。責任の所在を特定することが困難な場合があることを想定すれば，とりあえず責任の有無を断ち切って，損害を被った被害者を迅速かつ公平に救済する合理的な仕組みを構築すべきではないか。その場合，「利用者」を含めた事故の関係者が等しく損害を分担し合う方法も選択肢の 1 つではないだろうか。

　自動運転車の例ではないが，事務スペースの貸し手と借り手を仲介するシェアビジネス事業者(プラットフォーマー)向けの保険が開発されている [30]。この保険は，賠償責任保険，費用保険，傷害保険などを組み合わせたもので，貸し手と借り手の人的・物的損害を保険でカバーすることによって，この三者間の紛争の円滑な解決を図る役割を果たしている。プラットフォーマー内

---

30)　損害保険ジャパン・ニュースリリース「デジタル・プラットフォーム向けオンライン紛争解決（ODR）領域における実証実験を開始──日本における ODR の普及促進を目指して」2021 年 2 月 12 日。ファースト・パーティの保険で紛争解決と被害者救済を図るという点では，海外のノーフォルト自動車保険制度に類似した仕組みである。

に設けたこの仕組みは保険付き ODR（正確には IDR のオンライン化）であり，こうした実装が今後さまざまなプラットフォームビジネスで実現していくことが予想される。この仕組みについて，プラットフォーマーを自動運転関係者に置き換えて描いてみると，非常に興味深い。理論的には，実際の保険給付額の範囲内では責任は免脱され損害賠償請求は認められないだろうから，まさにフラット化が進むことになる。紙面の関係もありこれ以上踏み込まないが，デジタル化時代に即した新たな救済システムの検討がこれからも活発に行われることが望まれる。

＜参考文献＞　［ウェブサイトの最終閲覧日はすべて 2021 年 7 月 31 日］

Earl Johnson Jr.・池永知樹訳（2017）「民事事件とアクセス・トゥ・ジャスティス──さらに斬新かつ広範な焦点」『総合法律支援論叢』第 9 号，日本司法支援センター.

国土交通省（2018）「自動運転における損害賠償責任に関する研究会」報告書.

古笛恵子（2020）「交通事故における ADR」「シンポジウム交通事故 ADR の現代的課題」『仲裁と ADR』第 15 号.

佐野誠（2016）『ノーフォルト自動車保険論』保険毎日新聞社.

佐野誠（2018）「自動運転化と自動車事故被害者救済制度」『損害保険研究』第 80 巻第 2 号.

竹井直樹（2011）「損害保険に係る相談と苦情・紛争解決に関する考察──損保 ADR 序説とサステナビリティ」大谷孝一博士古希記念『保険学保険法学の課題と展望』成文堂.

竹井直樹（2012）「金融 ADR の今後の展開に関する考察──損保 ADR を中心に，豪州金融 ADR も参考にして」『保険学雑誌』第 618 号.

内閣官房（日本経済再生本部）（2020）「ODR 活性化に向けた取りまとめ」.

日本弁護士連合会（2021）『弁護士白書 2020 年版』.

万代栄一郎（2018）「実用化フェーズに入る ODR（Online Dispute Resolution）」『仲裁と ADR』第 13 号.

山田文（2019）「ADR の IT 化（ODR）の意義と課題」『法律時報』第 91 巻第 6 号.

渡邊真由（2020a）「消費者取引における ODR の活用」『現代消費者法』No.46.

渡邊真由（2020b）「諸外国の裁判手続等の IT 化の現状」『月報司法書士』2020 年 3 月号.

Civil Resolution Tribunal HP "Motor Vehicle Accidents and Injuries."（https://civilresolutionbc.ca/how-the-crt-works/getting-started/motor-vehicle-accidents-and-injuries/）

Civil Resolution Tribunal（2020）*2019/2020 Annual Report*, p.21.（https://civilresolutionbc.ca/wp-content/uploads/2020/07/CRT-Annual-Report-2019-2020.pdf）

Insurance Corporation of British Columbia "Quick Statistics - Crash and casualty crashes."
　　（https://public.tableau.com/profile/icbc#!/vizhome/QuickStatistics-
　　Crashandcasualtycrashes/CrashesCasualtyCrashes）
Smartsettle HP（https://www.smartsettle.com/）
あいおいニッセイ同和損保「テレマティクス損害サービスシステムに新たな機能を実装」
　　2020 年 9 月 25 日.（https://www.aioinissaydowa.co.jp/corporate/about/news/pdf/2020/
　　news_2020092500746.pdf）
損害保険ジャパン「デジタル・プラットフォーム向けオンライン紛争解決（ODR）領域
　　における実証実験を開始——日本における ODR の普及促進を目指して」2021
　　年 2 月 12 日.（https://www.sompo-japan.co.jp/-/media/SJNK/files/news/2020/2021
　　0212_1.pdf?la=ja-JP）
東京海上日動・ALBERT「AI 技術とドライブレコーダー映像を活用した「事故状況再現
　　システム」の導入」2020 年 3 月 17 日.（https://www.tokiomarine-nichido.co.jp/company/
　　release/pdf/200317_01.pdf）

第 10 章

デジタル化時代と保険業の課題

堀田 一吉／金子 敬行

はじめに

　これまで議論をしてきたように，保険業界は，デジタル技術を保険システムに取り入れるために積極的な動きを見せている。その先端分野が自動車保険である。これらを発端として，保険情報のデジタル化によって保険経営に大変革の波が訪れようとしている。保険業と IT 企業などとの連携が必然的に強化されるなか，保険業の産業的地位を大きく変化させる動きが予想される。

　自動車産業をめぐる CASE 革命による自動車保険への影響は，先行的に顕在化しつつある。同時に，デジタル化は保険事業全体に影響が及ぶものであり，そこでは，パラダイムの変革を伴って構造的変化をもたらすことになるであろう。保険業界としては，そうした時代の到来を見据えた経営改革が急務となっている。デジタル技術の進展は，自動車保険のみならず，保険業のビジネスモデルに変革をもたらそうとしている。

　最終章である本章では，デジタル化の進展がもたらす保険業の環境変化を踏まえて，モビリティ革命が損害保険業に与える影響について検討する。そして，デジタル化時代の到来に対する保険業の課題について考察する[1]。

1）　本章は，1，3，4，5 節を堀田，2 節を金子が執筆した。

1　デジタル技術の発展と保険業の環境変化

(1)　デジタル技術の発展と保険業界への影響

　デジタル技術の進展は，自動車保険を中心として，保険業のビジネスモデルに変革をもたらしつつある。IAIS（2017）は，ビッグデータ・AIなどのデジタル技術が進展することにより，保険業界に及ぶ影響について，3つのシナリオを提示している。図表10-1は，それに基づいて，自動車保険分野に照らして整理したものである。

　シナリオ①は，最も楽観的なシナリオで，保険会社がスタートアップ企業と提携し，市場支配力を保ちながら顧客関係を維持する。グローバルな高度ITを有する保険会社が市場支配力を維持する。高度なインシュアテックを

図表 10-1　フィンテックが保険業界にもたらす３つのシナリオ

	状況	自動車保険市場への影響
シナリオ①	既存企業が顧客関係を維持する	・グローバルな高度ITを有する保険会社が，市場支配力を維持する ・高度なインシュア技術を有するスタートアップ企業が登場し，既存企業と技術提携する ・自動運転車やテレマティクスが重要になるなかで，自動車メーカーとの提携強化が進み，また個人データが保険会社によって収集管理され，相互依存性が高まる
シナリオ②	保険バリューチェーンが弱体化し，既存企業はもはや市場を主体的にコントロールできなくなる	・自動車メーカーと提携するIT企業が，自動車提供や消費者との関係を強める ・保険会社は，保険を自動車と一緒に販売する（インフォテインメントとしての保険） ・保険者は，IT企業とともに，サービスに付帯する保険リスクを獲得する ・最悪のシナリオは，IT企業のみが最低限の必要データを提供する
シナリオ③	巨大IT企業が伝統的保険会社を支配する	・巨大IT企業が，既存企業と協力してさまざまな保険要素を統合した商品を提供する ・かなりの時間は要するが，自動運転車が広く普及すると，顧客知識やリスクを入手して，自動車保険の将来を支配する ・シェアリングエコノミーの進展により，自動車保険に関わるリスクの評価方法にも変化が生じる ・巨大IT企業は，ユーザーの巨大なデータベースを用いて，バリューチェーン全体を獲得する

出所：IAIS（2017）を参考に筆者作成。

有するスタートアップ企業が登場し，保険会社と技術提携する。自動運転車やテレマティクスが重要になるなか，自動車メーカーとの連携強化が進み，また個人データが保険会社によって収集・管理されて相互依存が高まる。あくまでも保険会社は，自動車保険市場において優先的地位を保ち続けることができる。

　シナリオ②は，一体的に運営してきた保険業のバリューチェーン（商品開発，販売引き受け，保全・支払いの一連のプロセス）が弱体化して，保険会社の主体的コントロールが不可能な状況になる。保険会社は，企業との連携を強化する過程で市場支配力を弱体化させ，企業が提供するサービスに組み込まれる形で保険を提供する。自動車保険については，自動車メーカーが提供する商品・サービスに付帯されて取り扱われる。保険会社は，IT 企業と共同して，サービスに付帯する保険リスクを引き受けることになるが，契約者との関係は希薄化する。

　そして保険業界にとって最も悲観的なのが，シナリオ③である。巨大 IT 企業が圧倒的な支配力を駆使し，保険会社はシステムに組み込まれ，リスク引き受けにおいて部分的役割を担うに留まるというものである。巨大 IT 企業が，既存の保険会社と協力してさまざまな保険要素を統合した商品を提供する。かなりの時間は要するが，自動運転車が広く普及すると，顧客知識やリスクを入手して，自動車保険の将来を支配する。また，シェアリングエコノミーの進展により，自動車保険に関わるリスクの評価方法にも変化が生じる。巨大 IT 企業は，ユーザーの巨大なデータベースを用いて，バリューチェーン全体を獲得する。

　保険業界にとっては，新しいデジタル技術を応用したインシュアテックが進展する過程で，メーカーや巨大 IT 企業との関係をいかに構築するかが問題である。これまでは，保険がモノやサービスと切り離されて，それらに付帯することで，保険サービスの独自性を保ってきたと言ってよい。しかし，リスクのコモデティ化が進むと他業界からの参入も容易になると考えられる。今後，リスクの引き受けがモノやサービスの提供と一体になり，商品の一部に取り込まれることになると，保険事業の位置づけは低く抑えられかねない。

　このように，ビッグデータ・AI 技術は，保険業界の経営環境に劇的な変

化をもたらす可能性が予測されており，保険業界にとっては，いかにイニシアチブを維持できるかが緊急の課題となっている。

(2)　デジタル化時代と保険業界の環境変化

　ビッグデータ・AIによるデジタル化時代の到来によって，保険業界は大きな環境変化を迎えている（図表10-2）。これまでの保険業では，一般に保険会社があらかじめ用意した保障内容で保険商品が提供されてきた。したがって，種類をできるだけ少なくし，多くの保険契約を集めることが保険販売として合理的であった。これに対してデジタル化時代では，保険商品は多様化すると思われる。顧客の状況に応じてカスタマイズされた商品設計が可能となり，その結果，多種類で少量の保険契約を提供できるようになる。

　次に，販売チャネルについて見ると，これまでは営業職員や代理店チャネルが主流であったが，近年では銀行窓口販売やネット保険，さらには来店型保険ショップも登場し，販売チャネルの多様化が進んでいる。デジタル化時代に至ると，それらの多様な販売チャネルを前提に，最適なチャネルミックスが提示されることになるだろう。どのような販売対象に，どんな保険をどのチャネルで販売するかを構築することが期待できる。さらには，プラットフォームを提供するIT企業の市場参入が，新たなチャネルを導入する可能性も考えられる。また，販売においても，単に保険を取り扱うだけでなく，さまざまな付加サービスを取り入れたコンサルティングセールスも活発に展開されるであろう。

　消費者の立場から見ると，これまで保険セールス担当からの推奨を受動的に捉えて，保険を購入するケースが多かったと思われる。しかし今後は，消費者自らAIを駆使して得られた情報に基づいて能動的に保険を購入することも可能となろう。さらには，ハウスメーカーが自らの商品に保険を付帯して販売するという形で，保険が一体的に取り扱われることで，自動的な保険加入も進むと思われる。

　デジタル化時代には，ビジネスモデルに最も大きな変化が生じるであろう。保険会社では，テレマティクスやウェアラブル端末などのテクノロジーを駆使した顧客管理が一段と進むと考えられる。またシェアリングエコノミー保

図表 10-2　デジタル化時代の保険業界の環境変化

	これまでの保険業	デジタル化時代の保険業
保険商品	・レディメード型保険 ・既製された保険商品 ・少種類大量の保険契約	・オーダーメード型保険 ・カスタマイズされた保険商品 ・多種類少量の保険契約
販売チャネル	・営業職員，代理店チャネルが中心 ・銀行窓口販売，来店型保険ショップ，ネット保険・ダイレクト型保険の登場	・最適チャネルミックスの構築 ・プラットフォーム企業の介入 ・コンサルティングセールス ・自動化，オムニチャネル
消費者	・保険営業による選択購入 ・受動的な保険加入 ・保険リテラシーの格差（デバイド）	・自動的・能動的な保険加入 ・デジタルユーザーの増加 ・保険リテラシーの向上
ビジネスモデル	・伝統的な保険販売，顧客管理 ・告知情報に基づくリスク管理 ・静的リスク管理	・テレマティクスやウェアラブル端末などのテクノロジーを駆使した顧客管理 ・シェアリングエコノミー保険やP2P保険など，新しい保険モデルの台頭 ・動的リスク管理
競争環境	・国内中心の同業他社との競争 ・伝統的な保険会社が市場を支配 ・安定的な競争市場	・グローバルな同業他社との競争 ・異業種からの保険市場参入 ・変動的な競争市場
監督規制	・護送船団行政 ・商品規制，料率規制 ・顧客本位の業務運営	・透明性の高い自主規制 ・グローバルスタンダードによる統一規制 ・アンダーライティングの自由化

出所：筆者作成。

険や P2P 保険など，これまでの保険とは異なるニッチ市場を対象とする保険提供も可能となるであろう。

　競争環境においては，従来は国内中心の同業他社との競争が中心であり，そこでは伝統的な保険会社が大きなマーケットシェアを獲得してきたが，今後は海外の保険会社の市場参入も考えられ，グローバルな同業他社との競争が展開される可能性がある。さらに，AI やビッグデータ技術において優位な立場にある企業からの市場参入も進むことになるだろう。

　最後に，監督規制に関して，従来は護送船団行政のもと，商品規制や料率

規制など協調的保険市場を保ってきたが，デジタル化時代では規制が難しくなり，自主規制を前提とする体制に移行せざるを得ないかもしれない。むしろ，グローバルな事業展開が進むことで，グローバルスタンダードによる規制のあり方が問われる時代となるだろう。

　このように，デジタル化時代の到来は，これまでの保険業に，ドラスティックあるいは飛躍的な変化をもたらす可能性を持っている。ただし，その変化の速度については，現段階で正確に予測できる状況にない。それは，制度が有する経路依存性があるからであり，また人々の受け入れ態勢にも影響を受けることになるからである。

2　モビリティ革命と損害保険業

(1)　モビリティ革命とCASE・MaaS

　損害保険業の事業環境に対する最も重要な変化要因の1つが，モビリティ産業における革命的な変革，「モビリティ革命」である。自動車産業をはじめとするモビリティ産業は，「CASE」「MaaS」を主要ファクターとする，「百年に一度」とも言われる大変革期の只中にあり，この動きは損害保険業にも重大な影響を及ぼす。

　「CASE」と「MaaS」の意義は，図表10-3のとおりである。なお，この中でも「A」（自動化）は，他のファクターと比較すると，普及に長期間を要

図表10-3　CASE・MaaSの意義

① 「C」（コネクテッド）

No	意義	主な内容
1	自動車の付加価値向上	・カーライフ向上に資する多様なサービスが実現。 ・「A」，「S」，「E」を支える要素技術として機能。
2	自動車を取り巻く提供価値の変化	・車内外シームレスな顧客体験が実現。UXが重要な競争軸に。 ・新たな顧客接点が形成され，多様なデータの収集・利活用が可能に。
3	データを軸とした新産業群の形成	・データを価値源泉として，新たなエコシステムを形成。多様な事業者が参入し，覇権競争が熾烈化。

② 「A」（自動化）

No	意義	主な内容
1	「S」の一層の進展と保有台数の減少	・モビリティサービスが低価格化し利便性も向上。車両所有欲も低下し、一般ユーザーの間で「保有から利用へ」の流れが一層進展。商用車やサービス車両の割合が増加し、自動車運送事業者の大規模化も進展。 ・車両 1 台当たりの稼働率は増加。その分、社会全体における自動車保有台数は減少。
2	ドライバーをめぐる課題の解決	・ヒューマンエラーの介在余地が減り、交通事故が大幅に減少。 ・ドライバー不足、移動制約者などの移動課題が軽減。
3	多方面にわたる社会変化	・人が運転から解放され、車室内における巨大な時間資源が創出。 ・移動とさまざまなサービスを組み合わせた新たなビジネスモデルが登場。

③ 「S」（シェアリングサービス）と MaaS

No	意義	主な内容
1	移動の利便性向上と自動車の保有・利用形態の変化	・多様なモビリティサービスが登場し、移動の利便性が向上。 ・主に都市部でマイカー離れが進展し、保有台数が逓減（ただし、「A」普及までは、地方部における減少幅は限定的）。
2	モビリティ産業の構造変化	・プロフィット・プール（利益の源泉）がサービス領域にシフト。 ・豊富な顧客接点を有するプラットフォーマーが、エコシステム内のイニシアチブを掌握。
3	広範なエコシステムの形成	・モビリティサービスが、周辺サービスや地域社会と融合。生活、産業、まちづくりのスマート化に寄与。

④ 「E」（電動化）

No	意義	主な内容
1	カーボン・ニュートラルへの寄与	・走行中の CO_2 排出量削減に寄与。 ・蓄電池の社会浸透が進み、再生可能エネルギー普及に寄与。
2	自動車関連産業の構造変化	・自動車産業が「すり合わせ型」・「垂直統合型」から「組み合わせ型」・「水平分業型」へとシフトし、参入障壁が低下。 ・部品や動力が変化し、関連するバリューチェーンが変化。
3	モビリティとエネルギーの融合	・自動車に「動く蓄電池」としての価値が付加。停車中も価値を発揮。 ・モビリティとエネルギーの産業の垣根が低下し、相互参入が進展。

出所：筆者作成。

する一方で，それによってもたらされる社会的インパクトは甚大である。と
くに「自動運転レベル4の普及」は，重要な変曲点として作用する。

　モビリティ産業は，社会経済的に重要な位置を占める一大産業であり，同
時に損害保険業にとっての最重要市場の1つでもある。そのため，モビリティ
革命は，損害保険業に重大な影響を及ぼす。業界主力の自動車保険は，さら
なる高度化を求められるが，長期的には市場縮小が見込まれる。一方，他の
商品種目（とくに新種保険）やリスクソリューションサービスは，需要拡大
が見込まれる（例えば，「C」「A」を背景として，PL保険（製造物責任保険）や
サイバーリスク対策へのニーズ拡大が見込まれる。また，モビリティサービスの
展開に伴い，サービス運営上のリスクの転嫁スキーム構築へのニーズ拡大が見込
まれる）。さらに，より質的な変化として，モビリティ関連事業者などの異
業種が，保険エコシステムに参入し，イニシアチブを掌握する可能性もある。

　こうしたなか，既存の損害保険会社としては，さまざまなイノベーション
を取り込みながら，多様化・高度化するニーズへの対応と成長市場の捕捉に
努め，同時に，新たな事業変革にも取り組むことが重要となる。その際には，
全社的かつ中長期的な戦略策定と事業ポートフォリオの最適化が，一層強く
求められることになる。

(2)　モビリティ革命による損害保険業の変化

　次に，モビリティ革命による既存の損害保険業の変化について，自動車保
険と他の保険種目とに分けて概観したい。

　まず，自動車保険の国内市場規模については，縮小が見込まれる。保有台
数の減少を主因として契約件数が減少し，事故率低下を主因として平均保険
料単価も低下するためである。短期的には，当該変化は限定的かつ緩やかな
ものに留まるが，長期的には，自動運転レベル4普及に伴い，より大幅な
市場縮小が予測される[2]（図表10-4）。

　また，競争環境と収益性も，厳しい状況が予想される。その要因としては，
(a) 買い手の交渉力強化（主に大規模法人契約の比率増加に起因する），(b) 新

---

2)　例えば，KPMG（2017）は，米国を対象に，2050年に自動車事故の支払保険金額が
　約63％減少するとして，自動車保険の大幅な市場縮小を予測している。

図表10-4　自動車保険の国内市場規模の変化予測

項目			短期	長期
自動車保険の市場規模			緩やかに縮小	大幅に縮小
変化因子	契約件数		緩やかに減少	減少
		自動車保有台数	緩やかに減少（S）	減少（A と S）
		保険加入率	横ばい	微減[3]（A と S）
	平均保険料単価		横ばい～緩やかに減少	減少
	純保険料		横ばい～緩やかに減少	減少
		事故率[4]	緩やかに低下（C，先進機能）	大幅に低下（A）
		保険価額[5]	微増～横ばい（C，E，先進機能）	微増～横ばい（A）
		事故深刻度	緩やかに低下（C）	低下（A）
	付加保険料		横ばい～緩やかに減少	減少（減少圧力が働く）

注：括弧内は主な変化要因。
出所：筆者作成。

規参入の脅威の拡大（デジタル化や規制緩和などを背景に参入障壁が低下する），(c) 業界内部の競争熾烈化（自動車保険は，商品の差別化余地に乏しく，顧客のスイッチングコストはさほど高くない。また，各社とも巨額資本を投下済みで，主力事業という意識も強いため，物理的・心理的な撤退障壁は高い），(d) コストの下方硬直性（大規模システムをはじめ，固定費の割合が大きく，コスト削減の敏捷性に乏しい）が挙げられる。

　さらに，商品の内容・提供のあり方にもさまざまな変化が生じる。技術革新や顧客ニーズの多様化を背景として，商品開発，販売・引き受け，事故対応・保険金支払いなど，保険バリューチェーン上のさまざまな側面で，さらなる高度化が求められる（図表10-5）。

3)　保険加入率は，資金力のある大規模フリート事業者の比率増加と，事故の責任所在のシフト（自動車のユーザー側からメーカー側へ）を背景として，微減が予想される。

4)　保険事故全体の中では，運行起因事故の占める割合が大きく，その発生率は，(i)「車両1台当たりの平均走行距離」×（ ii ）「単位走行距離当たりの事故発生率」と要素分解できる。このうち，（ i ）の増加率には自ずと限界がある。他方で，（ ii ）は，自動運転によって大幅な低下が見込まれる（近年の事故原因の9割以上を占めるヒューマンエラーの介在余地が縮小するため）。

5)　保険価額の主な変化因子は車両本体価格であるが，これは，電動化や先進機能などの導入直後は増額が見込まれるが，その後は量産効果などにより価格逓減が見込まれる。

図表 10-5 自動車保険のあり方の変化予測

No	項目	主な変化
1	料率算定	・【C】リスク量をリアルタイムかつ精緻に把握可能に。同時に，データへのアクセス，管理・分析ノウハウの獲得，コスト負担などが課題に。 ・【A】リスク要素がドライバーから車両へとシフト。料率制度の修正が必要に[6]。
2	補償内容	・【C】ニューリスク（サイバーリスク，データ消失・漏洩など）への補償の可能性。／新型の補償が実現する可能性（故障損害への対応，パラメトリック型の補償など）。 ・【A】迅速・確実な被害者補償が必要に[7]。／ドライバーレス化に伴うリスクの発生。／責任や補償に係る制度が変更[8]され，賠償責任条項のあり方が変容する可能性。 ・【S】詐欺・横領への対応，信用力の補完，リスクの公平配分などのニーズが拡大。／商用車，サービス車両，多機能車両などに特有の補償ニーズが拡大。 ・【E】バッテリー関連リスク（電欠，性能劣化など），蓄電用途での利用に伴うリスク，充電設備を取り巻くリスクなどに対する補償・サービスのニーズ拡大。
3	加入形態	・【S】「オンデマンド型」（利用に応じた加入），「アンバンドリング型」（補償の切り出し），「ダイナミック型」（利用場面に応じた補償内容などの自動変化），「インクルード型」（車両やサービスにあらかじめ保険を組込み）[9]など，多様な加入形態が登場。
4	販売チャネル	・既存代理店は，自動車保険の減収などを背景に，一層の募集効率向上が必要に。 ・顧客接点を掌握するプラットフォーマーが，有力なチャネルに成長。 ・自動車のオンライン販売普及などに伴い，保険加入プロセスのデジタル化が進展（ダイレクト販売も拡大の可能性）。UXが重要な競争軸に。
5	事故対応	**事故予防** ・【C】高度な安全運転支援・事故予防サービスが可能に。 ・【A, S】次世代車両やサービス車両向けのリスク対策ニーズが拡大。 **初動対応** ・【C】自動通報や遠隔管理により，高度な緊急対応や盗難対応などが可能に。 ・【A, E】ロードサービスは，新たな事象を想定したサービス内容の高度化が必要に。 **補償提供** ・【C】各種記録装置，コネクテッド機能，その他先端技術（AI，ブロックチェーンなど）の活用により，プロセスの迅速性・正確性が向上。 ・【A】個社での専門調査ノウハウ構築と，業界共通の枠組み構築（走行データの入手・解析，過失割合判定など）の両面が必要に。 **事後対応** ・【A】関係省庁・関係業界との連携による，求償権行使の実効性確保の仕組み（事故解析や仲裁を行う第三者機関の設置など）の構築が重要に。

注：【　】内は主な変化要因。
出所：筆者作成。

このように，自動車保険については，急速かつ多面的な変化を背景に不断の高度化が求められ，競争力確保のためには相応の経営資源を継続的に投入することが必要となるが，長期的には市場の縮小が見込まれる。主力事業におけるこうした変化は保険経営に重大な影響をもたらし，各社は難しい舵取りを迫られるだろう。

加えて，自動車保険以外の他の保険種目については，次のような変化が予想される。第1に，「C」，「A」により，サイバーリスクやPLリスクが増大し，主に自動車メーカーなどの保険ニーズが拡大する。第2に，モビリティサービスやMaaSには，事業運営上のさまざまなリスクが伴うため（モビリティの安定的な稼働が損なわれるリスク，サービス提供の不具合のリスク，事業の収益性が悪化するリスクなど），モビリティ関連プレーヤーの保険ニーズの拡大が予想される。第3に，MaaS普及に伴い，ユーザー向けの保険について，加入プロセスの高度化や加入形態の多様化が進展する[10]。第4に，「E」により，電動車を取り巻く新たなエコシステムが形成され（エネルギービジネスやリユースバッテリーなど），これに関連する保険市場の成長が見込まれる。

---

6) ドライバーに着目した制度（ノンフリート等級別料率制度など）は見直しを迫られ，車両に着目した制度（型式別料率クラス制度など）はさらなる高度化が求められる。また，コネクテッド機能などの活用により，従来と異なるリスク要素（車両の管理・整備状況，走行のエリアや時間帯，ソフトウェアの性能やセキュリティレベルなど）を反映することもありうる。

7) すでに導入済みの被害者救済費用特約は，過渡期における1つの補償スキームと評価できる。他方で，自動運転の本格普及を見据えると，新たなスキームを再考する余地もある。

8) 自動車の欠陥などを原因とする事故の割合が増加すると，現行制度（運行供用者による製造物責任の一時的な肩代わり）は，合理性が低下し，変更を迫られうる。制度変更の方向性としては，「責任保険の枠組みを前提とする場合」（例えば，自動車メーカーなどに保険ファンドへの拠出金負担を求める，システム供用者に実質上の無過失責任を負わせる，など）に加え，「責任と補償を切り分ける場合」（無過失補償制度など）も考えられる。

9) インクルード型は，付保漏れ防止や加入手続負担軽減に寄与する。例えば，自動車に保険を組み込んだタイプのカーサブスクリプションが登場している。また，サービス・プラットフォーマーが利用者向け保険を包括手配することも想定される。移動全体のリスクを包括的にカバーする 'MaaS保険' が登場し，自動車保険もそこに組み込まれる，という将来シナリオも考えられる。

(3) モビリティ革命がもたらす損害保険業の新たな展開

モビリティ革命を背景として，損害保険業は，異業種参入などを通じた外発的な破壊的変化と，損害保険会社自らによる内発的な事業変革により，非連続な新たな展開を経験する可能性がある。

まず，異業種参入について述べると，モビリティ関連事業者（とくに，自動車メーカー，MaaS オペレーター，IT プラットフォーマーなどのエコシステム内の中核プレーヤー）が，損害保険業に参入し，プレゼンスを高める可能性がある。参入に際しては，既存のアセットや組織能力が，競争力の源泉となりうる（例えば，豊富な顧客ネットワーク，膨大なリアルタイムデータ，高度なデータアナリティクス，既存サービスからの送客，高度なレコメンドや UI のノウハウなど）。

このうち自動車メーカーについては，「C」が競争優位につながりうる（例えば，データを活用して合理的な料率を算出可能である点や，ユーザーと直接の顧客接点を有しており，他のサービスへの送客や効果的なレコメンドが可能である点など）。また，「A」が参入インセンティブを高める。なぜならば，事故のリスクファクターがドライバーから自動車側へとシフトすることにより，自動車メーカーが最もリスク実態を把握しうる主体となるためである。また，「A」による PL リスク拡大も，自らを「自動車事故の損害補償機能の担い手」と定義づける契機となりうる[11]。こうした異業種参入が現実のものとなれば，競争環境は一層の熾烈化を余儀なくされる。

次に，損害保険会社の事業変革について見ると，損害保険会社が，自らの存在意義やコア・コンピタンスの再定義を行い，新たな組織能力も獲得しつ

---

10) 例えば，(a) 保険もモビリティ同様に，「ワンストップ化」（最適プランの一括提供），「シームレス化」（加入プロセスの UX 向上），「オンデマンド化」（利用に応じた加入）が進むことが考えられる（その際，ユーザーの移動状況をリアルタイムに把握してカスタマー・ジャーニーに沿った適切なレコメンドを行うことや，モビリティの予約・決済プロセスに保険加入プロセスを組み込む組込型保険を導入することも考えられる）。また，(b) MaaS オペレーターなどが，MaaS にあらかじめ保険を組み込んで，両者を一体的に提供する，という手配方式の普及も考えられる。

11) なお，このようにして自動車メーカーが自社車両のリスクの大小を保険料という形で明示することは，自社製品の安全性を高めるインセンティブが付与されるという意味で，社会的に望ましい側面がある。

つ，事業変革に取り組むことが考えられる。こうしたイノベーション創造の際，取り組みの柱となるのは，顧客体験価値の向上，デジタルとデータの活用，外部のプレーヤーとの協業の 3 点である。また，既存事業と新規事業の両者を合わせた全社的な事業ポートフォリオの最適化も重要となる。

　取り組みの方向性としては，(a) モビリティ事業に対し，従来以上に高度で専門的なリスクソリューションを提供する，(b) リスクソリューションを超えた，事業サポート機能を提供する，(c) モビリティを活用することで既存事業（保険業やリスクソリューション）の高度化などにつなげる，(d) より踏み込んで，自らモビリティ関連事業に参入する，という 4 つの方向性が考えられる（図表 10-6）。

図表 10-6　モビリティ革命を受けた損害保険会社の事業変革の方向性

No	取り組みの方向性	取り組み例
1	高度なリスクソリューションの提供	・保有データや先端技術などを活用した，事故の予測・予防サービスの提供。 ・自動運転，モビリティサービスの安全性向上や安心感醸成に資する，点検・改善支援や見守り・モニタリングなどのサービス提供。 ・自動車サイバーセキュリティの点検，改善支援，インシデント対応支援。
2	モビリティ事業へのサポート機能の提供	・自社や提携事業者が有するアセットやノウハウ（顧客基盤，チャネル網，保有データなど）などを活用した，モビリティ事業の推進（プロダクト開発，マーケティング，オペレーションなど）に資するサポート機能の提供。
3	モビリティの活用による既存事業の高度化	・コネクテッド機能を活用した，車両周辺環境情報の収集・解析と，自動車ユーザーへの注意喚起や価値還元，インフラや工作物の点検などへの活用。 ・災害時のモビリティ活用（被害拡大防止，回復支援，早期補償提供など）。 ・事故時の初動対応や事故当時者の移動支援の場面でのモビリティ活用。 ・モビリティを活用した，保険業と親和性の高い新規事業の展開。
4	モビリティ関連事業への参入	・例えば，ファイナンス分野（ローン，リースなど）への参入，中古車の流通プラットフォームやオークションの運営，個人向けのカーライフサポート機能の提供[12]，事業者向けのフリートマネジメント機能の提供，移動関連アプリの提供，モビリティ関連サービスプラットフォームの運営など。

出所：筆者作成。

---

12)　例えば，中国の平安保険の取り組みが参考になる。同社は，医療などの重要分野でサービスプラットフォームを運営し，独自のエコシステム形成につなげている。自動車分野では，カーオーナー向けのアプリ提供や，中古車取引プラットフォームの運営により，顧客ロイヤリティ向上，保険・金融ニーズ捕捉，保険外収益獲得（手数料，広告料など）につなげている。

3　先進安全自動車の普及と自動車保険

(1)　先進安全自動車の普及と効果

　デジタル技術は，自動車の安全性向上に大きな貢献を見せている。政府は，安全に資する自動走行技術を含む先進安全自動車（ASV）の開発・普及の促進を推進している。国土交通省は，産官学の協力による ASV 推進検討会を設置して，1991 年度から「ASV 推進計画」を策定し，運転者の安全運転を支援するシステムを搭載した ASV の普及推進を促している。そして，現在の第 6 期は，「自動運転の実現に向けた ASV の推進」を目標に掲げて，とりわけ自動運転を念頭に置いた ASV の開発普及の促進を強化している[13]。

　さらに，安全運転サポート車（通称サポカー）の普及を図るために，2020年 3 月から 65 歳以上の高齢運転者に対して，対象となるサポカー S の購入などを補助する「サポカー補助金」制度が導入されている。また，国土交通省は，国連における衝突被害軽減ブレーキ（AEBS）の国際基準の成立を受けて，国内基準を交付し，2021 年 11 月以降に発売される国産新モデルから段階的に AEB の装着を義務づけられた。

　保険業界としても，2018 年度から ASV 割引制度を導入し，国の取り組

---

13)　現在実用化されている安全装置としては，以下のようなものがある。①前方障害物衝突被害軽減ブレーキ：前方衝突警報が自動的にブレーキを作動させて衝突時の被害を軽減させる機能，②ペダル踏み間違い時加速抑制装置：障害物などに対して衝突する恐れがある場合，急発進や急加速を抑制する装置，③車線逸脱防止支援システム：道路白線の左側を維持走行するよう操作力を制御する装置，④車線逸脱警報装置：車線を逸脱しそうになった場合にドライバーに警告する機能，⑤車間距離制御装置：外界センサーからの情報に基づいて，一定速度で走行，車間距離を制御する機能，⑥前方衝突警告：衝突の危険性が高まった場合にドライバーに警報や回避操作を促す機能，⑦交通標識認識：カメラが交通標識を認識しドライバーに対して適切な交通規制情報を警告する機能，⑧ナイトビジョン / 歩行者検知：赤外線カメラを使用して専用ディスプレイに熱源として表示する機能，⑨死角モニタリング：ドライバーの死角になる側後方から接近する車両をカメラでモニターしディスプレイに表示・報告する機能，⑩高度駐車アシスト：駐車支援の機能に加えて，縦列駐車時の切り返しのタイミングや車両の目標駐車位置を設定するなどの機能。これらはいずれも，カメラとセンサーをキーデバイスとした構成になっており，フロントに取り付けられたカメラやレーダーで，レーンの白線や前走車，人や障害物を検知してコンピュータで判断し，走行を支援する。

みに対して普及促進に協力している。ASV の普及により，自動車事故件数は全体としてさらに減少することが期待される一方で，先進安全自動車の開発推進は，社会にとってさまざまな影響をもたらすものである。

　図表 10-7 は，先進安全自動車の効果と問題点を整理したものである。先進安全自動車は，社会的には，事故を減少させることが最大の効果である。それに加えて，例えば自動運転車のように，操作性を向上させ，運転操作を支援することから，高齢者や障害者が運転することを容易にさせることがある。それにより，高齢者や障害者の交通参加を可能にし，生活をサポートすることができる。また，交通事故の減少が社会全体としての社会的費用を低減させ，長期的視点では国民負担を軽減させるという効用も期待される。

　産業への影響の視点からすると，先進安全自動車の技術開発に関連する産業にとっては新規市場であり，他業種による参入を促し，市場を拡大させる可能性もある。さらに，この分野は，半導体産業や情報通信産業など，経済波及効果が大きいことも特徴である。

　一方で，問題としては，まず先進安全自動車の開発費が嵩むため，必然的に車両価格が上昇することになり，ユーザーの費用負担が大きくなる。また，メカニズムが高度化・複雑化することで車両部品が高価になり，それが修理費に跳ね返ることも考えられる。

　さらに，精密構造を有する先進安全自動車が事故を発生させた際，その原因の特定が難しくなる可能性も高まる。従来の事故は，原因の多くが人的な

図表 10-7　先進安全自動車の効果と問題点

効果	問題点
①交通事故の減少 ②操作性の向上（運転サポート） ③高齢者や障害者への運転アクセスの容易性 ④社会的費用の低減（国民負担の軽減） ⑤他業種参入（IT 企業，電機産業などの市場参入） ⑥経済波及効果の期待	①車両価格の上昇 ②車両構造の高度化・複雑化 ③修理費の高騰 ④自動車保険料の上昇 ⑤原因特定の困難化 ⑥保険契約構造変化の可能性 　（メーカーへの PL 訴訟の増加） ⑦サイバーリスク対策の必要性

出所：筆者作成。

操作ミスによるものが多いが，先進安全自動車では機械の動作不具合による事故が増加する。そうなると，原因を特定するうえで，高度に専門的な知見や判断が必要となり，原因の特定に時間や労力を要すると考えられる。そして，自動車メーカーが事故発生の責任を指摘される可能性が高まるため，自動車メーカーは自らの賠償責任に備えて PL 保険を求めることになるだろう。

　高齢者の認知機能や身体能力低下が原因と考えられる交通事故が，大きな社会問題として注目されるなか，ASV の普及は，その対策として最も期待されている方策である。一方，安全技術の進展が，運転者の安全意識を逆に弛緩させ，新技術に対するドライバーの過信などが原因で事故が発生する恐れがある。したがって，運転者自身も安全運転を支援するシステムに関する理解を深めることも重要である。

(2)　先進安全自動車の普及と自動車保険への影響

　近年の傾向として，先進安全自動車の普及が支払保険金に及ぼす影響が顕著になりつつある。先進安全自動車（ASV）の普及に伴い，近年，車両保険の支払保険金が上昇している。図表 10-8 は車両保険の事故類型別平均保険金の推移であるが，全体として支払件数が減少傾向にあるなか，車両保険の平均保険金は上昇傾向にある。とくに，「自動車」対「物」による事故の平均保険金が上昇していることから，対人事故よりも対物事故の影響が大きくなっていることが分かる。

　また，高価な ASV が普及することで，修理費単価は高騰し，支払保険金の上昇を招く恐れがある[14]。とくに ASV と普通車とが混在する段階では，ASV に対する普通車の対物賠償保険の保険金支払いが増大するであろう。また，ASV の普及に伴って，普通車の保険料負担に転嫁されることの問題点が浮上することも考えられる。

　さらには，事故発生の原因として，ASV 車両の誤作動や欠陥が取り上げ

---

14)　ASV の主流となる EV（電気自動車）では，従来のガソリン車の動力装置であるエンジンやトランスミッションが，バッテリーやモーターという固定部品に置き換えられる。このバッテリー価格が車両価格の 4 ～ 5 割近くを占めるほど高く，そのため，ガソリン車から EV 車に切り替えた場合には，製造原価は 6 割近くも上昇すると予想されている（『週刊エコノミスト』「EV 世界戦」2021 年 9 月 7 日号，44 頁を参照）。

図表 10-8　車両保険における事故類型別平均保険金の推移

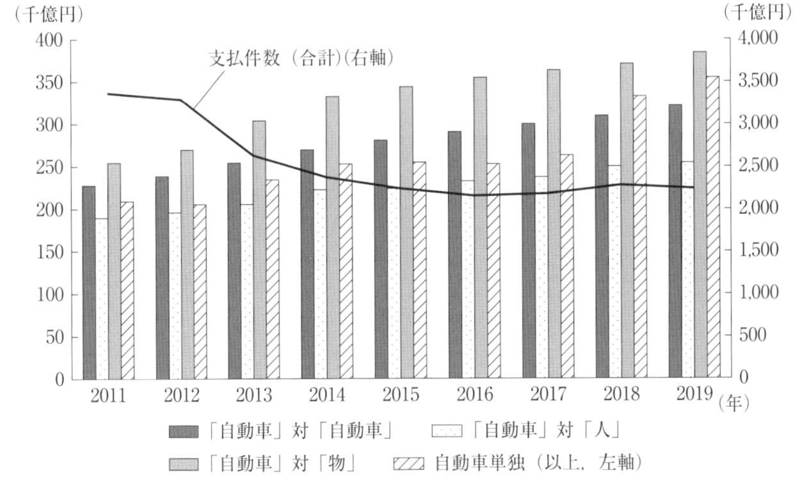

出所：「自動車保険の概況」統計資料から筆者作成。

　られることになると，メーカーに対する賠償責任が増大するだろう。これは，原因特定の困難化につながる。原因が特定できないと賠償責任の追及が難しくなり，補償プロセスが停滞することが懸念される。

　保険金支払構造への影響は，必然的に保険料に反映される。すなわち，対人賠償保険では保険料が低下すると予想されるのに対し，対物賠償保険ならびに車両保険の保険料は上昇する可能性が高い。

　自動運転車をはじめとする高度な先進安全自動車は，繊細なセンサーやコンピュータシステムを搭載しているために，一般車に比べて車両価格が高い。したがって，保険会社が負担する修理費は高騰することが予想されている。自動運転車の車両保険は，必然的に上昇することになろう。

　むしろ，より問題になると考えられるのは，自動運転車が一般車両と事故を起こした場合である。一般車両に過失がある場合には，自動運転車に対して，損害賠償を支払わなければならない。つまり，自動運転車が増加すると，従来型の一般車両の対物賠償保険の保険料が上昇する可能性がある。この上昇する保険料コストは，一般車両の所有者にとって，納得できない部分でもある。なぜなら，自らは自動運転車を選択していないにもかかわらず，社会

的に自動運転車が増えることによるコスト増の負担を余儀なくされるからである。

こうした保険料への影響についても，自動運転車の普及が進むにつれて，表面化していくことになるかもしれない。ASVの普及により，自動車事故件数は全体としてさらに減少することが期待され，保険金支払いの減少とともに，自動車保険市場は縮小する可能性が高い。その結果として，保険契約の割合は，相対的に，人身事故に関係する対人賠償保険から，車両に関係する対物賠償保険や車両保険にシフトする。

さらに，ASVが普及すると，自動車事故の原因は，人的操作ミスよりも，自動車の欠陥や誤作動，システムエラーによる割合が増加するだろう。そうした事故に対して，保険会社は，求償権代位によりメーカーに対する製造物責任を求める訴訟の増加が予想される。しかし，原因が複雑化するため，訴訟自体が困難な場合が予想される。

このような状況が進むと，メーカーは，製造物責任訴訟に対してPL保険への加入で対応することになろう。その結果，自動車保険の契約構造は，従来の自動車保有者が加入する保険から，メーカーが加入する保険へ大きくシフトすると思われる。

(3) 先進安全自動車の普及と保険会社の経営戦略

先進安全自動車の普及は，事故件数が減少することで，自動車保険の保険金支払いを低減させる可能性が高まるが，そのことは必然的に保険料の引き下げ圧力が高まることを意味する。自動車保険は，収入保険料の約50％，自賠責保険を含めると60％を占める，保険業界にとっての最大の主力保険種目である。この自動車保険の収入保険料が自動車事故の減少に伴って減少することは，今後の経営戦略に大きな影響を及ぼすものである。すなわち，自動車保険を主力商品として発展を遂げてきた保険業界にとって，大きな転換期を迎えていると言える。

第1に，これからの自動車保険の収入保険料の減少分を抑えるためには，対人賠償保険や対物賠償保険などの主契約に対して，新たな付加的サービスの提供が鍵となる。近年，保険会社は，多様な特約保険商品を開発し，激し

い特約サービス競争を展開している（図表 10-9）。保険自由化以前は，どの
会社も同一商品を同一保険料で販売していたが，保険自由化以降は，料率競
争が進むなかで特約を通じて差別化競争を行っている。それにより，自由化
による保険料収入の減少を補ってきたと言える。この傾向が，先進安全自動
車の普及に伴い，さらに加速するものと予想される。

　第 2 に，このような多様な特約を取り扱うためには，同時に確実に補償サー
ビスを提供できる体制を整備することが不可欠である。かつて，保険業界は
保険金不払い問題を引き起こし，社会的信用を失墜させたという苦い経験を
したが，特約競争に邁進することは，そうした危険を伴うものであることを
踏まえなければならない。

　第 3 に，保険業界として事業規模全体の縮小を抑えるためには，自動車
保険以外の事業領域への展開を進めなければならない。将来的には，自動車
保険のウエイトが低下するのは避けられないとしても，急速に進むわけでは
ない。当面は，自動車保険が主力保険種目の地位を維持するであろう。その
間に，次の主力となる事業領域を開発・育成しておく必要がある。

　近年，洪水や地震など巨大災害が多発し，リスクが巨大化するなかで，保
険事業に対するニーズの方向性もさらに多様化している。デジタル化時代の
進展により，新たなリスクも登場している。とりわけ，自動車産業の分野に
おけるいわゆる「CASE 革命」が，保険業にも大きな影響をもたらす一方で，

図表 10-9　多様な自動車保険特約の登場

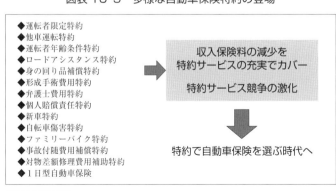

出所：筆者作成。

新たなリスクへの対応が求められる。保険業も，そうした新興リスクに対するリスク処理策を提供することが社会的要請となる。

　2022年1月から，大手保険会社は自動車保険料を約2％引き下げることを発表した。その理由としては，自動車の安全性能の向上で事故率が低下し，収支が大幅に改善していることが要因であると説明している。これに加えて，2020年初めに発生した新型コロナウイルスの影響で，交通事故の事故件数が減少したことも，支払保険金の減少にも寄与したとされている[15]。

　さらにコロナ終息後を見据えて，人々のテレワークが増えることも見越して，恒常的に自動車事故が減少することを予測して，保険料引き下げを行ったことも考えられる。ただし，アフターコロナの経済活動はまだ予想できる段階にないので，自動車保険にどう影響が及ぶのかは，今後の動向を見なければならない。

4　デジタル化の進展と保険情報

(1)　保険業のデジタル化と保険情報

　デジタル化の進展により，保険会社は，テレマティクスやウェアラブル端末などIoTを駆使して，多様な保険情報を入手できるようになる。さまざまなデバイスを通して，保険情報に関する膨大なデータがデジタル化されて，それを駆使した新たなビジネスモデル創出の可能性がある。ところが，IoTの進展により，ビッグデータの入手が他業界においても容易となり，またこれまで以上に多様かつ大量なデータの入手が可能となると，保険会社の相対的優位性は失われかねない。その結果，他業界から，保険ビジネスに参入する企業が登場することも可能となる。

　リアルタイムの保険情報が利用できるようになると，保険料算定において，柔軟な料率体系を導入することができる。上述のテレマティクス自動車保険

---

15)　さらに，損害保険料率算出機構は，任意自動車保険の参考準率を平均3.8％引き下げた（2021年7月1日）。自動車性能の向上で事故率が低下していることを反映したとしている。

では，これまでの集団的な保険料率設定を本質的に変更して，個別契約ごとの保険料率設定を企図する仕組みが取り入れられている。また，生命保険の領域では，ウェアラブル端末を利用して，保険契約者の行動に関する情報をリアルタイムで入手することができ，最終的に，保険料に反映させる仕組みを考えることもできる。

　ウェアラブル端末による健康状態の記録・管理，医師との情報共有は，患者の健康管理に役立つ。さらには健康が悪化した際には，注意のアラートを出す装置もあり，健康管理や医療の IoT 化により，病気の予防と効率的な治療が可能となる。そうした観点から，イギリスでは，NHS（国民保健サービス）の中で積極的な応用が進められて，実際に医療費用軽減に貢献しているという報道もある。

　さらに，インシュアテックを通じて得られる保険情報のデジタル化は，保険の提供のみならず，予防ビジネス（＝テレマティクスを利用した事故防止対策，病気の早期発見など）においても重要性を帯びる。総合的リスクマネジメント産業としての保険業は，デジタル技術をリスクファイナンス（補償）とリスクコントロール（抑止）との相互性を高めるために積極的に活用すべきである。

　これまで，保険会社は，アンダーライティング（保険引き受け）を行うに際して，事象の発生確率を把握するために，多くのデータの収集を行ってきた。また，契約者の個人情報も入手して，保険料算定に活用してきた。交通事故や保険金支払いなどに関する膨大なデータの蓄積は，保険会社に圧倒的な優位性を与えて，他業界からの市場参入を拒んできた。

　しかし，IoT の進展により，ビッグデータの入手が他業界においても容易となり，またこれまで以上に多様かつ大量なデータの入手が可能となると，保険会社の相対的な優位性は低下しかねない。その結果，他業界から，保険ビジネスに参入する企業が登場することも可能となる[16]。インシュアテック

---

16)　東京海上日動社は，共同出資会社を設立して，各社が持つ災害情報や技術を組み合わせて減災につなげる企業連合を立ち上げ，これまで蓄積した自らのデータ処理能力を活かして，3D 地図上で水災被害の予測システムを作るなど，新サービスを開発することを発表している（『日本経済新聞』2021 年 11 月 24 日）。

を導入して新しい業務を提供する企業の台頭は，保険市場に大きなインパクトを与えつつある。消費者の意識改革を促し，顧客の求める価値を積極的に取り入れようという動きは，今後ますます高まるだろう。

(2)　保険業のデジタル化と情報管理

　保険情報のデジタル化は，さまざまなデータを集積するなかから，新しい事業展開をもたらす発展可能性を持っている。デジタル化を通じて得られたデータは，多くの人々が同時に利用可能であり，また減耗・枯渇がない。したがって，データの蓄積とその利活用によって，経済成長にも貢献する可能性が高い。

　保険情報のデジタル化は，保険業にとって以下のような意義を認めることができるだろう。第1に，保険情報の客観化である。保険事業が収集するデータは，静態的なデータのみならず，動態的なデータを入手することになる。保険業務に応用するためには，デジタル化し，客観化することが必要である。客観化することで，あらゆるデータの相互比較分析が可能となる。また保険数理的処理も可能となる。

　第2に，リスク情報処理の効率化である。膨大なリスク情報に関する保険データを効率的に処理することができる。コンピュータの大型化や改善が，膨大なリスク情報の処理を可能にしている。その効率化が進むことで，費用節減の効果も期待され，将来的に，保険料負担の軽減も期待される。

　第3に，リスク情報の蓄積である。保険情報のデジタル化は，大量のデータを蓄積することから，AIを通じて新たなモデルを発見するプロセスである。現在，保険各社はデータの蓄積に最大限のエネルギーを傾注している。テレマティクスやウェアラブル端末を通じて蓄積される膨大なデータには，将来の新しいビジネスモデルの構築に大きな期待が寄せられている。

　こうした半面，データ処理のプロセスは，高度な専門技術を必要とする。本来，見える化されることがデジタル・AIの導入のメリットとされてきたが，逆に，高度に専門化して外部から判断できなくなると，ブラックボックス化する可能性もある。はたして，そのデータから得られる結果が，現実に妥当であるか，社会にとって有用であるか，プライバシーを侵害していないかな

ど，情報管理の観点からの検証が不可欠である[17]。

　欧州連合（EU）は，情報倫理に関して AI の活用における指針を策定している[18]。AI が自らデータを収集し，顧客の情報や購買歴などを分析して，経営戦略に対する提案を行う動きは，あらゆる業界に広がっている。膨大な保険情報を取り扱う保険業界は，情報管理のあり方について，細心のルールを策定することが重要と言える。

(3)　保険業のデジタル化とパーソナル化

　保険におけるデジタル化がもたらす構造的変化の本質は，保険商品（契約）のパーソナル化が進むことである。個人の動的リスクを分析することにより，さらに正確なアンダーライティングを行い，差別化を図ることで，顧客に個人のテーラーメイドな保障を提供することを指向するものである。

　保険会社は，顧客リスクの動的マネジメントを行う必要が高くなる。デバイスを通じたデータ収集に基づいて，顧客との接点を頻繁にすることで，顧客に対するリスクアドバイザーとしての役割を果たすことが重要となる。具体的には，個々の顧客のリスクの予防・防災情報を提供することで，顧客との関係を強化することが考えられる。

　一方で，保険会社には，保険情報のブローカーとしての機能が高まることになろう。個人の生活の行動を他のデータソースからのデータを含めて分析して，顧客のライフサイクル全般の情報を保持する。他の企業や情報提供者との提携を通じて，個人に合わせた多様な金融商品の提供をする。

　保険情報のデジタル化は，保険経営に質的変化をもたらす。従来の保険業

---

17)　Davis（2012）は，「本来倫理的には中立である（Big data is ethically neutral.）」と述べている。しかし，取り込まれるデータに偏りが存在するすると，結果に AI によって差別的な方針が導出される可能性がある。AI が導出した結論に対しても，最終的には，人間や社会によって同意を得るような仕組みを作る必要があろう。さらに，情報倫理についての議論は，Lane et al. eds.（2014）を参照されたい。

18)　EU の AI 倫理指針の骨子は，以下のとおりである。① AI の判断過程などについて企業に説明責任を課す。② AI が判断に使ったデータなどの情報開示制度を創設する。③ AI の透明性などを監査する機能を設置する，④ AI の倫理性を認証する制度を創設する。⑤ AI の欠陥による事故への賠償保険加入を企業に義務づける。⑥ AI を利用する企業の利益の一部を AI の透明化促進に還元する。

界は静態的リスクデータを処理してきたが，デジタル・AI 技術は，動態的リスクデータの活用を可能とする結果，集団的リスク処理から個別的リスク処理へ保険理論におけるパラダイムの大転換の動きが起こりつつある。保険事業が IT 企業などとの連携が必然的に強化されるなか，保険業の産業的地位を大きく変化させる動きが予想される。

　保険情報のデジタル化によって，保険システムの効率化が進められて，保険サービスの利便性や拡充，あるいは保険料の引き下げなどにつながるのであれば，契約者にとって大いに歓迎すべきである。しかし，開発コストやシステム管理に大きな負荷がかかることになれば，逆に契約者に転嫁されて保険料引き下げにつながらないかもしれない。したがって，保険情報のデジタル化と契約者に対する利益還元をいかに調整するかが重要な課題だと思われる。

5　デジタル化時代と保険業の将来

(1)　デジタル化時代の進展と保険業の課題

　デジタル技術の進展による変革には，経済効率が向上することで保険コストの低下や迅速で正確な保険クレーム処理などのメリットが期待できる半面，保険のコモデティ化によって保険システム全体の構図に破壊的な変革が及ぶ恐れがある。デジタル化時代の到来に対して，保険業界も積極的な対応策を講じておかなければならない。そのためには，次のような課題が考えられる。

　第 1 に，長期的かつ全体的な経営戦略を構築することである。デジタル技術を保険の領域に導入することで，保険業界には解体的な構造変化が求められる可能性がある。そこで短期的な収益を求めて対応すると，長期的な収益を喪失するかもしれない。上述したように，より正確なリスクを測定するためにデジタル技術を活用した結果，低リスク者を選別して保険料を引き下げる一方，従前の保険集団に対して保険料を引き上げなければ，全体としての保険収支は悪化せざるを得ない。デジタル技術によって，事業領域を縮小させてしまっては，技術導入のメリットもないことになる。長期的かつ全体

的に，整合性のある経営戦略が問われることになろう。

　第 2 には，国民の合意を得ながら進めることである。そこでは，公平性の概念を新たに構築することが重要となろう。保険料設定において，デジタル技術や AI が導き出した方針を単純に当てはめると，国民の合意が得られず反発が生じる可能性がある。とくに，保険料引き上げや引き受け制限など，保険契約者にとって不利になる改定においては，その合理的根拠を丁寧に説明することが必要であろう。

　第 3 に，プライバシーの問題である。そのために，データ管理・保全体制の確立が急務となる。ビッグデータ分析では多くの個人的なデータを取り扱うため，個人情報保護法を厳格に遵守することを大前提に，慎重に対応する必要がある。しかし，他業界とのデータ交換や集積によって信頼性や利用価値がより高まると考えられるため，今後，積極的なデータの売買が行われるだろう。そうした状況を想定して，政府はビッグデータの売買について共通ルールの指針を提示している[19]。

　第 4 に，データ管理は，内部の管理体制だけでなく，システムへのサイバー攻撃に対するリスクが大きくなる。サイバーテロによるシステムの改竄やデータの漏洩は，賠償責任の可能性だけでなく事業に対する信頼を大きく損ねてしまいかねない。近年，日本企業が海外から不正アクセスやサイバー攻撃を受けるケースが急増し，サイバーセキュリティ対策が喫緊の課題となっている。こうしたなか，日本では 2015 年に初めてサイバー保険が発売され，企業の関心を集めている[20]。

　第 5 には，データ分析専門家（データサイエンティスト）の人材の育成で

---

19)　政府が示した具体的事例として，①氏名や電話番号，カード番号は削除すること，②ID や会員番号は，削除するか，仮 ID に書き換えること，③住所は，市町村単位までに留めること，④年齢は 10 歳刻みとすること，などを示している。例えば，自動車の走行データに関しては，出発到着時情報は削除し，速度は 10 キロ単位とする。こうした制限のなかでビッグデータを利用して，自動運転技術やテレマティクス自動車保険の開発などに応用しやすくすることを想定している。

20)　サイバー保険は，情報漏洩事故，情報漏洩以外の IT 関係事故，ネットワーク中断に関する補償，損害賠償責任や事故対応費用損害，ネットワーク中断などの費用損害を補償するものである。日本では，2015 年に東京海上日動社が取り扱いを始めてから，急速に一般企業の関心を集めている。

ある。ビッグデータの活用は，究極にはデータサイエンティストによるアルゴリズムの作成に大きく依存する。彼らは IT の専門家であろうが，そのことと保険の本質や理念まで正しく理解しているかどうかとは別である。デジタル技術を適正に活用するためには，IT の能力だけでなく，金融・保険についても公正かつ適正に理解している人材が不可欠である。データサイエンティストは，問題の見える化を図り，利用者にその意義を理解させることが重要である。ビッグデータを幅広い分野で活用する環境を整備するために，国際連携も図りつつ対応することが求められている。

(2)　デジタル化時代の保険業と国民福祉

　デジタル技術の進展は，自動車保険を入口にして保険業のビジネスモデルに本質的変化をもたらしつつある。保険のコモデティ化が進むと，保険業の解体的変革（disruptive innovation）が進む可能性がある。

　保険事業への重大な影響がある一方で，消費者にとってどのような国民福祉をもたらすかが重要である。すなわち，利用可能性・購入可能性を確保しつつ，保障サービスの拡充につながる仕組みを探求するべきである。

　ビッグデータを活用した保険の登場により，保険料が安くなる人が出てきたり，これまで加入できなかった人に保険を提供できるようになったりするというメリットは期待できる。一方で，ビッグデータや AI がハイリスクであると判定した消費者が，保険を必要としながら保険に入れない（利用可能性の問題），あるいは保険料が高すぎて保険に入れない（購入可能性の問題）が生じるという新たな社会問題の発生も予想できる。

　発生確率がより正確に把握できることは，保険制度の効率性や公平性に大きく寄与することにはなる。保険は，ある程度，発生不確実な状態，すなわちリスクの状態でなければ健全に機能しない。リスクを負っている契約者が多数集まることで，保険加入者が全体としてリスク分担し，同時に保障されるのが保険制度である。仮に，損害発生が予測可能な状態になると，それはもはやリスクではなくなり，したがって保険の対象でもなくなる。

　近年でも，健康状態を数値に置き換えて，実年齢ではなく健康年齢によって健康優良な個人の保険料を割り引いたり，ゴールド免許保有者など優良ド

ライバーと判断された保険契約者を特別に保険料割引の優遇を与えたりする仕組みは取り入れられている。

　しかし，インシュアテックの進歩により，さらに契約者の選別が進んでいくと，それが保険制度の重要な社会的機能をむしろ喪失させてしまうことが危惧される。いわゆる「保険難民」と呼ばれる人々を作り出す可能性である。

　インシュアテックの発展により期待される最大の社会的効果は，これまで保険に加入できなかった人に対して保険を提供できるようになることで，社会的弱者の救済につながるものである。

　他方で，それにもかかわらず，保険利用が難しい場合には，社会保障が重要になる。民間が進出できない保障領域こそ，政府が社会保障として重点的に取り組む領域である。つまり，インシュアテックの発展は，民間による責任領域を拡大させると同時に，官民役割分担の境界線をより明確にさせることが期待できる。

　今後のデジタル技術の発展は，保険事業者への重大な影響がある一方で，消費者にとってどのような国民福祉をもたらすかが重要である。すなわち，保険業界としては，利用可能性・購入可能性を確保しつつ，保障サービスの拡充につながる仕組みを探求するべきである。

おわりに

　保険事業全体を見ると，主力の自動車保険市場の中長期的な縮小は，経営に多大なる影響をもたらす。他方で，モビリティが進化して多様なエコシステムと融合することに伴い，さまざまなニューリスクや，それに対応する新たな保険ニーズが生じる。PL リスクやサイバーリスクの拡大と，それに伴う新種系種目のマーケット拡大がその典型である。

　モビリティを取り巻くリスクの予防，被害軽減・回復に資するソリューションサービスが，新たな提供価値として重要性を増す。こうした変化を捉え，有望な成長市場を捕捉していくことが求められる。また，海外展開も課題であり，とくに，自動車保険市場のさらなる拡大が予測される新興国市場の取

り込みが必要となる。このように，種目・地域といった軸で，中長期的目線で事業ポートフォリオの最適化を図っていかなければならない。

デジタル化によって保険システムの効率化が進められ，保険サービスの利便性や拡充につながるのであれば，契約者にとって大いに歓迎すべきである。したがって，保険情報のデジタル化と契約者に対する利益還元をいかに調整するかが喫緊の課題である。

＜参考文献＞

Carbone, Matteo and Andrea Silvello（2017）*All the Insurance Players Will Be Insurtech: A Wave of Innovation is Finally Reshaping the Insurance Industry,* Scholars' Press.

Davis, Kord（2012）*Ethics of Big Data,* O'Reilly.

Frey, Carl Benedikt and Michael Osborne（2013）*The Future of Employment: How Susceptible are Jobs to Computerisation?,* University of Oxford.

IAIS（2017）*FinTech Developments in the Insurance Industry,* International Association of Insurance Supervisors, February 2017.

IAIS（2018）*Issues Paper on Increasing Digitalisation in Insurance and its Potential Impact on Consumer Outcomes,* International Association of Insurance Supervisors, November 2018.

KPMG（2017）*The Chaotic Middle: The Autonomous Vehicle and Disruption in Automobile Insurance,* KPMG US LLP, June 2017.

Lane, Julia, Victria Stodden, Stefan Bender and Helen Nissenbaum eds.（2014）*Privacy Big Data, and the Public Good: Frameworks for Engagement,* Cambridge University Press.

アクセンチュア（2016）『フィンテック：金融維新へ』日本経済新聞出版社．

桑津浩太郎（2016）『2030年のIoT』東洋経済新報社．

城田真琴（2016）『FinTechの衝撃』東洋経済新報社．

シュワブ，クラウス（2019）『「第4次産業革命」を生き抜く──ダボス会議が予測する混乱とチャンス』日本経済新聞出版社．

大和総研編著（2018）『FinTechと金融の未来──10年後に価値のある金融ビジネスとは何か』日経BP社．

高橋武秀（2019）「自動運転導入のための課題」中嶋聖雄・高橋武秀・小林英夫編著（2019）『自動運転の現状と課題』社会評論社．

田中道昭（2018）『2022年の次世代自動車産業──異業種戦争の攻防と日本の活路』PHPビジネス新書．

田村八州夫（2018）『シェアリングエコノミー』幻冬舎ルネッサンス新書．

中西孝樹（2018）『CASE 革命——2030 年の自動車産業』日本経済新聞社.

堀田一吉（2014）『現代リスクと保険理論』東洋経済新報社.

堀田一吉（2018）「ビッグデータ時代と保険業」『保険研究』第 70 集.

堀田一吉（2021）『保険学講義』慶應義塾大学出版会.

堀田一吉・山野嘉朗編著（2015）『高齢者の交通事故と補償問題』慶應義塾大学出版会.

メフェルト，ユルゲン＝野中賢治（2018）『デジタルの未来』日本経済新聞社.

索　引

堀田 一吉（ほった かずよし）
慶應義塾大学商学部教授
専門は保険学，リスクマネジメント論。
主要著作に『保険学講義』（慶應義塾大学出版会，2021年），『現代リスクと保険理論』（東洋経済新報社，2014年），『保険理論と保険政策』（東洋経済新報社，2003年）他。

山野 嘉朗（やまの よしろう）
愛知学院大学法学部教授，博士（法学）
専門は保険法，商法，交通損害賠償法。
主要著作に『高齢者の交通事故と補償問題』（共編著，慶應義塾大学出版会，2015年），『概説交通事故賠償法［第3版］』（共著，日本評論社，2014年），『保険契約と消費者保護の法理』（成文堂，2007年）他。

加瀬 幸喜（かせ こうき）
大東文化大学法学部教授
専門は商法。
主要著作に『高齢者の交通事故と補償問題』（堀田一吉・山野嘉朗編著，慶應義塾大学出版会，2015年），『新保険法と保険契約法理の新たな展開』（金澤理監修，ぎょうせい，2009年）他。

慶應義塾保険学会叢書
デジタル化時代の自動車保険

2022年3月18日　初版第1刷発行

編著者─────堀田一吉・山野嘉朗・加瀬幸喜
発行者─────依田俊之
発行所─────慶應義塾大学出版会株式会社
　　　　　　　〒108-8346　東京都港区三田2-19-30
　　　　　　　TEL　〔編集部〕03-3451-0931
　　　　　　　　　　〔営業部〕03-3451-3584〈ご注文〉
　　　　　　　　　　〔　〃　〕03-3451-6926
　　　　　　　FAX　〔営業部〕03-3451-3122
　　　　　　　振替　00190-8-155497
　　　　　　　https://www.keio-up.co.jp/
装丁─────後藤トシノブ
印刷・製本──株式会社加藤文明社
カバー印刷──株式会社太平印刷社

慶應義塾大学出版会

慶應義塾保険学会叢書

高齢者の交通事故と補償問題

堀田一吉・山野嘉朗 編著

高齢者を排除しない共生社会の構築に向け、保険の役割を問い直す!
本書は、高齢者をめぐる交通事故の現状と、新たな技術開発による事故防
止策を分かりやすく紹介。補償対策について、海外の先進事例を踏まえつつ、
今後の法制度改革とその運用方法を提言。そして、高齢者とともに生きる新
しい交通社会の姿を描く。生損保実務家に必読の書。

A5判／上製／248頁
ISBN978-4-7664-2198-9
C3333
定価3,300円(本体3,000円)

慶應義塾大学出版会

慶應義塾保険学会叢書

人口減少時代の保険業

田畑康人・岡村国和 編著

社会構造の大転換点を迎える日本において、
保険業はいかに舵を取るべきか?!
研究者・実務家が協働し、人口減少が保険事業に与える影響に着目しながら、
保険商品・サービス開発、ビジネスモデル、経営戦略、海外進出、さらに
保険行政における最新の動向を紹介し、各々について戦略・政策提言を行う。

A5判／上製／336頁
ISBN978-4-7664-1824-8
C3333
定価3,300円（本体3,000円）

慶應義塾大学出版会

保険理論の展開

庭田範秋 著

名著復刊!　現代に甦る保険本質論の最高峰

慶應義塾保険学会による特別企画として、庭田範秋慶應義塾大学名誉教授の代表作（初版1966年、有斐閣）を復刻刊行。高度成長下の1960年代、保険の金融的機能に着目し、その後の保険研究に多大な影響を与えた庭田学説の記念碑的著作。

A5判／上製／332頁
ISBN978-4-7664-1510-0
C3033
定価 3,300円（本体 3,000円）